PARIS
EN PROVINCE

ET

LA PROVINCE A PARIS.

DE L'IMPRIMERIE DE A. BARBIER,
RUE DES MARAIS S.-G. N. 17.

PARIS EN PROVINCE
ET
LA PROVINCE
A PARIS,

PAR Mme G^tse DUCREST,

AUTEUR DES MÉMOIRES

SUR L'IMPÉRATRICE JOSÉPHINE;

SUIVI

DU CHATEAU DE COPPET EN 1807,

NOUVELLE HISTORIQUE,

OUVRAGE POSTHUME DE

Mme LA COMTESSE DE GENLIS.

Deuxième Édition.

TOME SECOND.

PARIS.

CHEZ LADVOCAT, LIBRAIRE

DE S. A. R. M. LE DUC D'ORLÉANS,

QUAI VOLTAIRE, N. 25.

M. DCCC. XXXI.

PARIS EN PROVINCE

ET

LA PROVINCE A PARIS.

LETTRE XXVII.

LA COMTESSE DE ROSEVILLE A Mme DORCY.

Pierre Buffière. — Laideur de ses habitans. — Madame la duchesse de Duras. — Joli mot d'un officier sur la fortune de la famille de Noailles. — Chateau appartenant a M. le duc de Grammont. — Madame la duchesse de Guiche. — Auberge de Montauban. — Procession de la fête-dieu. — M. le comte de Preissac. — M. Dussumier. — M. le duc de La Force. — Lady Édouard Fitz-Gérald.

Montauban.

De Limoges ici, ma chère amie, je me suis peu arrêtée, pressée d'arriver dans une grande ville, où ma bonne tante pourrait se reposer.

Uzerches nous parut dans la plus agréable position du monde; la vue de l'auberge qui domine une vallée coupée par une charmante rivière, est particulièrement remarquable.

La situation de Pierre-Buffière est d'un effet fort pittoresque; et si j'étais forcée de chercher loin de Paris un séjour économique, je me contenterais de celui-là, si toutefois les maisons pouvaient être moins basses, mieux bâties, et surtout si les habitans étaient moins laids. Nous sommes arrivées le jour de la fête du lieu, ainsi j'ai vu réunie, sur la place, l'élite de la population. J'ai vainement tâché de trouver dans cette foule se pressant autour de ma voiture, une seule figure passable, les traits les plus ignobles, et les physionomies les plus plates se sont présentés à moi, sans que j'aie pu reposer mes yeux sur un visage agréable. Les hommes portaient des chapeaux de paille à larges bords, chargés de gros bouquets et de rubans, et la prétention de cette coiffure ajoutait encore à la déplaisance qu'ils inspirent; en un mot je n'aime à Pierre Buffière que son site sévère et l'âpreté de son paysage, égayé seulement par de très-beaux ombrages.

J'ai voulu visiter plus loin le château de Noailles, berceau de cette famille si illustrée en peu de temps, et qui toujours a trouvé le moyen d'être en faveur, ce qui prouve son esprit *; mais il faisait presque nuit lorsque nous y passâmes, et ma tante craignant sans doute pour moi, quelque aventure bien effrayante, s'est opposée à la course que je projetais. Ce qui augmentait mon désir de voir ce vieux manoir, c'était l'idée que la duchesse de Duras l'avait copié dans son charmant roman d'Édouard. Je ne suis pas bien sûre que la magie de l'intérêt de cet ouvrage n'ait influé beau-

---

* Un officier s'étant fort distingué dans une bataille sous les yeux de Louis XIV, celui-ci le fit venir et lui demanda ce qu'il pouvait faire pour récompenser une aussi belle conduite : « Sire, faites-moi *Noailles*, et je suis sûr de ma fortune. »

Le roi rit beaucoup de cette réponse, qui valut un grade et la croix de Saint-Louis à celui qui avait osé critiquer en quelque sorte la faveur d'une famille parvenue si promptement au comble des honneurs; elle a su s'y maintenir depuis.

coup mon opinion sur le Limousin. En le traversant je me rappelais les pages où il en est question d'une manière si séduisante, et je pensais, comme l'héroïne, que l'on devait trouver le bonheur dans ces montagnes, pourvu que le cœur fût plein d'un sentiment partagé! Hélas, il est triste à vingt-cinq ans d'être forcée d'y renoncer pour toujours.

En approchant de Cahors, j'ai vu de loin un château appartenant aux Grammont. Il est flanqué de tourelles, entouré de fossés, on y entre par des ponts-levis; enfin par son antiquité, il atteste celle de la famille qui l'habitait jadis. La belle duchesse de Guiche m'apparaissait comme une châtelaine digne de faire accourir des milliers de chevaliers, prêts à rompre des lances pour elle; mais au lieu du mouvement qu'eût produit autrefois la présence d'une noble dame comme elle, on ne remarque plus dans ce lieu que la plus morne tranquillité, et la misère des paysans privés de leur seigneur.

Au lieu de descendre chez le duc de la Force à Montauban, comme il avait eu l'obligeance de me le proposer, j'ai préféré m'établir à l'auberge afin d'être plus libre de mes actions, et pour ne pas causer un grand dérangement dans une maison fort bien tenue, mais où l'arrivée de toute une colonie aurait occasioné un embarras extrême.

Nous sommes parfaitement à l'hôtel de France; j'y ai un appartement tellement soigné, que je pourrais m'y croire chez moi. J'ai déjà reçu la visite de plusieurs personnes que je voyais à Paris, mais je n'en ai rendu aucune; Sophia étant un peu malade, je n'ai pas voulu la quitter, malgré ses instances réitérées. Le médecin que j'ai fait venir m'assure qu'un jour ou deux de repos la remettront.

J'ai vu passer ce matin la procession de la Fête-Dieu devant ma fenêtre, et je vous avoue que si quelque chose pouvait donner gain de cause à ceux qui ne veulent pas de cérémonies extérieures, ce serait celle dont j'ai été témoin. Je me figurais d'après ce que j'avais entendu dire, que celles du midi étaient infiniment plus imposantes que les nôtres; et je suis d'un avis tout opposé.

Je ne connais rien de moins fait pour imposer à la multitude, que cette quantité d'enfans rassemblés, dans des costumes plus ou moins baroques. L'un est couvert d'une sale peau de mouton, et passe pour être saint Jean. L'autre, fièrement armé d'un sabre de fer blanc, et tenant de l'autre main une vieille perruque, doit représenter la belle et cruelle Judith. Celui-ci, couvert d'écailles d'huîtres, figure un pèlerin; celui-là, portant une harpe de carton, est le roi David. Comment voulez-vous qu'un pareil spectacle ne refroidisse pas la piété qu'inspirerait le Saint-Sacrement, précédé seulement et suivi par de gentilles jeunes filles, vêtues de blanc et chantant des cantiques avec une voix pure, digne de parvenir à l'Éternel?

Je m'étonne que l'on souffre ce qui ne devrait être permis que dans les jours consacrés à la folie du carnaval. Ce qui me prouve que j'ai raison de blâmer ces ridicules accoutremens, c'est qu'une religieuse qui m'avait fait demander de voir chez moi la procession, en a été aussi scandalisée que nous. Sophia, avec sa douceur ordinaire, a dit qu'elle était sûre que Dieu préférait une prière fervente, adressée dans la solitude, à ces fastueux hommages. Ma tante a été indignée de voir ainsi dénaturer l'une de nos fêtes les plus saintes, qui ne devrait offrir que décence et recueillement.

J'ai été à la messe à la cathédrale. Cette église est belle, et infiniment plus chargée d'ornemens et de dorures que celles des provinces du nord. On voit à ce luxe, que nous approchons de l'Espagne, où il est poussé, dit-on, jusqu'à l'extrême. On est charitable à Montauban ; et jamais on ne calcule la différence de religion ; lorsqu'il s'agit d'une bonne œuvre, catholiques et protestans sont frères ; et l'on ne veut se distinguer que par le plus de bien que l'on peut faire à son semblable.

J'ai vu M. le comte de Preissac qui joint à un esprit original, une bonhomie apparente qui rend plus piquants quelques mots caustiques qui lui échappent *par hasard*, et dont il semble se repentir, tout en en préparant un autre aussi mordant*. Mais c'est un jeu de l'es-

* Au moment où je corrigeais l'épreuve de ce passage, j'apprends l'horrible complot dont il a pensé être la victime; il doit d'autant plus m'étonner, qu'ayant été à Montauban, j'ai pu voir à quel point il était aimé et estimé de ses concitoyens; ils savaient combien il est

prit dont son cœur n'est jamais complice, aussi est-il généralement aimé.

J'ai renouvelé connaissance avec M. Dussumier, receveur-général, tenant fort à sa place qu'il exerce à la satisfaction de tous. Le désir de la conserver lui interdit cette aimable liberté de discours qu'il possédait quand il n'était qu'un simple particulier. A présent, avant de donner son avis sur la chose du monde la plus indifférente, il regarde avec une sorte d'inquiétude autour de lui, et semble toujours craindre que ses paroles ne soient répétées et ne puissent le compromettre. Au reste, indulgent et bienveillant pour les autres, il n'a de sa vie nui à personne, et son éloge est dans toutes les bouches.

Le duc de La Force, dont je vous ai détaillé les brillantes et solides qualités, est ici ce qu'il

dévoué à la famille royale, et ses sentimens royalistes étaient une des causes de l'affection qu'on lui portait.

La conduite de M. le duc de la Force dans cette douloureuse occasion ne peut étonner ; c'est une répétition de celle qu'il eut à Cahors, il y a quelques années. On doit attendre de lui tout ce que dicte l'honneur, une belle âme et l'amour de son pays.

est partout, un grand seigneur, aimable dans toute la force du mot, et le meilleur des hommes. Il m'a pressée d'aller déjeuner dans sa terre de Chambort ; habitation délicieuse qu'il a entièrement créée. J'ai promis de m'y rendre aussitôt que ma chère malade serait mieux. J'y trouverai la bonne et toujours belle lady Paméla Fitz-Gérald, dont j'ai trop entendu parler, pour ne pas désirer la connaître. Les gens de l'auberge content d'elle plusieurs actions de bienfaisance, qui prêteront un nouveau charme à ses traits réguliers et nobles. Nous devons aussi faire quelques courses aux environs, je vous en rendrai compte.

Dites-moi, chère amie, si vous vous plaisez un peu à Paris, et si l'on y est pour vous comme je l'ai tant recommandé. Ma tante me mande qu'elle s'attache de plus en plus aux aimables consolations que j'ai eu soin de lui laisser. Ses lettres sont affectueuses, et je pense qu'Alicie l'a raccommodée avec ce qu'il y a de jeune et de nouveau, je la trouve fort adoucie dans ses opinions, sur ce qui se passe dans le monde aujourd'hui. Elle condamnait autrefois les usages qui n'étaient pas ceux de ses pères, et elle en approuve maintenant plusieurs. C'est à vous, mes chères amies, qu'est dû ce prodige, dont je vous sais le plus grand gré, puisque cette bonne tante trouvera des jouissances inconnues, où elle n'eût rencontré que des sujets de regretter le passé.

Parlez-moi de mes filles, de leurs progrès; ces chères petites ont bien besoin de retrouver les soins maternels dont ma mauvaise tête les a privées. Je ne sens pas trop que le voyage la rende meilleure. J'éprouve toujours des momens d'ennui et de découragement; et malgré tout ce que la Providence a fait pour moi, j'entends une voix secrète qui me crie que je ne goûterai jamais un bonheur parfait. Je fais ce que je puis pour repousser ce qui n'est probablement qu'un pressentiment trompeur, mais je ne parviens pas à reprendre cette gaîté qui m'était naturelle avant la perte d'Édouard. Le temps et la distraction opéreront peut-être ce que je désire plus que je ne l'espère.

Je resterai ici trois ou quatre jours, et j'irai ensuite à Bagnères, j'y passerai six semaines ou deux mois. Je brûle du désir de parcourir les Pyrénées; il me semble que ce magnifique pays, si nouveau pour moi, effacera de mon imagination tout ce qui la flétrit, et que l'air que j'y respirerai me fortifiera contre les chagrins qui me dévorent.

Adieu, chère amie; ne dites pas à ma tante que je suis aussi maussade qu'à Paris, elle trouverait qu'il valait autant y rester, et quelquefois je pense que j'eusse mieux fait. Je serais avec vous toutes!...

Comtesse de Roseville.

LETTRE XXVIII.

Mlle DERCOURT A Mlle DORCY.

AMBOISE. — SON CHATEAU. — INSTITUTION DE L'ORDRE DE SAINT-MICHEL. — ANECDOTE DU SANGLIER. — BRAVOURE DE FRANÇOIS Ier. — BALCON OU FURENT PENDUS LES MEMBRES DE LA CONSPIRATION. — CHAPELLE SUPERBE. — INEPTIE D'UN CONVENTIONNEL. — ADRESSE D'UN PRISONNIER. — GÉNÉROSITÉ DE CHARLES VIII. — MADAME LA DUCHESSE DOUAIRIÈRE D'ORLÉANS. — RESPECT POUR LA MÉMOIRE DE LA PRINCESSE DE LAMBALLE. — CASEMATTES DU CHATEAU.

AMBOISE.

COMME ma mère me l'avait promis, ma chère Alicie, nous voici en route pour parcourir une petite partie de cette belle Touraine, dont la réputation telle brillante qu'elle soit, n'est pas encore assez colossale. Cette fois nous sommes seules et complètement libres de nos actions, de sorte que nous nous arrêtons tant que bon nous semble. Je regrette vivement qu'une fortune extrêmement modique nous empêche de visiter avec détail les moindres coins de cette charmante province, où l'on ne peut faire un pas sans éprouver l'admiration que cause un beau site. Elle offre partout des souvenirs historiques des plus intéressans; et au lieu d'y passer huit jours, il faudrait y rester plusieurs mois pour recueillir et pour voir tout ce qu'il y a de curieux; mais puisque ce plaisir m'est refusé, je profiterai de ce qui m'est accordé, et vous donnerai des descriptions exactes de ce qu'il m'est permis d'admirer.

Ayant vu Blois en revenant de Chambord, nous ne nous y sommes pas arrêtées, et sommes arrivées directement ici hier soir. La ville est bâtie sur les deux rives de la Loire; un très-beau pont de bois sert de communication. Le côté où est situé le château est infiniment plus considérable, et l'autre ne doit être regardé que comme un faubourg. Nous avons remarqué au-dessus de la porte d'une auberge fort modeste, un bas-relief gothique qui mériterait de figurer dans un cabinet de curiosité. Il est fort bien conservé, et je suis étonnée que les Anglais, avides de ce genre de sculptures, n'aient pas enlevé ce qui est réellement déplacé à l'*hôtel du Cygne.*

Le château d'Amboise est situé sur une hauteur, de laquelle on découvre la vue la plus admirable, et d'une étendue prodigieuse. On distingue Tours et Chambord, lorsque le temps est serein, et l'on peut suivre long-temps la belle Loire dans toutes les sinuosités qu'elle semble se plaire à former pour fertiliser par son passage de vastes prairies et d'immenses vergers.

Pour arriver au château, il faut grimper assez long-temps sous une voûte très-obscure. Les créneaux, les meurtrières, les tourelles, sont encore intacts; la féodalité se voit à Amboise dans toute sa pureté, et l'on a peine à concevoir que des châtelaines bonnes et bienfaisantes pussent se plaire dans un lieu où tout annonce la possibilité de détruire leurs sujets, jugés souvent avec une légèreté inexcusable, et exécutés pour la faute la moins grave. Je ne regrette nullement ce temps de barbarie, et préfère ma modeste maisonnette à une somptueuse habitation où tant de plaintes douloureuses devaient troubler le bonheur des riches dames, elles maudissaient sans doute bien souvent le rang où elles étaient élevées.

C'est dans ce château que Louis XI institua l'ordre de Saint-Michel, auquel Henri III substitua depuis celui du Saint-Esprit.

Le gardien qui nous conduisait, nous a raconté plusieurs anecdotes curieuses sur ce lieu. Cet homme, qui connaît parfaitement tous les personnages célèbres nés à Amboise (et il y en a beaucoup), n'a étudié de l'histoire de France que ce qui a rapport au petit coin du royaume qu'il habite, il n'en ignore aucune particularité, et il est très-intéressant à entendre.

Il nous a dit que François Ier, célébrant à Amboise les noces de Renée de Montpensier avec le duc de Lorraine, avait donné toutes sortes de jeux pour embellir cette fête. Un sanglier énorme, pris dans la forêt, fut lancé dans la cour du château ; il était agacé par toutes les personnes placées aux fenêtres; furieux, il brisa la porte de l'escalier et monta rapidement jusqu'à l'appartement du roi qui, seul, alla audevant de lui et le tua en le perçant de son épée. Ce trait étant d'accord avec la bravoure de François, on y ajoute généralement foi, tel peu vraisemblable qu'il paraisse.

Notre guide nous montra les créneaux et le balcon où furent pendus les membres de la fameuse conjuration formée pour enlever le roi, se saisir des Guise et les massacrer. Je vous avoue que, si ce château m'appartenait, je ferais disparaître ce qui rappelle une tradition si sanglante. Il serait plus doux d'admirer la place où un roi eût pardonné aux coupables.

La chapelle est un chef-d'œuvre d'architecture gothique; elle est remplie de sculptures d'un travail inouï. Dans la révolution, un conventionnel fut possesseur de ce château de nos rois, et trouvant que cette chapelle qu'il destinait à être une salle de bal, était trop sombre pour les fêtes civiques qu'il voulait y donner, il fit *badigeonner* les murs. Heureusement une mort subite de cet amateur éclairé des arts arrêta ce vandalisme, et la moitié de l'édifice seulement subit l'affront de la brosse. L'autre partie a conservé sa couleur locale. On y remarque une imitation parfaite d'un énorme bois de cerf. Un prisonnier, sous Charles VIII, étant condamné à une réclusion perpétuelle, obtint du bois, et, avec son couteau, il sculpta ce morceau extraordinaire par l'exactitude des détails. Lorsqu'il fut achevé, le roi en fut si charmé qu'il rendit la liberté à cet homme, et lui accorda, comme témoignage de sa munificence royale, la somme de *huit livres tournois*; fait qui est constaté par une pompeuse inscription.

Les temps sont bien changés, chère amie, et lorsqu'on voit à quel point il faut maintenant accorder pour satisfaire l'avidité de ceux qui se croient quelques droits à être récompensés, on serait presque tenté de regretter l'époque où un roi faisait des heureux à si bon marché.

Le château d'Amboise a été rendu à madame la duchesse douairière d'Orléans, qui y avait fait arranger un charmant appartement moderne. On y peut arriver en voiture par une tour très-élevée, dans laquelle on a pratiqué une pente large et douce : ce n'est que, parvenu au sommet, que l'on s'étonne de l'espace parcouru. Le concierge nous a montré avec respect la chambre de cette excellente duchesse.

En entrant dans l'appartement qu'avait occupé, avant la révolution, l'infortunée princesse de Lamballe, cet homme a ôté son bonnet et l'a tenu à la main tout le temps que nous y sommes restées. Cet hommage muet au souvenir de la plus grande et de la plus injuste infortune, nous a vivement touchées, et nous a paru une éloquente expression de douleur....

Nous avons aussi visité les casemates, qui peuvent contenir quarante mille soldats, elles inspirent une sorte de terreur, par l'humidité dont elles sont, ne recevant le jour que par de très-étroites ouvertures percées dans des murs de neuf et dix pieds d'épaisseur, à peine si l'air peut y pénétrer.

On a le cœur serré en songeant que des hommes se trouvaient là entassés, pendant plusieurs mois, pour soutenir les droits, quelquefois ridicules, de leurs maîtres. Au moins maintenant, si une guerre injuste expose la vie de nos guerriers, ils sont à l'abri du trépas affreux réservé aux malheureux enterrés ainsi vivans. S'ils sont malades ou blessés, ils reçoivent tous les secours qui peuvent adoucir leurs maux, et du moins les rayons du soleil peuvent parvenir jusqu'à eux, et leur rendre les forces qu'ils brûlent de retrouver, afin de courir à de nouveaux dangers. Décidément l'humanité de notre siècle me le fait préférer; étant à même de comparer le passé et le présent, je suis charmée d'être née assez tard pour ne plus être témoin de faits dont le souvenir seul me fait horreur.

Je vois toutes les femmes regretter le temps brillant de la chevalerie où la beauté recevait tant d'hommages éclatans. Je conviens qu'il devait être très-flatteur de se voir proclamer comme une vraie perfection; d'inspirer un amour assez fort, pour faire entreprendre avec plaisir, des choses qui paraîtraient impossibles aujourd'hui aux plus romantiques des amans; mais s'il était glorieux de faire faire le tour du monde à son chevalier, et de le voir revenir couvert de lauriers, cueillis en soutenant la supériorité de sa dame, il devait être plus douloureux encore pour elle, de l'entendre raconter les combats soutenus en son honneur. J'aime mieux, malgré la coquetterie que l'on me reproche, avec quelque raison peut-être, rester inconnue dans mon petit coin, que d'avoir à gémir sur la mort d'un pauvre homme, tué pour avoir nié que je fusse la plus belle des belles : comment pouvait-on regarder avec plaisir dans une glace, un visage qui avait coûté la vie à quelqu'un !

Laissons à l'amour-propre ces cruelles jouissances, et bornons-nous à recevoir tout simplement, ce que l'on accorde dans notre siècle dégénéré, des attentions journalières et des flatteries qui plaisent fort, quoi qu'on en dise. Nos succès sont moins connus; mais du moins ils n'ont pas exposé les jours de l'objet de nos affections, et n'ont pas fait couler les larmes d'une mère, d'une sœur, ou d'une amie chérie de quelque héros!

Ma mère étant un peu fatiguée, nous nous reposerons demain ici. Nous y connaissons deux familles. Elles se disputent le bonheur de nous donner un dîner qui sera sûrement très-ennuyeux. C'est une des corvées de la province que cette obligation de recevoir ce qu'on appelle *une politesse*. On passerait pour fort grossier si on s'y refusait, ainsi il est impossible de quitter son modeste foyer, sans être forcée de passer plusieurs heures insupportables.

Je ne connais rien de plus pénible que d'être contrainte à être long-temps à table, devant plus de mets qu'il n'en faudrait pour rassasier une armée, assise près de *l'aimable de l'endroit*, qui se tue à vous servir de tout avec profusion, insiste pour vous faire boire, et ne manque pas de lancer cent plates plaisanteries, dont il rit tout haut à gorge déployée. Pour achever le charme de ces solennités de rigueur, vous faites le soir dix tours de boston, et vous revenez à votre auberge, avec une double indigestion de nourriture et d'ennui.

Grondez-moi si vous voulez, mais je soutiendrai toujours, que la véritable politesse consiste à ne pas contrarier les gens, et je porterai éternellement à ces réunions, la figure du monde la plus maussade. Pour me consoler de la perspective de demain, ma mère me promet de me mener le jour suivant à Chenonceaux, d'où je vous écrirai. Adieu, bonne et chère Alicie. Je vous aime comme vous le méritez, jugez si c'est fort.

Zoé.

LETTRE XXIX.

Mlle DE VIEVILLE A LA COMT^sse DE ROSEVILLE.

Ton singulier des hommes avec les jeunes personnes. — Talens et manières de celles-ci. — Soirée chez la marquise de T... — Toilette des hommes. — L'écarté. — Ses inconvéniens. — M. de T...., page de Napoléon. — Tours de pages. — M. le marquis d'A..., chambellan, mystifié. — Bal de l'Opéra. — MM. de Forbin, de Clarac, Duperreux, Carafa, Onslow, de Marin, Ardisson, et marquis de Noailles. — Mesdames de Mongeroult, de La Rue Beaumarchais, Merlin et Duplessis.

Vous vous êtes réjouie, ma chère nièce, de l'approbation que j'accordais à plusieurs choses nouvelles, et vous imaginez déjà, j'en suis sûre, que vous parviendrez à me faire convenir que tout aujourd'hui est infiniment mieux qu'autrefois; et que pour être persuadée, il ne me fallait que l'occasion de voir le monde ailleurs que chez vous où il avait la bonté de se soumettre à mes vieilles habitudes et à mes goûts surannés. Cependant je ne suis pas tout-à-fait convertie; vous en allez juger.

Voulant ne pas priver notre bonne Alicie des plaisirs de Paris, je me suis lancée dans la société, avec presque autant de zèle qu'une jeune et jolie personne. Si j'avais témoigné la moindre répugnance, ou le plus léger ennui, notre petite amie n'eût point voulu sortir, aussi je joue la comédie chaque fois qu'une partie qui peut être agréable pour elle se présente, et j'ai l'air si aise d'en prendre ma part, qu'elle est convaincue que je suis charmée de changer un peu de manière de vivre, c'est en vérité plus pour moi, que pour elle, qu'elle me suit au spectacle, au concert et au bal. Son goût pour la vie retirée ne se dément pas, sa simplicité au milieu des hommages qu'elle reçoit partout, est toujours la même, sa déférence pour les avis de sa mère et les miens est entière, en un mot la perfection de son caractère est ce que vous l'avez laissée.

Je vois à présent la société, telle qu'elle est,

et non telle que vous la rendez chez vous, par tendresse pour votre pauvre vieille tante, et je vous avoue, mon enfant, qu'elle perd à être ainsi dépouillée de certaines convenances et de quelques réserves que vous lui imposez sans paraître les exiger. Je suis si choquée de plusieurs choses que j'y remarque, que je reprends mes anciens préjugés contre la génération nouvelle, et je ne puis louer tout comme je le voudrais de bonne foi, car enfin le terme de mon existence s'approche, tandis que la vôtre et celle de vos filles commencent. Je préférerais donc que tout ce qui est bien, bon et agréable, fût dans l'avenir, au lieu d'être au passé, et je jouirais bien plus de l'espérance que des souvenirs de ma jeunesse, auxquels vous êtes étrangères.

En quittant la vie, je voudrais emporter l'idée que vous n'éprouverez rien qui puisse troubler la vôtre, et pour cela il faudrait que je fusse sûre du bonheur de vos enfans; je vous avoue qu'en examinant la plupart des jeunes gens, qui peuvent fixer leur choix, je suis loin d'être tranquille, ils sont en général bien différens de ce qu'ils devraient être, et ne sauront pas, je le crains, apprécier l'éducation que nous avons adoptée pour Laure et Marie, persuadées qu'elle doit les rendre de bonnes femmes de ménage, sans les empêcher d'être des femmes aimables.

Ce ne sont pas les jeunes personnes timides et réservées qui sont recherchées maintenant, et ce n'est que près de celles qui osent avoir les manières d'une femme mariée depuis long-temps que se fixent tous les hommes. Ces demoiselles parlent et rient haut, font leurs remarques sur les ouvrages nouveaux, jugent avec assurance ceux qu'elles ne devraient pas souvent avouer connaître, se placent au piano avec autant de hardiesse qu'un artiste, et chantent en faisant des mines, inutiles à l'expression, et qui ne peuvent être tolérées qu'au théâtre. Elles cherchent des yeux l'homme qui leur plaît, afin de lui adresser les paroles les plus tendres; et reçoivent sans embarras, les complimens les plus outrés sur les plus médiocres talens.

Voilà ce qui plait aujourd'hui. On s'écrie près de ces phénix qui savent tout, hors ce qu'elles devraient savoir : *adorable, délicieux, ravissant*, et la grâce naïve qui sied si bien à la jeunesse, la modestie qui double le mérite, se voient abandonnées pour ce clinquant de mauvais goût. Des exceptions fréquentes servent heureusement à encourager les mères raisonnables à suivre ce qu'elles ont commencé, mais enfin le nombre des bons exemples n'est pas en proportion avec la quantité de jeunes personnes que l'on rencontre dans le monde.

Je suis révoltée aussi du ton des hommes; ils parlent bas à ces demoiselles, leur prennent les mains, s'appuyent sur leur chaise en se balançant, et ne craignent pas de blesser leurs oreilles par les discours les plus insipides, lorsqu'ils ne sont pas inconvenans. La plupart livrés à eux-mêmes de fort bonne heure ne se sont occupés sérieusement que des choses les plus frivoles. Ils ignorent l'histoire qu'ils n'apprennent que dans les romans historiques; savent à peine écrire correctement un billet; et ne peuvent avec exactitude faire l'addition des mémoires de leurs fournisseurs; mais en revanche ils tirent très-bien au pistolet, passant chez Lepage une partie de leurs matinées; montent bien à cheval, à l'anglaise, ce qui évite d'aller prendre des leçons d'équitation; ils nagent supérieurement, et jouent au billard avec grâce. Leur conversation roule sur ces différens sujets, qu'ils approfondissent en présence des femmes, qui se récrient sur les connaissances de ces messieurs, en armes à pistons, en chevaux, etc., et ils rentrent chez eux persuadés qu'ils ont produit beaucoup d'effet dans un cercle, où ils n'ont été approuvés que par quelques fous comme eux.

Nous allâmes hier passer la soirée chez la marquise de T***, * qui est fort loin de ressembler aux femmes que je viens de condamner, et dont le seul tort est d'avoir eu un père que l'on s'obs-

---

* On ne conçoit pas la raison qui a pu empêcher madame la marquise de T... d'être présentée, son père ayant contribué au retour de nos princes, et ayant eu la confiance de Louis XVIII ; il semblait que d'anciens souvenirs ne devaient plus être invoqués, pour expulser de la cour une femme qui en eût été l'ornement.. Ce n'est plus heureusement aujourd'hui que l'on doit reprocher aux enfans les torts de leurs parens, et c'est un des bienfaits de notre siècle de ne pas envelopper l'innocent de la réprobation qui ne doit atteindre que le coupable. Une haine qui survit à la mort du père de madame de T... aura conseillé l'injustice qu'elle éprouve, et dont l'estime générale doit la consoler.

tine à lui reprocher; maintenant qu'il est mort, l'on ne peut craindre son esprit, ni espérer rien de son obligeance.

M. de T***, spirituel, aimable, instruit et dessinant avec une rare perfection, devait, suivant moi, ne réunir autour de lui que des hommes lui ressemblant; et j'espérais que là du moins la conversation serait agréable.

Plusieurs personnes remarquables s'y trouvaient en effet, mais ne comprenant pas le bourdonnement des merveilleux, elles s'isolèrent, et nous fûmes condamnées à n'écouter que les lieux communs qui se disent partout.

La maîtresse de la maison voyant l'ennui se peindre sur tous les visages, proposa de danser au piano, ce qui fut accepté avec joie par toutes les femmes, et assez froidement par les hommes, ils s'empressèrent de demander une table d'écarté.

Madame de T***, en se plaçant au piano avec une complaisance parfaite, témoigna le désir que l'on ne jouât pas; mais les réclamations furent si bruyantes qu'il fallut céder, et la table ardemment désirée fut apportée. Vainement la musique se faisait entendre, les danseurs ne se présentaient pas; l'écarté attirait la foule, et les danseuses restaient sur leurs chaises, malgré les pressantes sollicitations de madame de T***. Enfin trois ou quatre jeunes gens, qui venaient de perdre plusieurs louis en un instant, se dévouèrent faute de mieux à la galanterie, et consentirent à danser; mais comme il fallait recommencer à les prier à chaque contredanse, les demoiselles prirent le parti de se passer d'eux; et elles figurèrent entre elles, ce qui pour nous autres tapisseries était infiniment plus joli que de voir devant nous sauter une troupe de corbeaux.

Je ne pourrai jamais m'habituer à la toilette choisie par nos jeunes gens pour se rendre au bal. Je ne parle pas de la préférence qu'il fallait accorder à la beauté des habits brodés avant la révolution, puisque les fortunes actuelles étant diminuées par l'abolition du droit d'aînesse, il serait impossible d'en porter, mais vous conviendrez que les habits de couleur, les gilets, culottes et bas blancs, adoptés il y a quelques années, rendaient l'aspect d'un bal infiniment plus gai qu'il ne peut l'être aujourd'hui. Il fallait alors un peu plus de soin et de dépense, mais aussi on était plus d'accord avec l'élégance des femmes.

M. de T*** me voyant assise seule dans un coin du salon avec madame Dorcy, vint se placer près de nous et nous tint compagnie pendant la fin de la soirée, ce qui me la fit trouver charmante, car on ne saurait causer avec plus d'agrément. Il ne joue jamais, et blâme comme moi cette manie générale *d'écarté*, jeu qui autrefois était relégué dans les antichambres avec le *piquet-voleur*. Non-seulement cette manière de passer le temps est sans aucun avantage pour les personnes qui s'y livrent, mais elle a un inconvénient grave sur lequel on ne s'est pas, suivant moi, assez appesanti, c'est celui d'entraîner le dérangement complet de jeunes gens qui risquent plus qu'ils ne peuvent perdre; ils contractent des dettes regardées comme d'honneur, sont dans l'impossibilité de les acquitter, et de se libérer avec des gens qu'ils rencontrent chaque jour, ils empruntent à des usuriers, et au bout de peu d'années ils sont ruinés aussi complètement que s'ils avaient été dans une maison de jeu du Palais-Royal; la crainte du mépris public les en eût toujours éloignés.

Promettez-moi, ma chère nièce, que vous résisterez au torrent, et que vous ne permettrez jamais que l'on joue chez vous. Pour vous donner le courage de résister à la mode, songez que vous éviterez de grands chagrins à plusieurs mères. Si quelques femmes, ayant de bonnes maisons, refusaient de se soumettre à cet usage, qu'on appelle un délassement, (et qui dans le fait n'est qu'une spéculation pour les trois quarts de ceux qui s'y livrent) on oublierait dans la bonne compagnie un jeu qui devrait en être banni *.

Vous savez que M. de T*** a été page de Napoléon ; je lui ai demandé s'il avait fait jamais, ce que l'on nomme *un tour de page;* il m'en a raconté deux fort plaisants, que je vais vous répéter, pour égayer un peu ma lettre que vous trouverez beaucoup trop sérieuse. La fin vous

---

* Outre les dangers qui viennent d'être signalés relativement à *l'écarté,* il en est un qui atteint les maîtresses de maisons, qui souffrent que l'on y joue chez elles. C'est celui d'être accusées, lorsqu'elles n'ont pas une grande fortune, de profiter du bénéfice du *flambeau.* L'idée d'une semblable calomnie devrait suffire pour empêcher de permettre ce qui peut y donner lieu.

fera excuser son commencement, et non-seulement je devrai à M. de T*** de m'être amusée chez lui, mais encore d'avoir dissipé l'humeur que vous auraient causée mes critiques; elles sont cependant assez justes pour trouver grâce devant vous.

M. de T***, étant page, fut engagé à plusieurs bals pendant un carnaval fort animé; ainsi que son camarade O***. Ils étaient à Saint-Cloud, et pour venir à Paris il fallait obtenir la permission du sous-gouverneur, il la donnait avec peine lorsque les fêtes n'avaient pas lieu chez les princesses. M. O*** sollicita la faveur d'aller une dernière fois au bal chez madame D**, personne charmante dont le mari avait une belle place dans les droits réunis. Le sous-gouverneur, trouvant que ce n'était pas une autorité assez marquante, refusa positivement la demande du jeune page, qui tout désolé vint raconter sa mésaventure à son camarade de T***, en lui disant de ne pas risquer d'être refusé comme lui.

« — Est-ce que tu as dit que c'était pour
« aller au bal, que tu voulais quitter Saint-
« Cloud ? lui demanda M. de T***. — Oui, sans

« doute. — Eh bien ! tu as mal fait, et il est
« tout simple que tu n'aies pas réussi, puisque
« cette semaine on nous a accordé trois per-
« missions. Il fallait t'y prendre autrement pour
« l'obtenir ; c'est ce que je vais faire, et tu ver-
« ras si je suis ici ce soir. — Je parie que oui.
« — Je parie que non. Je serai aux arrêts en
« revenant, mais que m'importe ! j'irai au
« bal. »

M. de T*** prend un air fort triste et arrive
chez le terrible sous-gouverneur. « Je viens,
« monsieur, lui dit-il, vous supplier de me refu-
« ser la faveur que je suis obligé de solliciter.
« — Expliquez-vous, monsieur ; je fais ce
« que je puis pour satisfaire les jeunes gens con-
« fiés à ma surveillance, mais ils sont en géné-
« ral si exigeans que je n'y réussis pas souvent.
« Si je puis vous être utile sans nuire aux de-
« voirs de ma place, j'en serai charmé. — Mon-
« sieur, je serais désolé au contraire que vous
« ne me refusassiez pas. Figurez-vous que j'ai à
« Paris un vieil oncle goutteux qui, parce qu'il
« ne peut plus être étourdi, se croit obligé de me
« faire des sermons perpétuels sur ma légèreté,
« afin de tâcher de me rendre aussi raisonnable

« qu'il est forcé de l'être. Il m'a écrit hier qu'il
« était plus souffrant, que ma vue lui ferait du
« bien, qu'il me priait de lui tenir compagnie ce
« soir parce que sa fille va au bal, et qu'il sera
« tout seul. Comme rien au monde ne m'est plus
« désagréable que ces visites qu'il exige, je viens
« vous conjurer de me refuser d'aller à Paris,
« parce qu'alors le pauvre bonhomme ne pourra
« me gronder. — Comment, monsieur, vous
« croyez que je voudrais vous empêcher de
« rendre des soins à votre estimable parent !
« Ce serait me rendre complice du peu d'é-
« gards que vous avez pour lui, et loin de vous
« retenir ici, je vous ordonne d'aller près de
« lui écouter ses excellens conseils. — Oh! je
« vous en prie, laissez-moi ici avec mes cama-
« rades... — Non, cela est impossible. »

En disant ces mots, le sous-gouverneur sonna, et donna l'ordre d'atteler la voiture des pages pour conduire M. de T*** à Paris.

Celui-ci sortit paraissant désespéré ; mais à peine hors de la présence de son supérieur, il fut s'habiller en riant beaucoup de la réussite de son stratagème, et se rendit au bal où il resta jusqu'à cinq heures du matin. De retour à

Saint-Cloud, il fut mis aux arrêts sur la déclaration de sa petite escapade. On la raconta à Napoléon qui la trouva plaisante, et le traita avec un redoublement de bonté lorsqu'il reprit son service.

La jolie figure de M. de T*** et sa petite taille donnèrent à une des princesses de la famille impériale l'idée de l'habiller en femme, et de l'envoyer au bal de l'Opéra pour tourmenter M. d'A..., chambellan, dont la sotte vanité le faisait se vanter de plaire à toutes les dames de la cour.

On prépara le domino de satin noir le plus élégant, des souliers blancs chaussèrent un joli pied, des gants cachèrent une main ornée d'un anneau qui devait être donné, si la fatuité de M. d'A... se laissait prendre aux avances qu'on allait lui faire. Après avoir été bien passé en revue dans le salon de la princesse, et avoir reçu quelques leçons sur les petits gestes et les phrases en usage parmi les élégantes, M. de T** se rendit à l'Opéra, où un billet avait donné rendez-vous au séduisant chambellan, qui déjà se promenait d'un air affairé devant l'horloge marquant l'heure indiquée par la belle inconnue, attendue avec tant d'impatience.

En apercevant le bienheureux domino portant la marque convenue, M. d'A... se précipita, et commença une longue litanie de complimens reçus avec un embarras joué en perfection. Toute la nuit se passa en protestations mutuelles, et M. d'A... reçut fort mal les autres masques qui venaient pour essayer de le distraire de la préoccupation que lui causait celui qu'il promenait ainsi depuis long-temps. Les dames de la société de la princesse, qui avaient voulu être témoins de cette scène, s'amusèrent beaucoup de la passion que témoignait celui qui se disait adoré de plusieurs d'entre elles.

A cinq heures, M. de T*** se retira en promettant de se retrouver au prochain bal. Voulant faire désirer l'anneau qui devait être le gage d'un *sentiment éternel,* il ne l'accorda pas, mais promit de le donner seulement à la fin du carnaval. L'exactitude de M. d'A... ne se démentit pas, et ce ne fut qu'au dernier bal qu'il sut qu'il était mystifié par un enfant de 16 ans, qui, après lui avoir dit par quels ordres il avait agi, lui proposa de lui rendre raison d'une plaisanterie commandée par S. A. I. à laquelle appartenait la fatale bague qui avait reçu tant de baisers.

M. d'A..., prévoyant qu'un duel augmenterait le ridicule de cette aventure et lui attirerait la colère de la princesse, prit le parti de la raconter lui-même et de paraître s'en être amusé tout le premier. Ce qui n'empêcha pas que depuis cette époque il ne fût souvent tourmenté par les quolibets de ses collègues, et par ceux, bien plus pénibles pour lui, de l'empereur, dont il était un des courtisans les plus assidus. Vous le rencontrez souvent, chère Caroline, ainsi cette histoire aura pour vous un double prix.

J'ai vu chez M. de T*** M. le comte de Forbin qui m'a offert avec la galanterie que vous lui connaissez, et qu'il conserve même avec les vieilles femmes, un billet pour l'exposition prochaine. Son beau talent pour la peinture, qui serait le principal mérite d'un autre, n'est vraiment qu'un accessoire agréable. Sa brillante imagination se montre autant dans ses conversations que dans ses tableaux, et on en jouit plus souvent, puisque ses occupations l'empêchent de se livrer, autant qu'il le voudrait, à l'art charmant qu'il cultive et protège également bien.

Dites-moi si vous croyez qu'avec la manière actuelle d'élever les garçons, on parviendra à produire des *amateurs*, tels que MM. de Forbin, Turpin de Crissé, de Clarac et Duperreux, pour la peinture; MM. Carafa*, Onslow, de Marin, Ardisson et le marquis de Noailles, pour la musique. Quant à moi j'en doute **.

---

* M. Carafa, fort jeune, et occupant une des premières places à la cour de Naples, pendant le règne de Murat, travaillait dès-lors avec succès la composition. Plusieurs de ses opéras firent fureur en Italie. La révolution de son pays ayant amené une grande diminution dans sa fortune, M. Carafa a pu employer, comme utile ressource, le beau talent qu'il ne cultivait que comme un plaisir.

** On ne cite pas non plus dans ce moment de jeunes femmes de la société possédant des talens aussi supérieurs que ceux de mesdames de Montgeroult, de La Rue Beaumarchais, Zoé Duplessis, Merlin, etc.; ne serait-ce pas parce que les jeunes personnes entrent dans le monde avant que leur éducation soit terminée? Une fois séduites par les plaisirs qu'il leur offre, elles négligent leurs études, s'amusent beaucoup pendant leur jeunesse ; mais quelle ressource auront-elles quand elles

Adieu, ma chère nièce, pardonnez-moi tout ce que je viens de vous dire en opposition avec vos idées. Quand je verrai des améliorations dans les mœurs, dans les usages ou dans les arts, je vous le dirai avec la même franchise. C'est une de mes qualités, ou l'un de mes défauts, comme vous voudrez, qui ne me quittera que lorsque je cesserai de vous aimer.

seront devenues vieilles? elles ne pourront exiger plus d'application de leurs filles ; puisse l'exemple du désœuvrement des grand'mères, ne sachant plus que faire dès qu'elles ne peuvent plus sans ridicule s'occuper de fêtes et de toilette, engager à profiter de l'âge où l'on peut se préparer d'éternelles jouissances, en acquérant des talens, le plus doux héritage que l'on puisse transmettre à ses enfans.

LETTRE XXX.

Mlle DORCY A Mlle DERCOURT.

Arrivée a Dieppe. — Effet que produit sur mademoiselle Dorcy la vue de la mer. — Tempête subite qui expose une barque de pêcheurs. — S. A. R. travaillant sur le port pour la sauver. — Enthousiasme qu'inspire son courage. — Mot charmant de la princesse. — Les bains. — Madame la Dauphine. — Manufacture de dentelles. — Ouvrages en ivoire. — Bal offert a Madame. — Son danseur n'arrive pas. — Il tombe malade de peur. — Bonté de S. A. R. — Henri IV. — Église d'Arques. — Société de Dieppe. — La comtesse de Nesselrode. — Mesdames Alphée de Vatry, Hainguerlot, Goupy et lady M***. — MM. de Vieil-Castel, comte de Narischkin et Demidoff. — M. Paul Demidoff. — Histoire singulière de lady Stanhope, chef de Bédouins. — Mesdames de Reggio, Rosanbo, et de B***. — MM. de Mesnard et de Cossé. — Hommes célèbres nés a Dieppe. — Antiquités romaines.

Paris.

Nous arrivâmes d'assez bonne heure à Dieppe,

ma chère Zoé, et l'aspect de la mer a produit sur moi plus d'effet encore que je ne l'imaginais, non-seulement par la majesté de ce spectacle, mais encore par toutes les réflexions que fait naître la vue de cet immense gouffre, sur lequel ne craignent pas de s'embarquer tant d'hommes attirés par le désir d'aller au loin chercher des richesses et le bonheur, et qui souvent ne trouvent à la place qu'un tombeau. Je puis concevoir que la soif de la gloire, toujours si puissante chez les Français, les engage à braver de tels dangers; mais jamais que, pour un peu d'or, on s'éloigne d'une rive chérie où on laisse des objets d'une tendre affection. Il faut apparemment être homme pour éprouver cette ambition de fortune, qui ne sera jamais la mienne.

Je ne vous peindrai pas ce qui s'est offert à mes regards; des plumes éloquentes ont dit sur ce sujet tout ce que la mienne tenterait en vain de peindre dignement; je puis seulement rendre compte d'un évènement qui, en ajoutant pour moi à l'enthousiasme que m'a causé le port de Dieppe, a pénétré mon âme du plus vif attendrissement et du plus respectueux attachement pour une princesse dont le nom n'est prononcé ici qu'avec la plus grande vénération.

Nous nous étions rendues sur le port par le plus beau temps du monde. Pétrifiées d'admiration, nous fûmes tellement absorbées que nous restâmes en silence assises sur des pierres éparses, sans pouvoir même nous communiquer ce que nous éprouvions; et nous fîmes à peine attention à un gros nuage noir qui, grossissant de moment en moment, s'étendit avec rapidité; nous entendîmes le bruit du tonnerre devenant de plus en plus fort sans nous inquiéter de ce qui se passait au-dessus de nos têtes, tant nous étions occupées à considérer ce qui était à nos pieds. De nombreuses barques de pêcheurs s'empressaient de rentrer dans le port, sans que nous cherchassions à nous rendre compte de cette promptitude à mettre fin à des travaux à peine commencés. Un coup de vent, aussi violent qu'inattendu, nous tira de cet état d'anéantissement où nous semblions être ; et nous nous vîmes entourées d'une foule d'hommes, de femmes et d'enfans, se précipitant, avec tous les signes de l'effroi, à l'extrémité de la jetée, armés de cordes qu'ils lançaient au loin dans la mer. Nous vîmes, avec un serrement de cœur inexprimable, un dernier bateau lutter avec peine contre les vagues qui semblaient prêtes à l'engloutir à chaque instant. Un vieillard faisait de vains efforts pour atteindre la terre, tandis qu'un jeune enfant adressait, à genoux, au ciel les prières ferventes de l'innocence. Tout était en mouvement autour de nous, et nous avions machinalement saisi, comme les autres, des cordes que nos faibles doigts pouvaient à peine embrasser.

Une jeune femme travaillait près de moi avec une ardeur remarquable. Ses beaux cheveux blonds s'étaient détachés et couvraient en partie sa figure. La blancheur éblouissante de ses mains fixa mon attention : je crus, à la simplicité de sa toilette, à l'intelligence des ordres qu'elle donnait avec douceur, autour d'elle, que c'était une habitante de Dieppe, accoutumée à ce spectacle d'horreur que je voyais pour la première fois, et que cette femme devinait ce qu'il fallait faire pour arracher à la mort les pêcheurs infortunés qui luttaient si péniblement contre elle. D'abondantes larmes trahissaient l'émotion pénible de la jeune dame, malgré tout ce qu'elle faisait

pour la cacher et paraître calme. « Courage,
« mes amis, s'écriait-elle, nous les sauverons.
« C'est un père qu'il faut rendre à ses enfans :
« encore un effort et nous y réussirons. »

Chaque fois que cette douce voix se faisait
entendre, l'ardeur des travailleurs semblait augmenter, et je m'étonnais de l'empire que je lui
voyais exercer. Un vent impétueux, accompagné
d'une pluie battante, et des coups de tonnerre
prolongés, ne firent cesser les travaux que lorsqu'après des efforts inouïs, on fut parvenu à
sauver cette barque objet de tant de sollicitude
et de peines. Aussitôt que ces pauvres pêcheurs
furent en sûreté, mille cris s'élevèrent dans les
airs : *Vive notre bonne princesse !* sortit de toutes
les bouches; la foule se précipita sur les pas
de ma jeune voisine qui distribuait, avec une
bienveillance extrême, des éloges et des récompenses. Je reconnus alors S. A. R. *Madame*,
recevant les bénédictions de toute une population, qui, pour être chaque jour témoin de
pareils bienfaits, n'en est pas moins étonnée de
tant de courage et de bonté.

Plusieurs personnes de la suite de la princesse arrivèrent alors et lui exprimèrent l'inquiétude qu'elles éprouvèrent en ne la trouvant pas dans son appartement. Elles avaient aisément imaginé que S. A. R. était où le malheur avait besoin de secours ; mais la foule, si grande, avait rendu impossible de parvenir jusqu'à la duchesse de Berry. Ce ne fut que lorsque le danger fut passé que l'on put s'en approcher. On lui reprocha de s'exposer ainsi. « Je sais très-bien, répondit-elle, que ce que « je fais n'est pas très-utile ; mais mon exemple « anime et encourage ceux dont la force est né- « cessaire dans de semblables occasions ; je se- « rais donc très-coupable de ne pas le donner. « D'ailleurs j'en serai quitte, ajouta-t-elle en « riant, pour changer de robe. »

Voilà ce que j'ai vu, ma chère Zoé, et ce qui vous donnera l'idée de l'âme de cette princesse si justement chérie partout où elle paraît. J'étais préparée à l'amour qu'on lui porte ici, par tout ce que j'avais entendu sur la route. Il n'est pas un village qui n'ait eu à bénir son passage, pas une chaumière qui ne se soit ressentie de sa présence ; mais nulle part elle n'est aussi chérie que dans cette ville, devenue aussi animée et aussi riche qu'elle était autrefois triste et pauvre.

Les étrangers, attirés par le charme du séjour embelli par S. A. R., y abondent pendant six mois de l'année. Ils y répandent l'aisance et la gaîté; en approchant la princesse, il est impossible de ne pas exercer la bienfaisance; en voyant le bonheur qu'elle procure, les cœurs assez durs pour ne pas apprécier la douceur que l'on goûte à la pratiquer, sont du moins accessibles au désir d'être approuvés par S. A. R., et ce motif produit encore de bonnes actions que l'on doit à l'ange tutélaire des malheureux.

Le bâtiment des bains est commode et joli. Il est composé de trois pavillons auxquels on arrive par une jolie cour pleine de fleurs. Tout est calculé pour l'agrément des baigneurs qui trouvent dans cet établissement, un beau salon, un billard et un cabinet de lecture.

Ce fut dans le port de cette ville que débarqua madame la Dauphine, en 1815, à son second retour en France. Une inscription placée sur la jetée de l'Est conserve le souvenir de cet évènement. Il est encore plus présent à la mémoire des infortunés qui reçurent de nombreux secours de la fille de Louis XVI, dont la plus grande consolation, à des chagrins sans exemple, fut toujours d'alléger ceux des autres.

Nous avons visité avec un intérêt bien grand la manufacture de dentelles, fondée par S. A. R. *Madame*. De jeunes filles pauvres y reçoivent, sous la direction de respectables sœurs grises, des leçons de lecture, d'écriture, et d'histoire sainte. Elles apprennent à faire de la dentelle, qui est devenue pour Dieppe une branche de commerce fort étendue.

Les sculpteurs en ivoire font des ouvrages charmans dont la princesse fait de nombreuses acquisitions pour les dames qu'elle daigne admettre chez elle. Je vous enverrai quelques-unes de ces jolies bagatelles; elles vous plairont, j'en suis sûre, lorsque je vous dirai qu'elles proviennent d'une loterie au profit des pauvres, tirée chez S. A. R. Un plaisir n'est complet pour la princesse que lorsqu'il a un but utile, aussi la voit-on sans cesse occupée à travailler pour soulager la misère des mères de famille respectables. Elle honore de sa présence toutes les représentations à bénéfice, préside plusieurs assemblées de bienfaisance, visite toutes les manufactures, et lorsqu'elle donne aux Tuileries quelque brillante fête, une somme considérable est envoyée aux maires chargés de procurer du bois et des vêtemens aux indigens. Lorsque la princesse s'amuse, on peut être sûr que des larmes se sèchent dans quelqu'asile de la douleur, et l'on est doublement aise de la gaîté que l'on remarque sur la figure de la *bonne Caroline*, c'est le nom qui lui est ici le plus généralement accordé par les enfans se pressant sur ses pas, sans qu'elle en paraisse jamais importunée.

Nous allâmes à un bal auquel elle avait promis d'assister. Elle avait, la veille, désigné ses danseurs, tous choisis parmi les fonctionnaires ou commerçans de la ville. La seconde contredanse allait commencer, et M. M***, capitaine de la garde nationale, appelé à l'honneur d'offrir la main à la princesse, n'étant pas arrivé, ses amis prirent le parti, pour excuser cette inconcevable négligence, de le déclarer malade. On fut donc dire à M. de Mesnard, que subitement indisposé, M. M*** venait de se mettre au lit, et que ce qui ajoutait à ses maux, était le malheur de ne pouvoir profiter des bontés de S. A. R. Elle daigna témoigner le regret de la cause de l'absence de M. M*** lorsque celui-ci parut à la porte de la salle du bal, plusieurs jeunes gens se précipitèrent sur lui, et l'entraînèrent en lui disant ce qu'ils avaient allégué pour motiver son absence; ils se permirent un mensonge pour l'empêcher d'entrer, en lui répétant que la princesse était *furieuse* de son inexactitude, et le forcèrent à rentrer chez lui.

M. M.*** ayant par étourderie prolongé une partie de chasse, croyait cependant arriver à temps pour la fameuse contredanse que lui enviaient tant de ses compatriotes. Il fut d'autant plus désolé de l'avoir manquée, qu'il avait pour la princesse l'attachement le plus profond. Sans refléchir qu'il offensait S. A. R. en la supposant capable d'une vraie colère pour un semblable motif, il se crut pour toujours privé de sa bienveillance, et le chagrin qu'il en éprouva le rendit malade au point de faire appeler le médecin. Celui-ci quitta le bal en toute hâte, et jugea la saignée indispensable.

Des exclamations, des phrases entrecoupées lui apprirent la cause des souffrances de M. M***. Il n'eut pour les calmer qu'à rappeler mille traits de l'indulgence de la princesse, et le quitta presque consolé par l'assurance que l'on dirait à S. A. R. toute la vérité en implorant la grâce d'un coupable repentant.

En effet, le lendemain le docteur raconta à la princesse tout ce qui s'était passé. Comme on devait le prévoir, elle pardonna une faute expiée par un regret si sincère.

Hier M. M*** se promenant sur la route d'Arques, se trouva inopinément en face de *madame*. S'apercevant de son trouble elle s'approcha de lui, lui demanda avec bonté de ses nouvelles, lui dit qu'elle espérait qu'une autre fois il penserait plus *aux dames*; que le plaisir de la danse serait sûrement celui qu'il préférerait, et que pour s'en assurer elle voulait danser la première contredanse avec lui au prochain bal : « Il faut bien, dit-elle en se tournant vers sa suite, lui éviter une rechute. »

C'est par cette indulgence pleine de grâce et si rare dans un rang aussi élevé que la duchesse de Berry trouve le moyen de se faire aimer, même des personnes dont les opinions sont en opposition avec les siennes. On pourrait croire que les lieux qu'elle parcourt lui communiquent toute la bonté de l'illustre

Henri-le-Grand, si les qualités qui le distinguaient n'étaient depuis long-temps celles que l'on admire le plus dans S. A. R. Elle est entourée ici de souvenirs qui lui prouvent combien elle avait à faire pour être digne de son aïeul; et elle doit trouver dans les siens l'assurance qu'elle continue le bien qu'il voulait faire.

Aimant, comme vous le savez, ma chère Zoé, tout ce qui a rapport à notre histoire, j'ai accepté avec joie la proposition d'aller faire une course à Arques. Ce n'est pas sans une vive émotion que je me suis rappelé la lettre touchante et énergique que le bon Henri y écrivit à Crillon : *Pends-toi, brave Crillon,* etc. Chaque pas me faisait découvrir quelque trace d'une époque glorieuse, que notre illustration moderne n'effacera pas. C'est là que furent portés à la Ligue les coups qui la détruisirent à jamais. Que nos princes ne peuvent-ils de même y venir terminer les débats qui les affligent en divisant la France!...

L'église d'Arques est d'un style plein de goût. Elle offre de beaux détails d'architecture sarrasine, qui plaisent en reportant l'imagination à ce temps brillant de la chevalerie qui enfanta des prodiges admirés par nos pères, et qui, d'après ceux dont nous avons été les témoins, ne semblent plus que des faits d'armes ordinaires.

J'aime infiniment tout ce qui me prouve que les Français furent en tous temps courageux dans le danger et généreux après la victoire. Ici plus qu'ailleurs les traditions populaires s'acordent avec mes vœux. Il n'est pas un paysan qui n'ait à conter quelque vieille anecdote relative à la clémence et à la magnanimité du vainqueur de la bataille d'Arques. La révolution a traversé ce pays sans anéantir l'espèce de culte que l'on y avait pour les descendans de Henri, et *Madame* est venue les consolider à jamais. La reconnaissance présente reporte à celle des règnes passés; on en avait hérité avec la chaumière préservée du pillage par les ordres du plus chéri des rois. Ces annales du jour ne périront pas, et, d'âge en âge, on redira dans ces cantons les bienfaits qu'y répandirent les Bourbons.

La société à Dieppe est nombreuse et brillante. Toutes les classes y sont confondues, et se trouvent souvent réunies chez la princesse. S. A. R. ne connaît qu'un seul obstacle pour priver de l'honneur d'être reçu chez elle, celui du vice. On n'oserait avec une réputation flétrie venir à Dieppe lorsque S. A. R. s'y trouve; être exclu de sa présence serait une punition cruelle qui vous suivrait partout.

Parmi les personnes que nous voyons le plus, je vous nommerai madame la comtesse de Nesselrode, épouse du ministre de ce nom; elle est assez spirituelle pour qu'on lui attribue une grande partie du crédit accordé à son mari par son souverain. On assure que ses conseils sont si judicieux et si bons, qu'il les suit aveuglément. Cette opinion est trop flatteuse pour notre sexe, auquel on refuse la profondeur dans les idées, pour que je n'y ajoute pas foi; aussi vais-je être persuadée que notre siècle peut citer plusieurs preuves d'un genre de supériorité que l'on nous conteste; je l'admire d'autant plus, que j'en suis incapable.

Nous voyions encore plusieurs femmes très-agréables : madame Alphée de Vatry. Sa mère était madame Hainguerlot nommée, dit-on avec justice, par ses contemporains, la *dixième Muse*. Elle unissait à beaucoup d'esprit une grande instruction et des talens enchanteurs; une mort douloureuse l'a enlevée aux lettres, qu'elle cultivait avec succès. Sa fille est jolie, sait plusieurs langues, et elle est citée comme le type de l'élégance parisienne. Elle se promène en général avec madame Goupy, femme aussi intéressante par sa figure que par les qualités de son âme. Nous avons aussi plusieurs Anglaises très-aimables; enfin dans un cercle aussi circonscrit on trouve une réunion que l'on chercherait vainement ailleurs dans un plus étendu.

Lady M**, jeune Anglaise remarquable par la douceur de ses traits et le calme de tous ses mouvemens, m'étonna fort un soir. J'étais placée près d'elle, et lui parlais de la frayeur que me causait l'idée d'aller sur mer. — « Vous
« autres Françaises, me dit-elle, êtes *morale-*
« *ment* courageuses lorsque vos sentimens sont
« en jeu; mais nous sommes plus braves *physi-*
« *quement* dans les cas ordinaires de la vie; nous
« aimons tout ce qui est grand et extraordinaire;
« un projet qui vous paraîtrait insensé serait pré-
« cisément celui que nous choisirions. Nous pré-
« férons voyager sur un vaisseau que sur terre,
« parce qu'il y a plus de dangers. Une belle tem-
« pête nous étonne plus qu'elle ne nous effraie,

« et nous observons plus volontiers les beautés
« d'un ciel embrasé que celui d'une nature tran-
« quille. Je me trouve fort heureuse sans doute ;
« mais cependant je n'ai pas rempli ma desti-
« née. — Que pouvez-vous donc regretter, my-
« lady? chérie d'un époux que vous adorez,
« mère de trois enfans qui vous ressemblent; re-
« cherchée dans la société, faisant le plus noble
« emploi d'une grande fortune, que désirez-
« vous? — D'être l'héroïne de quelque aventure
« singulière qui pût illustrer encore mon nom.
« — Peu de femmes se trouvent dans des circons-
« tances qui fournissent un épisode du genre de
« ceux que vous aimez. — Eh bien, lorsqu'ils
« ne se présentent pas, il faut les aller chercher
« comme lady Stanhope. — Qu'est-ce que lady
« Stanhope? — Comment, mademoiselle, vous
« l'ignorez? c'est une héroïne. — Où s'est-elle
« donc distinguée? — En Arabie? — Oh! mon
« Dieu, et en quoi faisant? — En se mettant à
« la tête de Bédouins qui, étonnés de son cou-
« rage, l'ont proclamée leur reine. — Une femme
« chef d'Arabes! — Oui, mademoiselle; et ces
« hommes si entiers dans leur volonté n'hé-
« sitent pas à la soumettre à celle de cette per-

« sonne extraordinaire. Elle vit au milieu d'eux,
« ayant adopté leur costume, leurs usages et
« leur langage : ainsi qu'eux elle dresse sa tente
« au milieu des déserts, n'ayant pour lit qu'un
« manteau grossier étendu sur un sable brûlant.
« Les plus fougueux coursiers lui paraissent trop
« doux, et son plus grand plaisir est de vaincre
« les peuples qui osent attaquer le sien. C'est
« elle qui panse les blessés, les exhorte à la mort,
« et jette sur leurs dépouilles la première poi-
« gnée de poussière ! Voilà ce que j'aurais voulu
« être, au lieu de végéter comme tant d'autres
« de mes semblables, se ressemblant toutes
« et mourant oubliées. »

Pendant cet étrange discours le doux visage de milady M*** ne s'anima pas ; elle parlait avec toute la tranquillité que donne la conviction, et je suis certaine que, si son vieux père malade n'eût eu besoin de sa présence, et ne l'eût mariée fort jeune pour fixer son sort avant qu'il ne mourût, cette paisible Anglaise eût tenté quelque chose de tout-à-fait singulier. Plusieurs personnes s'étant approchées, voulurent la plaisanter sur ses regrets, et lui prédirent qu'elle serait un jour chef de quelque bande de voleurs : elle soutint avec fermeté, mais sans rien perdre de son sang-froid, qu'il était cruel de rester confondue dans la foule ; et, s'adressant à son mari, elle lui dit en riant qu'il fallait qu'il fût bien aimable pour la consoler de ne pouvoir commander qu'à lui.

J'ai questionné plusieurs Anglais sur lady Stanhope ; ils m'ont confirmé qu'elle partit fort jeune d'Angleterre avec le projet de conquérir un royaume, et qu'après une suite d'aventures bizarres, elle était en effet souveraine des Déserts. Son teint horriblement brûlé, sa taille épaissie par l'exercice du cheval, ses traits devenus durs par l'habitude de les rendre sévères ont tellement changé son extérieur, qu'il est impossible de savoir en la regardant à quel sexe elle appartient ; elle a, dit-on, eu une entrevue avec M. de Châteaubriand lors de son voyage à Jérusalem, et, quoique habitant un pays étranger à toute civilisation, elle a parlé des ouvrages de l'illustre voyageur avec autant de goût que d'admiration ; elle a conservé quelques relations rares avec sa patrie, et reçoit quelquefois les livres les plus marquans qui paraissent.

Cette étrange femme n'est-elle pas bien à plaindre de s'être privée des sentimens si doux qui lui étaient reservés, pour courir après une célébrité dont on se moque lorsque par hasard on en parle ?

Je vous entretiendrai peu des hommes ; je causais rarement avec eux, et ne pourrais vous répéter que ce que j'entendais dire d'eux ; c'est une mauvaise manière que de faire ainsi circuler des opinions souvent injustes, et j'ai pour habitude de ne jamais rendre compte que de ce que je vois par moi-même ; du moins alors, si je me trompe, je suis sûre qu'il n'y a pas de mauvaise foi. Je ne puis cependant m'empêcher de vous parler de l'extrême obligeance du sous-préfet, M. de Viel-Castel, toujours empressé de faire avec grâce les honneurs de la ville qu'il dirige avec un zèle apprécié de tous les Dieppois *, et de M. le comte de Narischkin, dont l'esprit vif et naturel répand une grande gaieté dans la société ; il raconte avec originalité une foule d'anecdotes

---

* Une mort prévue depuis long-temps l'a enlevé, il y a deux mois, à l'affection de sa famille et de ses amis, à la reconnaissance des pauvres, et à l'estime de ses ad-

piquantes sur des personnages célèbres qu'il a rencontrés dans ses nombreux voyages. Allié de M. le comte Demidoff, il ne l'a pas quitté pendant vingt ans ; et c'est avec une sensibilité d'autant plus frappante qu'elle paraît étrangère à son caractère qu'il parle de ce protecteur des arts. Il le pleure comme un père.

M. Demidoff entretenait à Rome un théâtre français à ses frais ; on lui doit d'avoir ainsi fait connaître plusieurs jolies pièces de nos auteurs modernes : il était charitable, et s'entourait volontiers des personnes auxquelles il pouvait être utile, pourvu qu'on ne lui parlât pas de reconnaissance : il fallait avec lui se contenter de l'éprouver, et beaucoup de gens s'en sont dispensés. Il n'en est pas ainsi de M. de Narischkin, qui, sans le vouloir, ramène souvent la conversation sur l'objet de sa tendre gratitude et de ses douloureux regrets.*

S. A. R. Madame n'avait avec elle qu'une suite peu nombreuse, composée de madame la duchesse de Reggio, la comtesse de Rosanbo et la

---

ministrés. Il était fils de M. le baron de Viel-Castel, attaché à l'impératrice Joséphine.

* L'immense fortune de M. le comte Demidoff est par-

marquise de B**. Les deux premières sont charmantes de figure et de manières, et semblent encourager les personnes qui demandent quelque chose à S. A. R. ; aussi sont-elles presque toujours chargées de remettre les pétitions, qu'elles appuieraient, s'il était nécessaire de recommander le malheur au cœur qui sait le plus y compâtir. Madame de B*** est grande, sa taille a dû être belle ; mais elle est maintenant beaucoup trop forte, ce qui, joint à

tagée entre ses deux fils. L'aîné, le comte Paul, est fixé à Paris depuis quelques mois. Il s'y est déjà fait connaître par plusieurs actions qui honorent son cœur. Il est d'une sauvagerie qui l'éloigne du monde, où il croit injustement que ses richesses surtout le feraient accueillir. Loin cependant d'être misanthrope, il cherche les hommes auxquels il peut rendre service. Il n'est accessible que pour ceux qui souffrent. C'est une singularité que l'on reproche rarement dans ce siècle.

J'ai beaucoup connu madame Demidoff, pleine de bonté et de grâce. La bienfaisance de son fils est une suite naturelle des exemples qui lui ont été donnés par elle et son époux. Il faut savoir gré à un aussi jeune homme d'avoir su les apprécier au point de les imiter, et de préférer aux plaisirs ordinaires de son âge celui de secourir l'infortune.

une physionomie un peu dure et à sa toilette, beaucoup trop recherchée pour une femme de son âge, empêche les malheureux de s'approcher d'elle, persuadés, peut-être à tort, qu'elle n'aimerait point à s'occuper des autres.

MM. de Mesnard et de Cossé sont tous deux polis et affables au dernier point, et bien dignes, par leur caractère, de toute la confiance que leur accorde *Madame*.

Dieppe a vu naître plusieurs hommes distingués dans les sciences et les arts : Declien, dont Esménard célèbre le touchant patriotisme dans son poème de *la Navigation*. Il obtint du jardin du Roi un pied de *cafeyer* qu'il résolut de porter aux Antilles pour l'y naturaliser. Son arrivée, retardée par des vents contraires, lui fit craindre de ne pouvoir bientôt arroser cet arbuste précieux. L'équipage recevait de faibles rations d'eau ; Declien se priva de la sienne pour faire prospérer sa plante chérie. Elle réussit parfaitement aux Antilles, et devint pour l'île une branche de commerce fort étendue.

L'amiral Duquesne s'est acquis tant de gloire dans la marine qu'il suffit de le nommer pour concevoir que Dieppe soit fière de sa naissance.

Il était protestant, ce qui l'empêcha d'être aussi récompensé qu'il devait l'être ; ses restes n'obtinrent pas même un monument!... Triste effet d'une intolérance déplorable, suite des guerres de religion !

Piquet, célèbre par ses connaissances en chirurgie, et par son noble dévouement à l'infortuné Fouquet dont il fut protégé. Madame de Sévigné parle souvent de lui dans ses lettres.

On a découvert aux environs de Dieppe plusieurs restes d'antiquités romaines ; mais cette lettre est déjà si énormément longue que je vais me hâter de la finir, ma chère Zoé. Vous êtes d'ailleurs peu amateur de ces *vieilleries* qui me charment, et préféreriez à des descriptions de vieux casques celles de toilettes élégantes. Je ne puis vous satisfaire sur ce point, car la princesse étant mise avec une grande simplicité, il est peu de dames qui osent afficher un luxe qui ne paraîtrait que ridicule. Un pantalon et une blouse écossaise pour le bain, une robe d'organdi ou de crêpe pour le soir, sont les costumes d'usage ; et c'est, suivant moi, un des grands agrémens de ce séjour, que la possibilité où l'on est de se soustraire au travail fatigant que l'on serait obligé de faire avec sa femme de chambre, si S. A. R. n'avait le bon goût de donner l'exemple du peu d'importance qu'elle attache à une chose si futile pour elle, mais si importante pour les personnes désœuvrées, heureuses de trouver une occupation dans des frivolités.

Ce voyage m'a fort amusée, et je regrette de n'avoir pu le prolonger pour voir bien à mon aise les environs charmans de Dieppe, pleins de souvenirs historiques.

Adieu, mon amie; aimez-moi comme je vous aime! Voyez comme je suis devenue ambitieuse en approchant de la cour!

Alicie.

LETTRE XXXI.

M.ᵐᵉ DORCY A LA COMTESSE DE ROSEVILLE.

EXERCICES DU CONSERVATOIRE. — JURI SINGULIÈREMENT CHOISI. — IL ACCORDE TROP DE PRIX. — MM. SARRETTE, CHÉRUBINI, DIRECTEURS DE CET ÉTABLISSEMENT. — RÉFLEXIONS A CE SUJET. — MM. MÉHUL, CATEL ET GOSSEC, INSPECTEURS. — MM. NOURRIT, DÉRIVIS, COURBONNE, PONCHARD ET LEVASSEUR. — MESDAMES BRANCHU, DURET, DABADIE, RIGAUT, RUBINI ET DAMOREAU. — MM. BENDERALI ET PELLEGRINI, PROFESSEURS DE CHANT. — INCONVÉNIENS D'UN TEL CHOIX. — INJUSTICE ENVERS LES ARTISTES FRANÇAIS. — MM. PRADHER, PLANTADE, ZIMMERMANN, HENRI HERZ, RHEIN, BERTINI, LITZ, SCHUNCKE, DURET, VIDAL, MAZAS, TULOU, VOGT, BROD, ETC. — CLASSE DE HARPE, CONFIÉE A M. NADERMANN. — HARPES A SIMPLES ET A DOUBLES MOUVEMENS. — LABARRE, CASIMIR BAECKER, GATAYES. — MESDAMES POLLET, BERTRAND, DESARGUS, BERIGUIER, ETC. — LITHOGRAPHES CÉLÈBRES. — MM. GRENIER, HENRI MONNIER.

SACHANT combien vous prendrez part aux

succès du jeune Dermont, qui, grâce à vous, est entré au Conservatoire, ma chère Amélie, nous nous sommes rendues toutes hier au concours de cet établissement, dans l'espoir que votre protégé obtiendrait une récompense de ses études. Il a en effet remporté le premier prix de piano.

Un homme dans lequel vous avez la plus grande confiance pour tout ce qui est relatif aux arts, le gros comte de R..., était avec nous, et m'entendant louer avec enthousiasme la brillante exécution de M. Dermont, il m'interrompit avec une sorte d'humeur, en me disant : « Quel
« mérite de bien jouer un concerto que l'on a
« étudié pendant trois mois ? avec de la patience
« le moindre écolier en ferait autant. Nous ver-
« rons, madame, si vous serez aussi contente
« de la manière de déchiffrer des élèves. —
« Comment ! on sait si long-temps d'avance ce
« que l'on doit jouer au concours ? — Certai-
« nement, et c'est un des mille abus de cet éta-
« blissement qui, au lieu de favoriser l'art mu-
« sical, finira par en amener la décadence. —
« Je croyais que vous trouviez au contraire fort
« heureux que le gouvernement le soutînt, et

« fît pour sa continuation de grands sacrifices.
« — Je pensais cela autrefois ; j'ai changé d'a-
« vis, et ce n'est pas par caprice. Je vous expli-
« querai mes raisons lorsque nous serons ren-
« trés, et je suis persuadé que vous les approu-
« verez. Maintenant, écoutons tous ces petits
« automates assez bien organisés pour retenir
« des leçons quarante fois répétées. »

Je demandai à M. de R... le nom des membres du juri assemblé dans une grande loge vers laquelle se dirigeaient avec anxiété les yeux des élèves et de tous les parens. Je fus surprise d'apprendre que les juges qui devaient décerner les prix de piano étaient presque tous étrangers à cet instrument. L'un était professeur de solfége, l'autre d'harmonie, celui-là de flûte ; tous excellens musiciens sans doute, mais ne pouvant apprécier des nuances qui n'échapperaient pas à ceux connaissant à fond les difficultés du piano.

Nous avons entendu neuf femmes et sept hommes ; dans la classe des premières il y a eu trois premiers prix et deux seconds ; dans l'autre, deux premiers prix et trois seconds, ce qui est d'autant plus extraordinaire que pas un de ces élèves n'a déchiffré même passablement.

« Eh bien! s'écria M. de R... en quittant la « loge, ne vous l'avais-je pas dit? voilà dix cou- « ronnes accordées à qui n'aura pas la force de « les porter. Tous ces lauréats vont se croire « de vrais talens; ils se feront professeurs, cour- « ront le cachet à trente sous, ce qui les empê- « chera de travailler; ils resteront ce qu'ils sont, « des avortons en musique, mourant de faim, « et augmenteront encore le nombre immense « de maîtres qui sortent à Paris de dessous « les pavés. Cela est pitoyable. » Je commençai à trouver vrai ce que disait M. de R... M'intéressant vivement à tout ce qui a rapport à la musique, je me promis de savoir de lui pourquoi il avait changé si promptement d'opinion relativement au conservatoire, et je lui annonçai que nous aurions à ce sujet une longue conversation.

En effet, quelques personnes étant venues le soir faire la partie de mademoiselle de Vieville, je lui étais inutile; je m'emparai de M. de R..., et il me donna tous les détails que je pouvais désirer.

Protégeant et encourageant les artistes, il en voit beaucoup, et, d'après ce qu'il leur a entendu dire, il a acquis des certitudes sur les abus qui se sont glissés dans un établissement auquel nous devons nos plus grands talens, et qui, depuis quelques années, ne laisse échapper de son sein que des exécutans médiocres.

M. de R... prétend que pour chef il ne fallait qu'un homme *français*, ferme, bon administrateur, et qu'il n'était pas nécessaire qu'il fût musicien. Pour appuyer ce qui me paraissait un paradoxe il m'a prouvé que M. Sarrette avait été un excellent directeur, et que c'était au choix des professeurs désignés par lui, et à la parfaite impartialité qui avait présidé à leur nomination, qu'étaient dus les anciens succès du Conservatoire.

M. Sarrette s'était associé quatre compositeurs du plus grand talent, MM. Chérubini, Méhul, Catel et Gossec : ils étaient consultés sur tout ce qui avait rapport à la musique ; leur approbation était nécessaire même à l'admission d'un élève, tandis qu'à présent le directeur est maître absolu, il gouverne sans charte ; aussi ses actes sont-ils souvent critiqués. Il dépend bien de M. de La Rochefoucault, mais celui-ci s'en rapporte entièrement aux lumières de M. Chérubini.

On avait autrefois pour maîtres de chant au Conservatoire MM. Gérard, Garat et Plantade. Ils eurent pour élèves MM. Nourrit père, Dérivis, Courbonne, Ponchard et Levasseur; mesdames Duret, Branchu, Dabadie, Rigaut, Rubini et plusieurs autres moins célèbres. Depuis que de très-jeunes gens ont remplacé des hommes d'un talent reconnu pour l'enseignement et l'exécution, quels sont les acteurs obtenant du succès, que nous devons à cet établissement? Ce n'est pas Adolphe Nourrit, qui a reçu des conseils de son père, et surtout de Garcia. Ce n'est pas Chollet, qui, dit-on, s'est formé lui-même. Ce n'est pas non plus madame Damoreau, très-médiocre jusqu'au moment où Bordogni lui donna des leçons, lorsqu'elle se destinait aux Bouffes.

Il est donc incontestable que les classes de chant sont moins bien conduites, car certainement depuis dix ans il s'est présenté des sujets ayant des dispositions; mieux dirigés, ils eussent obtenu des résultats aussi avantageux que ceux de leurs brillans devanciers.

M. Benderali, dit-on, réparera tout; aussi pour lui donner des appointemens analogues à sa grande réputation il a fallu nécessairement supprimer plusieurs artistes. Mon oracle prétend qu'il est *anti-français* de déplacer des compatriotes pour enrichir des étrangers; il pense que pour former des chanteurs pour nos théâtres nationaux un Italien ne devrait pas être choisi; car enfin l'un des charmes des artistes cités plus haut est celui d'une prononciation correcte. M. Benderali donnera sans contredit une bonne méthode, mais il lui sera impossible de corriger les défauts de prononciation, et dès lors il deviendra fatigant d'écouter ce que l'on ne pourra comprendre*.

Les instrumentistes qui ont dans ce moment le plus de réputation sont encore des vestiges

---

* M. Pellegrini vient aussi d'être nommé professeur de chant au Conservatoire. Sa voix étant devenue trop faible pour le théâtre, il se voyait obligé de prostituer son ancien talent en chantant au Vauxhall de Londres; l'amitié de ses compatriotes lui a fourni une place honorable qui lui donne une existence à Paris. Il est fâcheux qu'il n'ait pas eu d'amis aussi dévoués dans son pays; alors dans le nôtre il resterait un emploi de plus pour un Français.

de l'ancienne organisation. Il faut mettre en première ligne l'un de ses plus beaux fleurons, M. Kalkbrenner, ensuite MM. Habeneck, Mazas, Tulou, Vogt, Duret, Vidal, Dauprat, Benazet, Norblin et Schneitzhoffer.

À l'exception de MM. Gallay et Brod, on ne cite aucun talent de premier ordre sorti nouvellement de ces classes, autrefois si parfaitement dirigées.

Par le système d'économie dont je viens de parler, on a réduit le nombre des professeurs et réuni plusieurs classes en une, ce qui ôtant l'émulation qui existait entre elles, rend les progrès beaucoup moins prompts.

Par exemple, M. Zimmermann n'a plus pour adjoint M. Pradher, et malgré tout le mérite du premier, on regrette le second*, puisqu'il a formé des pianistes remarquables, tels que MM. Henri Herz et Rhein. Quelques autres jeunes gens

* Après *vingt-huit ans* d'exercice, M. Pradher a été mis à la retraite, ainsi que MM. Plantade et Gérard. On leur a alloué pour pension une somme plus faible qu'ils ne l'espéraient. Elle eût été *de droit* plus considérable au bout de *trente ans;* c'est ce qu'on a évité en les remerciant plus tôt. Que n'étaient-ils Italiens!...

ont un talent reconnu sur le même instrument, mais ils n'ont pas fait leurs études au conservatoire : ce sont MM. Bertini, Litz et Ch. Schuncke, etc.

Il y a maintenant plus d'artistes que jamais, parce que la paix ne laisse que la gloire des arts à acquérir, mais il est positif qu'il sont moins remarquables, et que cette manière d'accorder chaque année plusieurs premiers prix arrête les élans d'une jeunesse avide de succès. Dès que les élèves ont été couronnés, ils ne pensent pas devoir travailler; et au lieu de faire ce qu'il faut pour devenir supérieurs, ils restent stationnaires et donnent des leçons à vil prix. Les symphonies sont encore exécutées au conservatoire avec l'ensemble étonnant, fruit de l'habitude que l'on admirait autrefois, mais les solos sont plus faibles, à moins que d'anciens élèves ne consentent à venir se joindre aux nouveaux, pour solenniser ces fêtes musicales.

Une amélioration du Conservatoire est une classe de harpe, confiée à M. Nadermann, M. de R... blâme encore ce choix, tout en accordant que ce professeur a beaucoup de talent, mais il croit que par cela seul qu'il est *facteur de harpes*, il ne fallait pas lui donner la direction d'une classe qui le mettra à même de s'opposer à l'emploi des harpes à *doubles mouvemens*. Celles-ci ont fait faire un pas immense à cet instrument jadis si borné, elles donnent la faculté d'exécuter dessus la musique de piano la plus difficile. On ne veut plus entendre parler de celles à *simple mouvement;* à Paris, où nous affectons un goût passionné pour la musique, pour laquelle nous sommes en effet mieux organisés que les Anglais, on a de la peine à s'accoutumer aux nouvelles, tandis qu'à Londres on n'en veut point d'autres.

Ces instrumens sont dus au génie inventif de MM. Erard, auxquels je pense que personne n'aura la prétention de contester la supériorité en ce genre. Comme fabricans de pianos ils ont des rivaux*, mais comme facteurs de harpes on ne leur en connaît pas; aussi les harpistes les plus distingués, tels que MM. Labarre, Casimir Baecker, Gatayes, etc., mesdames Bertrand, Pollet et Berbiguier, ne jouent que sur celles sorties des ateliers de MM. Erard.

---

* MM. Pleyel, Pape et Patzald.

Mademoiselle de Vieville s'est décidée à en acheter une pour Laure, qui préfère cet instrument au piano. Voilà pourquoi je me suis étendue autant sur ce sujet; il vous interressera dès qu'il concerne votre fille.

M. de R... sait que vous réussissez à tout ce que vous entreprenez, et il se propose de vous chapitrer à votre retour, pour que vous consentiez à présenter ses critiques à M. de La Rochefoucauld. Son désir de faire prospérer les arts sous son administration est sincère sans doute; mais comme il est impossible qu'il puisse s'occuper de tous les détails qui y sont relatifs, il est forcé de suivre souvent les conseils de ses subordonnés. Ceux-ci ne sont pas toujours impartiaux, et consultent leurs intérêts ou ceux de leurs amis, avant de songer au bien général; alors il se commet des injustices ou des abus, que l'on ne manque pas d'attribuer à monsieur le directeur-général. M. de R... prétend que la vérité ne peut emprunter une voix plus éloquente que la vôtre pour se faire entendre de M. de La Rochefoucauld, et vous suppliera de vous charger de cette délicate commission. Il remuerait ciel et terre pour faire reprendre au conservatoire la supériorité de son mode d'enseignement; et comme il imagine que vos paroles suffiront pour faire réparer ce qu'il condamne il vous tourmentera fort.

Je lui ai vainement observé que vous ne vouliez jamais vous mêler d'affaires, que vous vous borniez à vous servir de l'amitié des puissans de la terre pour rendre quelques services particuliers; il a persisté, et j'ai été obligée de lui promettre de vous écrire toute notre conversation, à laquelle j'ai prêté une attention entière pour vous la redire.

Vous jugez bien que je me suis gardée de la répéter à d'autres, car plusieurs choses seraient traitées par les *amateurs enragés* de vrai vandalisme. Je vous avoue que ces observations d'un homme incapable de passion me semblent fort justes; il en est de même de celles qu'il m'a communiquées sur la peinture.

Il croit funeste à cet art l'invention de la lythographie; avec peu de moyens elle offre des résultats assez agréables pour décider les jeunes dessinateurs à borner leur ambition à produire par ce procédé des vues et des portraits qu'il serait plus difficile et plus long d'exécuter au burin.

La mode des caricatures, que nous avons empruntée aux Anglais ainsi que beaucoup d'autres, occupe aussi une foule de peintres : ils trouvent fort doux de gagner de l'argent en *croquant* quelques charges, au lieu de s'appliquer à créer avec plus de peine quelques beaux tableaux; en un mot les boulevards seront tapissés de chefs-d'œuvre à quinze sols, et les galeries des connaisseurs ne se rempliront pas.

En regardant les ouvrages de MM. Grenier, Henri Monnier, Charlet, Marlet, Villeneuve et autres, ne doit-on pas en effet s'affliger de les voir s'arrêter au milieu d'une carrière dont il leur serait si facile d'atteindre le but avec éclat ?

Je m'aperçois un peu tard que j'ai pris de la morosité de M. de R..., et que comme lui je m'afflige d'une décadence peut-être imaginaire : j'aime tant mon pays que je voudrais que tout y fût parfait ; et la crainte de le voir surpasser par un autre dans l'avenir me cause un chagrin véritable ; nous avons joui de tous les genres de gloire ; puissent nos filles s'énorgueillir un jour avec raison comme nous des illustrations de notre belle patrie !

Je suis charmée de vos lettres, ma chère Amélie, elles me prouvent que vous perdez un peu de cette mélancolie qui désespérait vos amis ; ce n'est pas à votre âge que les douleurs sont éternelles, et j'ai le pressentiment que je ne mourrai pas sans vous voir heureuse par un attachement dont vous ignorez encore la puissance ; car ce n'était pas de l'amour que vous éprouviez pour M. de Roseville : votre cœur si tendre, votre imagination si vive, vous feront sans doute connaître un sentiment souvent funeste, mais quelquefois bien doux. Vous êtes trop parfaitement bonne, vous désirez trop le bonheur des autres pour que le vôtre ne soit pas un jour la juste recompense de tout le bien que vous avez fait. Dans ce moment, où votre reconnaissance pour votre époux est encore dans toute sa force, où les obligations que vous lui avez sont si présentes à votre souvenir, vous pensez que rien ne pourra le remplacer ; j'ai plus d'expérience que vous, et le temps vous prouvera quelle est celle de nous deux qui a eu raison.

Nos filles sont charmantes , voilà un point sur lequel notre félicité est assurée ; vous savez combien il m'est doux de vous devoir la certitude qu'Alicie aura autant de talens que de vertus et de bonté , mais je vous défie de savoir combien je vous aime.

Caroline DORCY.

LETTRE XXXII.

LE MARQUIS DE BLIGNY AU COMTE DE PAHREN.

FACILITÉ AVEC LAQUELLE ON CALOMNIE LES FEMMES. — LE MARQUIS DE G***, CÉLÈBRE PAR SES AVENTURES AVANT LA RÉVOLUTION. — SA GAIETÉ SOUTENUE. — MOTS DE LUI. — LA PRISON DE SAUMUR. — MOYEN EMPLOYÉ POUR LA RENDRE AGRÉABLE. — RÉPONSE SPIRITUELLE A UNE INDISCRÉTION. — BELLE CONDUITE DU FRÈRE DE M. DE G.... — MADAME LA PRINCESSE DE CHIMAY. — COURSES DE NEW-MARKET. — LES DANDYS.

LONDRES.

JE devais, comme je vous l'ai mandé, mon cher ami, partir de Londres il y a quinze jours, avec madame B..., mais elle a pensé que ce voyage, qu'elle eût fait fort commodément dans ma chaise de poste, donnerait matière à mille calomnies; malgré les instances de ses amis elle a rétracté la promesse qu'elle m'avait faite ; et elle s'est décidée à prendre la diligence.

J'ai regretté d'être encore jeune d'extérieur (car mon cœur et mon esprit sont vieux depuis la perfidie de lady Sarah); sans cet inconvénient j'aurais pu éviter beaucoup de fatigue à une personne intéressante, non-seulement par des malheurs réels, mais encore par l'acharnement que l'on met à noircir ses moindres démarches.

Elle a la faiblesse de s'affliger de la méchanceté qui ne la poursuit que parce qu'elle n'a point de protecteur ; il m'a toujours paru lâche d'insulter une femme, qui n'a aucune arme pour repousser l'injure ; mais dans cette circonstance c'est de la barbarie. Au reste, madame B... a bien fait; depuis son départ il m'est revenu de tous côtés mille plaisanteries inspirées par mes visites à Brumpton. Il faut donc avoir quatre-vingts ans pour oser témoigner de l'intérêt à une jolie personne qui en a vingt-cinq, et parce qu'elle n'est pas décrépite et que l'on n'est pas un vieillard il est défendu de lui offrir ses services! Le monde, je le répète, est ridicule lorsqu'il n'est pas cruel ; et plus on peut l'éviter, plus on est heureux. Vous savez à quel point je suis franc avec vous; ainsi vous me croirez lorsque je vous dirai que madame B...ne m'a inspiré d'autre sentiment que celui d'une sincère amitié. Je ne puis plus en éprouver d'autre.

J'ai rencontré ici un vieil ami de mon père, le comte d'Am..., qui a eu pour moi mille bontés dans mon enfance et ma première jeunesse, et qui, depuis que je suis assez à plaindre pour être livré à moi-même, m'a souvent donné les meilleurs conseils dont je n'ai pas toujours profité. J'ai prolongé pour lui mon séjour à Londres, où l'appelle un motif de reconnaissance.

Il y a été particulièrement lié pendant l'émigration avec le duc de K... Apprenant que celui-ci était retenu dans son lit par une paralsyie, qui n'offre aucun espoir de guérison, son ami a cru de son devoir de venir se constituer gardemalade près de celui qui l'accueillit à l'époque de ses malheurs, et lui rendit des services de tous genres. Il m'a présenté au duc, qui conserve toute sa tête et cause de la manière la plus agréable. J'ai passé en tiers avec ces deux vieillards des soirées charmantes, m'amusant beaucoup de leurs anciens souvenirs. Ils me faisaient faire connaissance avec les hommes de la cour de Louis XV. J'ai recueilli plusieurs anecdotes assez piquantes dont je vais vous faire part, et qui dissiperont votre mélancolie comme elles ont chassé la mienne, momentanément s'entend, car je vous jure que le fond de mon âme est profondément affecté.

Vous avez comme moi entendu beaucoup parler du plus aimable mauvais sujet de l'ancienne cour, cité par mille aventures, sa vie agitée et son extrême galanterie, enfin du marquis de G***. M. le comte d'Am... était près de lui à l'époque de sa mort, et nous en a donné des détails curieux.

Son esprit était aussi brillant que dans sa jeunesse, et, loin d'être effrayé du temps si court qui lui restait, il semblait vouloir finir gaiement comme il avait vécu. Il ne souffrait pas que l'on eût près de lui l'air triste ou inquiet; par un mot ou une histoire plaisante il forçait à rire les personnes qui lui étaient attachées, se désolant de la condamnation absolue du médecin, le plus habile de Soissons.

Un jour que celui-ci, plus inquiet que de coutume, était près de lui, M. de G*** éprouva un étouffement tel qu'il s'évanouit; revenant à lui, il vit le docteur cherchant son pouls qui changeait de place à chaque minute. « Savez-vous, « monsieur, que vous me tâtez le pouls comme « je faisais autrefois aux jolies femmes ! » s'écria M. de G*** en riant. Au même moment la porte s'ouvrit, et le respectable curé de la paroisse, averti par la marquise de G***, s'approcha du lit. « Pardon, monsieur, mais vous vous trompez, « lui dit le malade, c'est sûrement chez ma « femme que vous vous rendez; je suis indigne « de vos visites, et votre présence redouble « mon mal en me rappelant des fautes que j'ai « le regret de ne pouvoir plus commettre. Veuil- « lez allez exhorter la marquise de G*** à son « veuvage; il n'est pas éloigné. Dites-lui que je « lui demande pardon de ne l'avoir pas rendue « assez heureuse... Adieu, monsieur le curé, « mon voyage s'achève; je vous retrouverai peut- « être un jour. Mon ami, continua-t-il en s'adres- « sant au comte d'Am..., tirez le rideau, la « farce est jouée..... » Et il expira.

Ayant dissipé une immense fortune en peu

de temps * le marquis de G*** fut enfermé à Saumur par ordre de sa famille. Elle sollicita une lettre de cachet, espérant que la solitude calmerait un peu ses passions, et qu'il deviendrait aussi rangé qu'il était obligeant et agréable. Vainement son frère, modèle d'amour fraternel, essaya de faire révoquer cette mesure. Le crédit de la maréchale d'E***, sa tante, fut plus fort que le sien, et le marquis de G*** fut mis en prison.

Sa gaieté, son caractère égal lui valurent l'amitié de M. Dupetithouars, commandant du Château-Fort, et les visites assez régulières du gouverneur furent accordées au prisonnier. Ce dernier apprit dans la conversation que M. Dupetithouars avait une femme charmante et des filles très-jolies.

Il sollicita de dîner à leur table, ce qui lui fut refusé ; on allégua les ordres qui avaient été donnés. « Je fais plus que je ne dois, monsieur

---

* A vingt-deux ans, M. le marquis de G*** avait cent mille livres de rente, un régiment, et la plus jolie figure du monde. Deux ans après il était totalement ruiné, prisonnier, et la petite vérole avait exercé sur lui ses plus cruels ravages. Tous ces malheurs ne l'empêchèrent pas de conserver les agrémens de l'esprit le plus léger, mais le plus gai et le plus aimable.

le marquis, dit M. Dupetithouars, en vous venant voir souvent et en vous faisant servir des mets recherchés; il m'est impossible d'accorder plus. — Dîner chez vous ou dans ma chambre, n'est-ce pas la même chose? je ne pourrais m'échapper puisque je serais sous vos yeux, et du moins j'aurais un peu de distraction. Je m'instruis avec vous en parlant de tactique militaire; près des dames je n'oublierais pas les modes. Allons, commandant, un peu de pitié; quand je sortirai d'ici (car enfin je n'y resterai pas toujours), je serai horriblement *rouillé*, ce sera vous qu'on accusera de mes gaucheries; évitez-vous le blâme de toutes nos élégantes de Paris. — Très-décidément, monsieur, vous ne quitterez votre chambre et la petite terrasse qui vous sert de promenade que sur un ordre du ministre. — C'est votre dernier mot? — Absolument. — Eh bien, il faut s'y soumettre puisque je ne puis pas faire autrement; mais comme l'ennui m'assiége, dès que vous me quittez, je vous prierai, commandant, de me faire avoir un cor de chasse, c'est le seul instrument dont je sache jouer, et j'espère que votre rigueur n'ira pas jusqu'à me priver des moyens de cultiver les arts. — Vous aurez ce que vous demandez dès ce soir. Adieu, monsieur le marquis, sans rancune, n'est-ce pas? — Sans doute : la musique d'ailleurs me fera tout oublier.

On apporta le soir une trompe à M. de G***, qui commença à en sonner de toutes ses forces depuis minuit jusqu'à quatre heures du matin; il ne s'interrompait que pour crier à tue-tête : *tayo, allali* et tous les termes de chasse.

Le lendemain matin M. Dupetithouars vint de très-bonne heure reprocher à M. de G*** le bruit de la nuit. Les dames et tous les prisonniers s'en étaient plaints, et on espérait que cela ne recommencerait pas. « Je vous demande pardon, mais je n'ai dans ce séjour que deux plaisirs, celui de votre conversation et celui d'exercer mon talent pour tout ce qui est relatif à la chasse. Tant que je suis avec vous le second est oublié, quand je suis seul c'est une vraie passion; j'ai remarqué que les fanfares produisent plus d'effet lorsque tout est calme, il y a alors des échos ravissans; et puis le ciel étoilé, le clair de lune ajoutent au charme : ne pouvant dormir, je suis trop heureux d'avoir un moyen de raccourcir les nuits, et j'en userai fort régulièrement. — En ce cas, monsieur, je ne viendrai plus, car vous me manquez d'égards ainsi qu'à ma femme, à mes filles et à tous les habitans du château. — Si vous ne venez plus je sonnerai toute la journée : j'ai une excellente poitrine, je ne me fatigue pas, et une seule chose me tue, c'est l'ennui; donc, je dois faire ce qui m'empêchera de succomber à celui que j'éprouve loin de vous. »

M. Dupetithouars sortit fort en colère, très-décidé à ne plus remettre les pieds chez M. de G***. Il espéra que cette fureur musicale cesserait, mais la constance du prisonnier ne se démentait pas, et toute la nuit la fatale trompe se faisait entendre pendant plusieurs heures.

Voyant que la sévérité n'aurait pas le résultat désiré, M. Dupetithouars resolut d'employer la douceur. Il revint près de l'entêté musicien, et lui proposa de lui donner un violon, une guitare, des livres, etc. «Je ne veux que ma trompe, répondait M. de G***, et ce serait une cruauté de priver un prisonnier de son unique consolation. — Comment! rien ne peut vous y faire renoncer? — Pardonnez-moi, mais je suis sûr d'avance que vous refuseriez la condition que je vous proposerais. — Mon Dieu non, je préfère tout au vacarme qui nous empêche de dormir. Voyons, à quel prix mettez-vous la fin de ces bruyans concerts. — Vous ne me l'accorderez pas. — Si, si et mille fois si. — Eh bien, laissez-moi dîner à votre table, permettez-moi de passer quelques instans avec les personnes qui se réunissent chez vous, et je vous donne ma parole d'honneur de laisser ma trompe dans son étui. — Mais mes ordres? — Suivez-les, je sonnerai. — Diable d'homme, allons, vous serez des nôtres. Rendez-moi ce vilain instrument. — Non pas. Je n'y toucherai que dans le cas où vous reprendriez la permission que je viens de vous arracher. Je le garde comme un ôtage qui fera exécuter notre traité de paix. »

Il fallut céder. Depuis ce jour jusqu'à sa sortie de prison, le marquis fit partie de la société du commandant. Il en augmenta beaucoup l'agrément par son esprit, sa complaisance et son intarissable gaieté.

Je vais apprendre à sonner de la trompe, car on ne sait ce qui peut arriver; et si jamais je me trouve dans un cas pareil à celui de M. de G****, je ne manquerai pas d'employer le même moyen pour faire cesser ma captivité.

Jouant un jour fort gros jeu chez la célèbre mademoiselle Duthé, il gagnait des sommes considérables. Un homme lui crie d'un bout de la table à l'autre : « G***, tu es en fonds, prête-moi vingt louis ? — Volontiers, lui répond M. de G*** en les lui envoyant, mais comment t'appelles-tu ? » On pourrait citer de lui mille traits de ce genre qui, montrant sa générosité, attestent aussi son excessive légèreté.

Je me souviens de l'avoir vu, il y a quelques années, chez mon père. Il était déjà extrêmement âgé ; mais sa tournure était encore remarquable, et, sans sa figure, on ne lui eût pas donné plus de trente ans. Il avait dans les manières une grâce que je n'ai trouvée qu'à lui, et une façon de parler aux femmes qui prouvait que, tout en en ayant connu un grand nombre de méprisables, il conservait pour leur sexe le respect dont les erreurs de quelques créatures avilies ne doivent pas le priver.

M. de G***, ayant été totalement déshérité

par la maréchale d'E**, dut à son frère une pension considérable ; elle était si bien assurée qu'il en a joui jusqu'à sa mort, malgré la révolution.

On a beau tonner contre les anciennes mœurs, il faut convenir cependant que nos pères avaient du bon, et qu'aujourd'hui de semblables traits ne sont pas fréquens. Beaucoup de gens viennent au secours de leurs frères, mais ils ont, en général, l'air de faire l'aumône en accordant peu à la fois, et en forçant ainsi à demander souvent. La vieille méthode vaut mieux ; je ne crois pas que l'on y revienne : on veut, dans ce siècle, être flatté, entouré d'obligés, et l'on ne rend des services que pour passer pour bienfaisant. C'est s'ôter tout droit à la reconnaissance, si quelque chose pouvait dispenser d'en avoir.

Pour éviter de nouveaux contes sur mon amour prétendu pour madame B., je resterai encore ici quelques jours, et je ne retournerai pas directement à Paris. Je passerai par la Belgique, et m'arrêterai à Bruxelles, afin d'y voir la princesse de Chimay, à laquelle toute ma famille a les plus grandes obligations.

Fort jeune lorsqu'elle sauva la vie de ma mère, ses traits, tout admirables qu'ils étaient, ne se sont pas fixés dans ma mémoire, et j'ai oublié ce son de voix touchant qui annonça la grâce qu'elle avait mis tant d'instance à obtenir : je me le reproche comme une ingratitude. Vous ne serez pas étonné, mon ami, du désir que j'éprouve de lui témoigner toute ma reconnaissance, et ce que les autres trouveraient une démarche digne de mon caractère inconsidéré et irréfléchi, ne vous paraîtra qu'une chose naturelle.

On se détourne souvent pour visiter un monument curieux, examiner de beaux tableaux que l'on n'est pas en état de juger, pour assister à quelques fouilles qui n'ont d'intérêt que pour les connaisseurs, ou enfin pour se rendre à quelque pompeuse cérémonie annoncée par l'orgueil aux riches désœuvrés ; eh bien, moi je m'écarterai de ma route pour aller prouver que ce qu'on appelle dans le monde un mauvais sujet sait être sensible à des bienfaits, tout aussi bien et plus, peut-être, qu'un Caton dont la perfection se borne souvent à éviter de faire des sottises, pour avoir le droit de censurer charitablement son voisin. J'irai rappeler à madame de Chimay une partie du bien qu'elle a fait, et j'aurai un grand plaisir à vous parler d'une personne qui par sa beauté a mérité l'admiration de toute la France, et par son noble cœur, son dévouement au malheur, a droit aux bénédictions d'une multitude de familles qui lui durent la vie et le repos. Beaucoup de gens semblent avoir oublié le temps où ils savaient importuner pour *obtenir;* ils craignent sans doute de se déranger pour faire souvenir qu'ils ont *obtenu;* je ne les imiterai pas et ferai toujours gloire de proclamer les obligations que j'ai à la libératrice de ma mère.

Je ne sais trop où vous êtes; j'envoie donc cette lettre à votre banquier, qui la fera courir après vous. Je vous plains plus maintenant que lorsque nous étions ensemble; nos maux sont semblables, et je conçois très-bien toute l'amertume des vôtres.

Je suis tout désœuvré depuis un mois que je ne m'occupe d'aucune femme; je ne sais trop comment se passe ma vie depuis que je n'ai plus de déclarations à écrire, de bouquets à commander ou à envoyer, de billets à recevoir, etc. Décidément il faut que je tâche de prendre assez d'empire sur moi pour me *réoccuper.*

Cependant où trouver autre chose que fausseté, prétention, duplicité? Oh! mon cher comte, la triste chose que de n'avoir plus d'illusions! Vous avez de l'instruction, des talens pour vous consoler, mais moi!.. Adieu, je suis maussade à la mort.

Mis DE BLIGNY.

P. S. J'ai vu les belles courses de New-Market; j'ai parié, gagné, et acheté un cheval qui fera l'envie de tous les *dandys* du bois de Boulogne. Vanité des vanités! je ne cherche plus à plaire, et cependant je suis encore aise de briller! Je ne me comprends plus. Écrivez-moi : vos lettres me prouvent seules que toutes mes affections ne sont pas éteintes.

LETTRE XXXIII.

LA COMTESSE DE ROSEVILLE A Mme DORCY.

Montech, petite ville près de Montauban. — M. le marquis de Pérignon. — Son cabinet de curiosités. — M. Prosper Kesner. — Son originalité. — Sa bonté. — Madame la maréchale de Pérignon. — Sa bienfaisance. — Ingratitude de ses compatriotes. — Refus honorable du maréchal de Pérignon. — Fête donnée par lui a Naples. — Bal masqué chez le roi Murat. — Anecdote a ce sujet. — Bords de la Garonne. — Bateau formant boutique. — Feu de la Saint-Jean. — Adresse des jeunes gens a la fronde. — Comment Montauban devint chef-lieu d'un département. — Farandole, danse nationale. — Tristesse des bals a Paris.

Je suis si outrée que vous me supposiez une vraie girouette, ma chère Caroline, que je prends la plume, aussitôt votre lettre reçue, pour vous gronder, comme vous le méritez, d'avoir de moi une semblable opinion.

Comment! vous osez croire que j'aimerai jamais un autre homme qu'Édouard! et vous me dites tranquillement que ce n'est pas de l'amour que j'ai éprouvé pour lui. Que des femmes de la société, légères et frivoles, qui me voient peu et ne me connaissent pas, jugent ainsi, je le conçois; mais que vous, qui m'avez presque élevée, qui avez développé mon cœur par votre exemple, vous vous trompiez à ce point, voilà ce que je ne comprends pas. Qu'est-ce donc que l'amour, si ce que j'ai senti pour mon époux n'est que de l'amitié? Occupée uniquement de lui plaire, ne me trouvant heureuse que par lui, m'ennuyant dès qu'il était éloigné, je n'éprouvais pas, il est vrai, des palpitations lorsqu'il entrait, je ne pleurais pas lorsqu'il s'éloignait, je ne m'inquiétais pas de ses soins pour les autres femmes, parce que j'étais sûre qu'il n'aimait que moi; enfin ces agitations, qui dans les romans sont une suite inévitable d'une passion, m'ont toujours, en effet, été inconnues. Au comble du bonheur et de la confiance, je devais nécessairement être calme; mais, parce que je n'étais pas sans cesse tourmentée ou tourmentante, votre avis est que je n'avais pour M. de Roseville qu'un sentiment de reconnaissance.

En vérité, avec toute votre raison, vous n'avez pas le sens commun, ma chère amie, puisque vous croyez naturelle la peinture exagérée que les poètes s'accordent à faire de l'amour. Mon âme flétrie et usée par la plus juste et la plus vive douleur n'est plus capable que de chérir mes enfans et d'aimer ma famille et mes amis. Voilà où se borneront toutes mes affections, et vous n'aurez pas le plaisir de vous moquer de moi, en me voyant transformée en héroïne de quelque aventure romanesque. Contentez-vous donc de me plaisanter sur une exaltation souvent poussée à l'extrême, sur le besoin perpétuel où je suis de changer de place, suite nécessaire de l'ennui qui me suit partout, et que j'espère dissiper en voyant des choses nouvelles; riez de ma crédulité à croire toujours le bien de préférence au mal, qui m'a si souvent rendue dupe, mais bornez là vos jouissances relativement à mon caractère, il ne peut changer plus que mes sentimens. Je ne connaîtrai plus celui que vous peignez comme devant faire le *destin de ma vie*, qu'en le voyant éprouver à mes filles. Voilà ce qui me paraît certain, malgré vos belles prédictions.

Je viens de faire la plus charmante partie du monde, arrangée par le duc de La Force, toujours empressé de procurer aux autres des amusemens augmentés par sa présence. Il nous a conduits à Montech, petite ville à deux lieues d'ici.

M. le marquis de Pérignon, pair de France*, y habite une grande partie de l'année : il s'est plu à embellir le lieu de la naissance de son père. Il a augmenté et arrangé avec goût la maison du maréchal, y a réuni une foule d'objets d'art et de curiosités qui la font visiter par tous les étrangers qui passent à Montauban. Il n'était pas chez lui lorsque nous y sommes arrivés ; mais nous avons été reçus à merveille

* M. le marquis de Pérignon a envoyé sa démission à la chambre des pairs depuis les événemens de juillet ; ce qui prouve en lui un désintéressement de famille.

par un de ses amis intimes, qui sans aucun doute est l'homme le plus *singulièrement* aimable que j'aie rencontré. Il part incessamment pour Paris, et comme il m'a paru amusant et bon, je lui donnerai une lettre pour ma tante. Priez-la de le bien accueillir, ce ne sera que lui rendre ce qu'il a fait pour moi. Il se nomme M. Prosper Kesner. *

La nature lui a imprimé un caractère de bizarrerie qui s'étend au moral comme au physique. D'un côté de la tête, ses cheveux sont châtains, et de l'autre parfaitement

---

* M. Prosper Kesner, chef d'escadron en 1814, fut mis à la demi-solde. Ne sachant demander que pour les autres, il ne sollicita jamais rien pour lui, quoiqu'il fût sans fortune, et intimement lié avec plusieurs personnes qui eussent pu lui être utiles. Il préféra réserver son crédit pour ses amis. Un grand nombre durent à ses pressantes sollicitations des places honorables, la croix, ou des secours du gouvernement. On ne pouvait le matin rencontrer M. Kesner que dans les bureaux des administrations, où il faisait valoir les droits de ceux auxquels il s'intéressait.

Rien ne satisfait comme le souvenir d'une bonne action. C'est sans doute ce qui occasionnait le soir la gaieté communicative de M. Kesner, dont chaque journée était

blancs; les sourcils, les cils, la barbe et les moustaches sont de même, ce qui donne à sa physionomie une expression singulière, très-agréable et très-douce. Il a de l'esprit, mais extraordinaire comme son visage. M. Kesner est très-amusant lorsqu'il conte mille histoires plaisantes dont il est toujours le héros. Dans toute une journée passée avec lui, je n'ai pu le surprendre se moquant de personne, ou disant du mal de qui que ce soit. Cette qualité fort rare augmente à mes yeux le mérite des autres. Il est depuis long-temps attaché à la fa-

si bien employée. Généreux jusqu'à la prodigalité, il eût été assez malheureux pour ne pouvoir se livrer à cette passion de donner, s'il n'eût eu un frère fort riche (M. Kesner, caissier-général du trésor), qui lui fournissait les moyens d'exercer ce goût favori. La plus tendre amitié rendait cette fortune presque commune. Dès qu'il fallait obliger, tous deux étaient prêts, l'un à demander, l'autre à accorder.

La mort est venue rompre cette touchante union. M. Prosper Kesner a été enlevé, il y a deux ans, par une maladie longue et cruelle, qui ne put altérer l'égalité de son caractère; il fut le même jusqu'à son dernier moment, et mourut en recommandant des infortunés à son frère, si digne de cet honorable legs.

mille de Pérignon, et nous a donné plusieurs détails touchans sur la maréchale, morte il y a quelques années.

Madame de Pérignon détestait la cour, et surtout Napoléon, qu'elle appelait toujours le *grand voleur*; rien ne pouvait la déterminer à habiter Paris, où elle eût été obligée d'aller au cercle des Tuileries. Elle restait peu de jours avec son mari, et elle se pressait de retourner à Montech, où elle se trouvait heureuse avec plusieurs de ses enfans, pouvant y faire beaucoup de bien. Tout le monde s'étonnait de son antipathie pour l'empereur, qui comblait le maréchal de marques de faveur et de bonté; mais deux de ses fils avaient été tués à l'armée, un troisième était exposé à l'être, et la *mère* oubliait la reconnaissance que devait avoir l'*épouse*.

Jamais on ne s'adressa en vain à la bienfaisance de madame de Pérignon, qui, dans une ville où l'on compte au plus deux mille âmes, trouvait le moyen de dépenser immensément, malgré le bas prix des denrées, parce qu'elle faisait vivre plusieurs centaines de personnes indigentes. Elle se rendait dans les chaumières, s'informait des besoins de tous leurs habitans, et, sans consulter autre chose que son cœur, soulageait tous les maux.

Vous croyez peut-être que cette excellente femme était adorée ? Eh bien, mon amie, elle eut à souffrir à la restauration mille preuves d'ingratitude qui la blessèrent profondément. La société de Montech, dont elle était l'exemple, et qu'elle réunissait chez elle tous les soirs, cessa de s'y rendre dès que les Bourbons furent entrés à Paris : on craignit que le roi ne vît pas de bon œil les officiers de la nouvelle armée; et dès-lors on négligea la maréchale, dont on croyait la protection devenue plus dangereuse qu'utile. Pendant plusieurs jours elle se trouva exactement seule. J'imagine que les tristes réflexions qu'elle devait faire sur l'abandon de ceux pour lesquels elle avait tant sollicité et tant obtenu furent adoucies par le souvenir si doux de ses nombreux bienfaits, et j'espère que sa belle âme la consola des injustices de ceux qu'elle honorait du titre d'amis. Sitôt que l'on apprit avec quelle distinction le maréchal avait été reçu par nos princes, voulant récompenser en lui l'honneur de nos braves, on revint en foule près de son estimable compagne. Elle sut pardonner, mais non pas oublier.

M. Kesner fut notre guide dans la belle forêt de Montech, que Napoléon avait voulu donner au maréchal. Il la refusa en objectant que ce magnifique présent serait pour lui un sujet perpétuel de chagrin, puisqu'il faudrait punir souvent *le braconnage de ses compatriotes*. C'était se priver de quatre-vingt mille livres de rente ! Ce trait doit être ajouté à tous ceux qui ont été cités sur ce brave et loyal guerrier, et dément la réputation d'avarice qu'on a cherché à lui faire à Naples parce qu'il n'imitait pas la folle prodigalité de plusieurs des favoris de Murat.

Pour plaire à ce roi qui cherchait à rendre sa cour aussi brillante que celle de Napoléon, les ministres, les généraux rivalisaient de luxe, et ruinaient leur famille pour satisfaire leur orgueil et obtenir un regard du souverain. M. de Pérignon, père de huit enfans, n'ayant, à part ses places, qu'une fortune médiocre, pensait avec raison qu'il valait mieux briller moins et économiser, sur ses traitemens fort considérables, de quoi marier ses filles. Cette sage conduite était blâmée par la presque généralité des courtisans, qui s'en amusaient beaucoup. Ils firent circuler l'anecdote suivante, qui parvint jusqu'à Paris, mais qui, aux yeux des gens censés, ne produisit d'autre effet que de faire plaindre ceux qui espéraient ternir par une plaisanterie la réputation la plus honorable.

Monsieur le maréchal, gouverneur de Naples, donna une fête à toute la cour et aux personnes les plus distinguées de la ville; mais on ne servit point de souper, ce qui révolta tout le monde. Quelque temps après, le roi donna un bal en costume, et M. de Pérignon en choisit un peu élégant, mais qui lui parut commode pour un homme de son âge : il se déguisa en cuisinier. Quoique masqué, il fut reconnu, et on ne cessa de le poursuivre en lui disant qu'il était sûrement sans condition; qu'il n'avait qu'à se présenter chez le maréchal Pérignon, qui cherchait un homme de sa profession; qu'il était malheureux qu'on n'eût pu l'y envoyer plus tôt, parce qu'alors on aurait sans doute soupé chez le gouverneur ; et on débita mille autres choses de ce genre. Elles n'atteignirent point le but qu'on s'était proposé: l'homme auquel elles s'adressaient n'en parut point ému. Quelques mois après, les plaisans, en perdant leurs places par la révolution de Naples, se trouvèrent ruinés, et le maréchal ne l'était pas. Voilà la meilleure réponse à tous les propos qui lui avaient été adressés.

Après nous être bien promenés dans la forêt, nous nous sommes rendus sur les bords de la Garonne, où M. de La Force avait fait dresser une tente élégante sous laquelle nous fut servi un excellent dîner préparé par son cuisinier. Si je vous détaillais toutes les recherches de galanterie qui nous ont été adressées dans cette après-midi, vous croiriez, j'en suis sûre, que j'ai déjà pris un peu de l'exagération du terroir, ainsi je les passerai sous silence à mon grand regret. Je ne puis faire de même sur l'impression que m'ont causée les bords délicieux de la Garonne.

On n'en parle pas, parce qu'ils sont trop éloignés pour être souvent visités par les élégans de Paris. Il est convenu que ceux-ci se constituent juges suprêmes du bon goût, et n'ayant pas leur approbation, la Garonne n'est pas louée comme elle devrait l'être. Je vous assure que, pour les points de vue, les bosquets qui la bordent, les vieux châteaux ruinés qui la dominent, cette rivière ne le cède en rien à la Loire, et qu'elle n'a que le défaut d'être à deux cents lieues de la ville par excellence. Joignez à ces agrémens que l'on rencontre ailleurs, celui de voir à chaque pas de magnifiques insectes, des plantes rares et curieuses, et vous comprendrez l'enthousiasme qui m'a fait marcher plusieurs heures de suite sans m'en apercevoir.

Pour nous reposer nous sommes entrés dans un grand bateau venant de Nantes, vraie boutique ambulante de faïence artistement arrangée, et garnissant le plafond et les murs de cette embarcation. Ce bâteau se rendait à une foire du voisinage. Nous avons fait plusieurs acquisitions que je vous envoie : les formes des pots et des cruches de ce pays se rapprochent tellement de l'étrusque, que j'en ai voulu pour Roseville. J'y ai joint quelques petits *saints* qui sont vraiment assez bien pour parer l'oratoire de mes filles. En descendant du bâteau, nous avons pris des glaces sous notre tente, et nous sommes rendus ensuite sur la place de Montech, pour voir la fête de la Saint-Jean, cérémonie rendue ici très-solennelle.

On y allume un grand arbre entouré de fagots, tous les jeunes gens de la basse classe se disputent l'honneur de traverser cette espèce de fournaise pour abattre le *mai* enflammé. Celui qui y parvient est sûr de plaire aux jeunes filles, qui dansent la bourrée avec lui de préférence quand, par bonheur, il sort de son expédition sans être brûlé grièvement.

C'est une chose curieuse que de voir l'émulation qui se déploie dans cette occasion. La foule est grande et applaudit pour encourager. Souvent des disputes s'engagent, et les têtes du midi, faciles à monter, exaspèrent tellement ces jeunes gens, qu'ils finissent par se battre avec acharnement à coups de fronde : ils sont d'une adresse extrême à ce dangereux exercice. Heureusement je n'ai pas été à même d'en être témoin. Ce soir-là tout s'est passé à merveille ; l'arbre a été abattu aux acclamations universelles, et la fête s'est terminée par une *farandole* générale ; c'est une danse animée, formée de toute la jeunesse qui fait le tour de la ville en sautant, chantant et frappant dans les mains ; un fifre et un tambourin sont en tête ; ce sont dans ce pays les ménétriers ordinaires.

Rien n'est plus joli que le coup d'œil que nous découvrîmes de la promenade de Montech, espèce de terrasse bâtie sur une hauteur et plantée d'arbres. De toutes parts s'élèvent des montagnes encadrant la belle plaine * qui s'étend à plusieurs lieues, parsemée de riches villages et de métairies élégantes ; elles semblent des maisons de plaisance plutôt que des fermes. Une foule de feux allumés à des distances assez rapprochées formaient une illumination aussi brillante que pittoresque ; on entendait dans le lointain les cris de la multitude et la musique champêtre des habitans, tous livrés au plaisir.

Cette joie si franche et si générale m'inspirait

* Napoléon passant à Montauban et découvrant cette immense plaine fut frappé de sa fertilité, et dit qu'il fallait former un département d'un pays si riche. Il traça un cercle avec un compas sur la carte, et créa le département de Tarn-et-Garonne, voilà pourquoi il est à l'œil le plus régulier de France.

une gaieté dont je ne me croyais plus susceptible. Quelle différence de ces fêtes simples, dont la liberté fait le plus grand charme, à celles apprêtées par la magnificence ; là il est entendu de s'amuser avec toutes les apparences de la tristesse et de l'ennui : y danser serait un ridicule ; y rire, une sorte d'inconvenance ; il est d'usage que la bonne compagnie ne peut pas imiter le peuple, qu'ainsi au bal on ne doit que marcher et qu'il faut n'apporter dans une réunion de plaisir qu'un maintien grave et compassé. Pour avoir l'idée d'un amusement franc et naturel c'est dans le midi qu'il faut venir, il est vraiment impossible de rester triste, entouré comme l'on est ici de visages exprimant le bonheur. Depuis long-temps je n'avais passé une journée aussi agréable ; aussi ai-je senti le besoin de vous en parler avec détail.

Sophia a partagé nos impressions, et s'est pour quelques heures dépouillée de cette mélancolie qui me désole ; cependant plusieurs fois j'ai surpris des larmes dans ses yeux en même temps que le sourire sur ses lèvres : « C'est, m'a-t-elle dit, le souvenir du pays de

« Galles qui occasionne les premières : là aussi
« on dansait, on riait de bonne foi ; mais ma
« mère était près de moi !.. »

Je ne doute pas de la sincérité de regrets si justes causés par la mort de madame Dickson, mais je soupçonne encore un autre motif à cette tristesse habituelle de ma jeune amie; je ne la questionne pas, j'attends sa confiance, la solliciter serait une indiscrétion, et je trouve que le tendre intérêt qu'inspire une sincère amitié ne doit pas emporter au point de la rendre importune; ce sentiment si doux ne peut avoir aucune exigeance, il faut laisser à l'amour la tyrannie du cœur.

Ma tante se porte à ravir, elle nous a suivis, mais en calèche, car j'aurais craint pour elle la fatigue de ces longues courses; mon voyage lui est aussi salutaire qu'à moi, ainsi il est doublement heureux.

Dites, je vous prie, à mon pauvre ami le comte de R..., que je suis désolée de l'affliger, mais que *très-positivement* je ne ferai rien de ce qu'il attend de moi, parce que je ne connais rien de plus ridicule et de plus haïssable en même temps qu'une femme intrigante. Demander pour un malheureux, solliciter la réparation d'une injustice éprouvée par un homme estimable, est tout ce qu'elle doit se permettre ; mais fatiguer les ministres pour les éclairer sur les abus de leur administration, chercher à bouleverser un ordre établi, est hors de notre portée ; nous ne pouvons juger sainement des grandes choses, ni de celles qui peuvent être utiles à l'état ; tandis que nous savons mieux que les hommes implorer pour l'infortune, qu'il est de notre devoir de faire cesser. Que le comte de R... m'emploie toutes les fois qu'il faudra obtenir des secours justement placés, et il verra si j'ai le désir de lui prouver ma bonne volonté ; mais qu'il ne me parle jamais de *redresser les torts* des gouvernans, car je le refuserai constamment.

Adieu, ma bonne Caroline ; je suis mieux, et cependant je n'ai point encore rencontré *mon vainqueur*, annoncé par votre prévoyance. Je pars demain pour Bagnères ; qui sait, peut-être trouverai-je ce dangereux mortel au haut de quelque pic escarpé ou au fond de quelque sombre vallée ; je ne manquerai sûrement pas de vous en avertir.

Mille tendes baisers à vous toutes que j'aime du fond de mon cœur.

Comtesse DE ROSEVILLE.

LETTRE XXXIV.

LE COMTE DE PAHREN AU MARQUIS DE BLIGNY.

Pau. — Madame de Gontaut. — Usage qu'elle fait de sa fortune. — Bagnères de Bigorre. — Frascati. — Place des Coustous. — Montagnards. — Le sous-préfet (M. Gauthier). — Améliorations faites par lui. — Magnifique établissement thermal. — Le camp de César. — M. Jalons, naturaliste. — Inscription antique trouvée dans les fouilles.

Bagnères de Bigorre.

Après m'être arrêté à Bordeaux, mon cher marquis, j'ai pris le parti de venir respirer l'air des montagnes, qui me fera, m'assure-t-on, un bien extrême. J'ai vainement fait les recherches les plus minutieuses ; je n'ai pu rien apprendre de ce qui m'intésesse, puisque tout espoir de retrouver Sophia est perdu, la société m'est plus odieuse que jamais, et je suis déterminé à acheter dans les Pyrénées une petite habitation dans un coin bien reculé : je pourrai, sans crainte de rencontrer personne, errer une partie de la journée dans cet admirable pays, et consacrer sans distraction le reste de mon temps à l'étude.

Retourner dans ma patrie m'est impossible dans ce moment; j'y serais exposé aux sermons de mon oncle sur ce qu'il appelle ma folle passion, et il m'obséderait de persécutions, pour me contraindre à former une union qui achèverait mon malheur : il vaut donc mieux vivre séparés par un espace énorme, que d'être éloignés, dans une même ville, par une différence d'opinion et de sentiment.

Habiter Paris me serait insupportable aussi. J'y serais assailli de cette foule de connaissances qui se donnent le titre d'amis, pour avoir le droit de tourmenter par des conseils, des projets de mariage et des parties de plaisir. Enfin ne pouvant vivre avec ce que j'aime, je veux vivre seul. Vous viendrez me voir dans ma retraite, qui ne sera ouverte qu'à vous, et lorsque assis ensemble au bord d'un ruisseau, nous nous rappellerons nos chagrins et les consolations mutuelles que nous nous sommes prodiguées, il nous sera permis de croire que, malgré nos douleurs, nous avons connu les vraies jouissances de ce monde, celles que procurent un attachement vrai, désintéressé, et la confiance la plus intime.

J'ai passé à Pau une journée charmante, chez madame de Gontaut, bienfaitrice de cette ville par l'emploi qu'elle fait d'une grande fortune; elle distribue des secours à tous les malheureux qui s'adressent à elle, et elle amuse la classe aisée en donnant des fêtes ordonnées avec le goût qu'elle met à tout.

Je n'ai pas, comme vous pensez, choisi l'heure où elle reçoit pour aller chez elle ; je lui ai écrit que, désirant avoir le bonheur de jouir de sa conversation spirituelle, je ne voulais pas me trouver avec un cercle qui m'en distrairait; que des raisons particulières me faisaient désirer la solitude, et que je la priais de m'indiquer un moment où elle serait seule. Sa réponse très-obligeante m'engageait à dîner *tête à tête* avec elle, afin de pouvoir causer de mon bon vieux temps, où je n'étais passi sauvage.

Vous vous souvenez qu'elle fut ma confidente à Paris, lors de la perfidie qui m'a guéri pour jamais de l'amour. Car, je vous le dis encore, j'aime Sophia avec tout le calme et la réflexion de mon caractère, et je n'éprouve pour elle rien de ce que m'inspirait la brillante Aline. Faire le bonheur d'une jeune personne vertueuse en assurant le mien, voilà ce que je voulais; si elle eût eu un autre attachement, j'aurais sans hésiter fait tout au monde pour l'unir à l'objet de sa tendresse. Elle me préférait, et je croyais la rendre heureuse en l'épousant; elle a renversé tous mes projets, mais je ne penserai jamais que la légèreté l'ait dirigée dans cette triste circonstance. J'ai la conviction qu'un motif noble et pur comme son âme a causé nos chagrins, et que loin de moi elle s'afflige du mal qu'elle m'a fait.

Revenons à madame de Gontaut, qui m'a reçu avec sa bonté et sa grâce ordinaires. Après m'avoir demandé des nouvelles de tous ses amis de Paris, elle m'a questionné avec délicatesse sur les motifs de ma tristesse. Je lui ai raconté mon histoire : loin de chercher à me consoler, en essayant de me persuader que

Sophia est indigne de mes regrets, elle est absolument de mon avis, et pense que quelque raison, aussi bonne qu'ignorée, l'a forcée à renoncer à un établissement qu'elle désirait, et qui devait surpasser ses espérances. Madame de Gontaut m'a prédit que l'avenir me prouverait que nous avons bien jugé, et que je finirais par être au comble de mes vœux.

Je sais parfaitement que le désir d'apporter quelque adoucissement à ma douleur a inspiré ce discours, mais tout en reconnaissant son illusion, j'en ai senti l'effet, et j'ai acquis une nouvelle preuve que les femmes savent seules parler aux cœurs affligés. Le mien a battu moins douloureusement en écoutant madame de Gontaut, elle ne m'a pas rendu l'espérance, mais elle a détruit mon découragement tant que j'ai été près d'elle.

Son hôtel est beau, meublé avec une élégante simplicité : tout y est commode et bien entendu, non-seulement pour la maîtresse de la maison, mais aussi pour les étrangers. Elle en a un autre à Saint-Sauveur; elle part dans peu de jours pour y passer le reste de l'été. Elle m'y a offert un appartement, en m'assurant que j'y serais parfaitement libre, que l'on me servirait dans ma chambre les jours où elle aurait du monde; qu'enfin elle me consacrerait deux heures de conversation chaque matin.

Cette dernière promesse m'a décidé à accepter : j'ai été si satisfait de notre petit dîner que l'idée de le voir se renouveler m'a charmé.

Rien n'est plus aimable qu'une femme âgée, lorsqu'elle consent à ne pas trop blâmer la jeunesse. On reçoit avec reconnaissance les avis de l'expérience, mais on repousse les conseils donnés avec aigreur. Aussi ne conçois-je pas mesdames de Saint-G... et de Dom... qui, désolées de voir qu'on s'éloigne d'elles, font précisément tout ce qu'il faut pour cela. Que ne prennent-elles exemple sur mesdames de Ségur, de Poix, etc., elles verraient comment on attire, même lorsqu'on n'est plus fraîche et jeune.

J'ai demandé à madame de Gontaut pourquoi elle n'avait pas voulu rester à Paris, où elle pouvait de même obliger et plaire : « Oh ! m'a« t-elle répondu, ce n'est pas assez, je voulais « aussi être aimée, et dans le tourbillon de la « société on n'a pas le temps de s'attacher. Ici « je suis chérie, et je m'y porte mieux. D'ailleurs

« ma fortune immense pour ce pays me per-
« met de ne jamais calculer avec les pauvres. A
« Paris, j'y étais obligée, et cela gâtait toutes mes
« journées. Mes enfans viennent me voir, ils se
« plaisent dans ces montagnes, et j'y resterai*. »

Me voici à Bagnères de Bigorre, ville charmante, qui fut de tous temps le rendez-vous de la jeunesse brillante et avide de plaisirs, ainsi que celui de la vieillesse venant y chercher la force et la gaieté. On s'y rendait autrefois de Rome ; plus tard, les rois de Navarre vinrent y déployer leur luxe (qui paraîtrait si modeste maintenant), et aujourd'hui on y rencontre ce qu'il y a de plus distingué par la naissance, la fortune et les sciences.

En approchant de Bagnères, il est aisé de concevoir que la mode d'y venir ne soit point passée, et ne puisse jamais finir. Sa situation est délicieuse ; des côteaux admirablement boisés, des ruisseaux rapides et transparens, une verdure qu'on ne trouve nulle part aussi vive, un

* Madame la comtesse de Gontaut est morte dernièrement : elle était justement adorée par sa bienfaisance. On lui avait donné le beau surnom de *bienfaitrice du Béarn*.

grand nombre de fontaines minérales, dont les propriétés sont différentes, tout doit nécessairement y attirer toujours une foule de voyageurs. Ils trouvent d'ailleurs ici un air excellent, une chère parfaite à bon marché, de beaux logemens meublés convenablement, une salle de spectacle* et des bals de souscription charmans qui se donnent à Frascati, superbe établissement que l'on doit à un étranger (le chevalier de Lugo) : il y a réuni de très-bons instrumens et une bibliothèque choisie. Les élégans y logent, ou bien sur la place des *Coustous*. Cette promenade est oblongue, plantée d'arbres, entourée d'un parapet de granit, et bordée de maisons ravissantes. Ce qui achève de la rendre agréable est une fontaine placée à l'une de ses extrémités, elle y entretient une fraîcheur

* Une troupe de comédiens se rend tous les ans à Bagnères, et y donne des représentations depuis le commencement de juillet jusqu'à la fin d'octobre. Il est rare que la belle saison n'attire pas dans ce lieu plusieurs artistes distingués. Ils augmentent l'agrément de ce séjour, qui unit pendant plusieurs mois tous les avantages brillans d'une grande ville à ceux plus délicieux encore de la nature la plus riche et la plus variée.

continuelle. Comme à toute heure les *Coustous* sont couverts de monde, je n'ai pas voulu y loger, ce qui m'a fait gronder par mon vieux valet de chambre ; il a murmuré que monsieur le comte ne faisait jamais rien comme les autres gens de qualité, et vivait comme un bourgeois.

Malgré la solidité de ce raisonnement, j'ai arrêté un appartement à *l'hôtel de France*, où je suis parfaitement, quoique *bourgeoisement*. Je n'ai voulu faire aucune visite ; un des grands plaisirs que l'on cherche généralement aux eaux, est la facilité de se lier promptement, et c'est précisément ce qui m'y déplaît ; je ne puis ainsi prendre le masque de l'amitié avec des personnes qui très-souvent seraient indignes d'en inspirer une véritable, et je trouve plus simple de ne pas faire de démarches dont je pourrais me repentir ensuite : mon goût pour la solitude, que l'on taxe de bizarrerie, est fondé sur la connaissance que j'ai acquise des vices de la société.

Je ne cherche ici que ce que la nature y offre à chaque pas, des sites enchanteurs et la vue de montagnards libres et heureux : ils sont presque tous bergers ou laboureurs, modérés dans leurs goûts, et se contentent pour la plupart de la chaumière bâtie sur leur montagne chérie. Elle est entourée d'un petit enclos; il contient un pré où paissent quelques chèvres, dont les fromages, en y joignant la récolte d'un champ de maïs, suffisent à la nourriture de la plus nombreuse famille : ces braves gens se font, avec le peu qu'ils possèdent, un plaisir de la bienfaisance et un devoir de l'hospitalité. C'est surtout lorsqu'on s'éloigne des passages fréquentés que l'on est frappé de leur humanité prévenante et attentive, et de leurs mœurs pures et patriarcales, altérées quelquefois dans les villages visités par les étrangers. L'intérêt, qui se glisse partout, trouve alors le moyen de diviser des hommes, jadis vivant ensemble dans une harmonie parfaite, et pour quelques écus on devient là l'ennemi de son parent ou de son ami, comme à la cour on est désuni par la faveur du souverain, objet des vœux de tous.

Les hommes ici sont lestes, vigoureux, et ont dans le regard une sorte de fierté qui tient de celle reprochée aux Espagnols, avec lesquels ils ont de fréquentes relations commerciales.

Ils portent le *berret* basque, ou un grossier bonnet de laine ; un énorme manteau leur enveloppe en quelque sorte la tête, et descend jusqu'aux pieds ; ils le rejettent en arrière avec une grâce que cherchent en vain nos élégans : ce vêtement s'appelle *une cape,* et donne un air *d'étrangeté* à ces paysans, différens, par leurs habitudes et leurs goûts, de ceux du reste de la France.

Leur langage est un patois composé de celui du Languedoc et de la Provence ; il est d'une grande énergie, et prête aux figures hardies qu'ils emploient fréquemment, et qui l'assimilent au langage oriental par le nombre des comparaisons dont ils se servent. Je ne vous parle pas des femmes ; j'évite le plus que je puis de m'en approcher, voulant éviter un sexe cause de mon malheur ; cependant je crois celles de ce pays agréables et gaies.

Les montagnards descendent avec peine dans les villes, préférant cultiver leur modeste héritage, couper sur la montagne le bois qui leur est nécessaire et conduire leurs troupeaux, à l'esclavage que leur présente l'appât des journées, offertes par des supérieurs.

Les habitans des plaines sont particulièrement habiles à fertiliser les prés, qui fournissent d'excellens fourrages ; ils ont une manière d'irrigation extrêmement ingénieuse, et que je n'ai vu adoptée que dans ce pays ; au moyen d'une ardoise qu'ils lèvent ou baissent à volonté, ils inondent la prairie qui a besoin d'eau, ou la délivrent du surplus qui pourrait nuire à la récolte : aussi il est fort rare que le le prix du foin varie.

Le sous-préfet, M. Gauthier de Hautesherbes, qui a été pour moi ce qu'il est pour tous les étrangers, obligeant au dernier point, m'a donné beaucoup de détails sur le canton qu'il administre avec autant de talent que de bonté ; il y a fait des choses très-utiles, qui lui valent l'affection de toute la population. Le *Gave* et *l'Adour*, dangereux en plusieurs endroits, manquaient de ponts solides; grâce au crédit que lui donnait son caractère, M. Gauthier a obtenu les fonds nécessaires pour construire des ponts en pierre ; des chemins ont été pratiqués dans des terrains marécageux qui gênaient les communications ; il a amélioré le système intérieur de l'hôpital militaire, dont il a, par de sages mesures, augmenté les ressources ; en un mot, il laissera ici les souvenirs les plus honorables, et emportera à jamais, s'il quitte ces lieux, la plus douce des récompenses, les bénédictions du pauvre !

Il a sollicité et obtenu du gouvernement de bâtir un grand établissement thermal qui manquait ; des ingénieurs ont été envoyés, ils sont parvenus à réunir dans un immense bâtiment toutes les sources dispersées autour de la ville, ce qui offrira une commodité extrême aux malades, qui ne seront point obligés de faire de longues courses pour aller chercher la fontaine dont les eaux leur sont ordonnées.

En creusant la terre pour les fondations de cet établissement, on a découvert de belles antiquités romaines, ce qui a achevé de combler les vœux de M. Gauthier, amateur éclairé des arts ; il a d'autant plus de mérite à avoir réussi dans tout ce qu'il a entrepris, qu'il parvenait difficilement à avoir des ouvriers, quoiqu'il payât les journées fort cher. Lorsqu'un homme était venu deux ou trois jours de suite, il remontait vite dans sa chaumière, emportant de quoi vivre pour un mois ; et on ne le revoyait que lorsque son petit trésor était épuisé.

On nourrit ici une famille entière avec cinq ou six sous par jour; vous jugez, mon cher marquis, du plaisir que j'éprouverais à m'y fixer pendant quelque temps, puisque je pourrais faire beaucoup de bien sans me gêner le moins du monde. J'aurais seulement le regret de n'avoir pas le mérite d'une bonne action, puisque je ne me priverais pas même de mon superflu pour le soulagement de mes semblables; mais je me consolerais en songeant au bonheur que je répandrais autour de moi. Ce serait presque en jouir moi-même.

J'ai visité hier le *camp de César* : c'est un retranchement de gazon que la tradition croit avoir été occupé par le conquérant des Gaules, mais cela n'est pas aussi authentique que le séjour des Romains à Bagnères; ils y ont plusieurs monumens, dont le plus ancien est celui de *Sévérus Seranus*; un marbre portant l'inscription suivante :

Nymphis pro salute suâ
Sever seranus. V. S. L. M. *

---

* On explique ainsi ces initiales V. S. L. M. *vitâ salvâ, tuit merito.*

a été recueilli par M. Jalons, naturaliste et dessinateur habile, et placé par lui au-dessus de la porte de la maison qu'il habite.

Voilà jusqu'à présent tout ce que je puis vous dire d'une ville qui me plairait infiniment davantage, si on pouvait la parcourir sans rencontrer à chaque pas des compagnies nombreuses d'élégantes, et sans risquer d'y retrouver ces insipides personnages qui vous obsèdent l'hiver à Paris, et qui vont l'été promener leur ennui dans tous les lieux où ils pensent devoir éviter ce qu'ils portent partout avec eux. Après quelques petites excursions que je compte faire ces jours-ci dans les environs, je partirai pour Saint-Sauveur, où je serai beaucoup plus retiré, et où je suis sûr d'être bien reçu par une femme aussi bonne qu'aimable.

J'espère recevoir de vos nouvelles d'ici là. C'est un de mes plus grands plaisirs que vos lettres, elles m'égayent malgré moi, et me tirent de cette sorte de dégoût que j'ai pour l'espèce humaine. En songeant à vous, en vous lisant, je me raccommode avec elle, car malgré votre extrême légèreté et votre mauvaise tête, il est impossible d'être meilleur, plus agréable à vivre, et plus dévoué que vous ne l'êtes.

Adieu, mon cher marquis, je ne vous parle pas de votre désespoir amoureux, parce que je suis presque certain que vous l'avez déjà oublié, et que vous ne sauriez plus de quoi je vous entretiens. Je ne vous accorde de la solidité qu'en amitié; j'ai mes raisons pour n'en pas douter.

Comte DE PAHREN.

LETTRE XXXV.

M.lle DERCOURT A M.lle DORCY.

Chateau de Chenonceaux, bati par Diane de Poitiers. — Bon gout de M. et Madame de Villeneuve, propriétaires actuels. — Description du chateau. — Sa position. — Ameublement. — Galerie, boudoir et chapelle. — Habitations dans les rochers. — Honnête famille. — Rochecorbon, village près de Tours.

AMBOISE.

Je suis bien dédommagée, ma chère Alicie, du profond ennui que j'ai éprouvé ici ces jours derniers, par la charmante course que nous venons de faire à Chenonceaux. Tout ce que l'on nous en avait dit est au-dessous de la réalité, et ce beau château cause un étonnement extrême, quoiqu'on y soit préparé d'avance par toutes les descriptions qu'en font ceux qui y ont été avant vous.

Je ne pense pas qu'il soit possible de trouver en France rien qui puisse lui être comparé, soit pour la singularité de sa situation, celle de sa construction, l'exactitude gothique de son ameublement; les propriétaires actuels, M. le comte et madame la comtesse de Villeneuve ont eu le bon esprit de le faire renouveler d'après des modèles pris à la bibliothèque royale : des fauteuils et des lits modernes eussent été d'absurdes contre-sens dans un séjour où tout vous fait reculer de plusieurs siècles, au point de vous transporter à celui de François Ier.

On arrive au château de Chenonceaux par une longue et belle avenue, de chaque côté sont de vastes prairies coupées par des massifs d'arbres; au bout de cette avenue se trouvent des fossés profonds, que l'on franchit sur un pont qui vous conduit à la première cour, de celle-ci on entre dans celle d'honneur. Ce qui frappe d'abord est une tour servant de logement au portier, sur laquelle on remarque un très-beau bas-relief gothique parfaitement conservé.

Les étrangers sont reçus avec politesse par un vénérable vieillard qui depuis cinquante ans est le concierge de ce château; il vous introduit dans un énorme vestibule qu'il affectionne particulièrement, parce que dans le temps de la terreur, lui, sa femme et ses enfans passèrent une nuit à retourner les dalles de marbre noir sur lesquelles étaient incrustées des fleurs de lys. Ces pierres, posées en lignes, marquaient sur le parquet les files que devaient occuper les cent-suisses sous les armes, lorsque le roi passait. Grâce aux soins de ce fidèle serviteur tout a été remis en place.

Le rez-de-chaussée est en salons, cabinets, chapelle et oratoires; les murailles sont peintes en gris et n'ont pour ornement que d'anciennes sculptures et un nombre infini de portraits originaux des rois de France, des princes et princesses de leur famille, et des principaux personnages depuis Louis IX jusqu'à nos jours; ils sont peints sur émail, toile et porcelaine : cette collection peut-être unique doit être d'un grand prix.

Les meubles sont, comme je vous l'ai déjà

dit, d'une forme gothique, et couverts en tapisserie ornée du double chiffre de Diane de Poitiers qui fit bâtir Chenonceaux, et de François Ier, qui venait sans cesse y voir sa belle favorite.

Les grandes cheminées du temps ont été conservées, seulement on en a construit de nouvelles dans l'intérieur, afin de chauffer plus aisément ces immenses salons. De petits miroirs à facettes sont placés au-dessus des énormes chambranles de marbre, ce qui m'a, je vous l'avoue, un peu contrariée, car à moins de monter sur une chaise, il est impossible de se regarder dans ces glaces, chose fort désagréable quand on vient de faire quatre lieues à âne, par un vent assez fort, escortée par plusieurs personnes, qui, pour être peu amusantes, n'en remarquent pas moins si on est bien ou mal coiffée.

A cela près de ce petit inconvénient, j'ai été ravie de tout ; j'oubliais de vous dire que les portes sont cachées par de larges et lourdes portières de velours ou de brocards richement brodés. On est si bien reporté au temps du plus galant des rois, que je m'étonnais presque de ne pas voir ces massives draperies soulevées par de jeunes et gentils pages, précédant leur vaillant et auguste maître, et, vous le dirai-je, j'en étais fort fâchée, car François Ier avait sans doute le mérite très-grand d'aimer et de protéger les arts, et celui de se bien battre. Mais il en avait à mes yeux un plus remarquable encore, il admirait les jolis visages, et j'eusse été bien aise de voir quel effet eût produit le mien sur ce preux chevalier.

Oh! ne me grondez pas, chère Alicie, ceci n'est qu'une plaisanterie qui ne mérite pas votre colère. Vous savez que je n'attache pas un grand prix à un avantage dont on m'entretient souvent, et que je travaille sérieusement à en acquérir de plus solides. Je reviens à la description de Chenonceaux.

Je ne vous ai pas encore parlé de sa plus grande singularité, celle d'être bâti, non pas sur un petit bras de rivière, mais sur le Cher lui-même, et dans l'endroit de sa plus grande largeur. Le pont sous lequel passent les gros bateaux chargés de marchandises, sert de fondation à une très-longue galerie percée de fenêtres de chaque côté, desquelles se découvre une vue admirable; elle est variée, étendue et animée par le mouvement continuel d'une navigation active. Une jolie île, placée à peu de distance, plantée des plus magnifiques arbres, semble une recherche de l'art, tandis qu'elle n'est qu'un jeu de la nature, qui s'est plue à embellir encore le séjour enchanté de Chenonceaux.

La galerie est décorée des bustes de tous les hommes illustres qui ont honoré la France, elle est terminée par une porte qui conduit à un parc dessiné par M. de Villeneuve, avec un goût exquis. Les cuisines du château sont placées dans l'épaisseur des arches du pont, et sont souvent inondées par les eaux du Cher, qui débordent en hiver. Si vous voulez avoir une idée juste de l'aspect du château, figurez-vous un T, c'est le plan le plus exact que l'on puisse en faire. Le jambage est ce beau pont dont je viens de vous parler, le reste de cette lettre majuscule représente la façade.

Le boudoir et la chapelle ont des vitreaux de couleur fort beaux, tous les ornemens sont en ogives, enfin c'est bien plutôt à Chenonceaux qu'à Chambord que les souvenirs chevaleresques et galans de François viennent frapper l'imagination. Ce ne sont pas seulement les murs qui rappellent les hauts faits du roi, ce sont tous les objets vous entourant qui vous en entretiennent, et dans chaque chose que l'on regarde, on peut juger de l'une des habitudes des anciens et nobles propriétaires de ce château, si différent de tout ce qu'on admire aujourd'hui.

La salle de spectacle est moderne ainsi que le premier étage, où sont les chambres à coucher. Les distributions ont été faites pour pouvoir offrir des appartemens commodes aux amis de madame de Villeneuve ; elle en attire un grand nombre par une extrême amabilité; il est impossible de ne pas la croire bonne lorsqu'on voit qu'elle permet aux étrangers de la déranger fréquemment pour parcourir ce beau monument historique, et surtout lorsqu'on écoute les paysans du village raconter une foule d'actions qu'elle défend de révéler, et que la reconnaissance trahit.

Mourans de faim, nous sommes entrés dans une auberge assez médiocre, mais où tout nous a paru excellent, grâce à l'appétit gagné par notre course, dont ma bonne mère est aussi satisfaite que moi : depuis notre petit voyage elle se porte bien mieux.. Je pense que le plaisir de me voir heureuse contribue à ce changement, et pour qu'il dure je tâcherai à M*** de conserver cette gaieté qui produit un si bon effet.

Je vous assure, mon amie, que j'ai la volonté de suivre vos conseils, mais ma maudite étourderie m'entraîne souvent. Continuez-moi vos avis, et ne désespérez pas d'une correction qui pour être lente n'en sera peut-être que plus sûre. Je crains que vous ne vous découragiez, car il y a long-temps que je n'ai reçu de vos lettres. Ma mère, qui me voit inquiète, m'assure que vos occupations vous empêchent de m'écrire. Elle ne parvient pas à me tranquilliser, vous seule pouvez y réussir en me répétant que vous m'aimez, et que vos nouvelles connaissances ne vous font pas oublier les anciennes. Nous aurons du moins sur les premières l'avantage de vous aimer comme jamais on ne vous aimera, puisqu'on ne vous connaîtra pas aussi bien que nous.

Après notre frugal repas, nous avons repris nos humbles montures et la route d'Amboise. J'ai remarqué plusieurs roches d'où s'échappaient les nuages épais d'une noire fumée. Surprise de cet incident, j'espérai presque que nous allions assister à la découverte de quelque éruption d'un volcan inconnu; mais l'un de nos compagnons de voyage m'ôta cette illusion, et augmenta mon étonnement en m'apprenant que cette fumée venait du modeste foyer d'une pauvre famille s'étant creusée une habitation dans ces rocs *. Je voulus m'assurer de la vérité de cette assertion, et tournant cet informe bloc de pierre, nous découvrîmes une porte mal jointe qui nous ouvrit un passage pour pénétrer dans une sorte d'antre éclairé par deux petites lucarnes; nous y vîmes une femme, jeune encore, entourée de six enfans bien gras et bien frais, assis par terre autour d'une vaste terrine contenant une bonne soupe aux choux, qu'ils dévoraient en riant aux éclats; la mère les regardait d'un air satisfait. Je restai pétrifiée à ce spectacle; je n'imaginais pas

* On voit sur la route de Tours une suite de rochers transformés ainsi en habitation; on leur a donné le nom de *Rochecorbon;* tous les voyageurs le visitent et laissent quelques pièces de monnaie aux paysans qui vivans sous terre ne s'en portent pas moins bien, et sont généralement très-gais.

que l'on pût vivre dans un pareil lieu, et surtout que l'on y pût rire ! Je voyais l'apparence du bonheur là où je ne comptais trouver que la misère et la tristesse.

Notre arrivée n'interrompit point les enfans; la jeune femme s'approcha et nous offrit de nous asseoir sur les deux seules escabelles de bois composant une partie de son mobilier, dont l'énumération n'est pas longue à faire : une table, une grande armoire en noyer, un lit avec des rideaux de serge verte, un autre dans lequel couchaient cinq petites filles, et un berceau pour le dernier des marmots, est tout ce que possédait cette famille. Je demandai si elle habitait depuis long-temps ce rocher. — « Oui, « ma belle demoiselle, » me répondit la mère (en débarbouillant à moitié un petit garçon qui, plus curieux que les autres, secouait de grosses boucles blondes pour dégager ses yeux et nous regarder), « je sommes ici depuis mon « mariage. Jacques est vigneron. Il travaille « pour M. Clément de Riz; mais nous possé- « dons, au-dessus de *notre maison*, un peu de « vignes à nous, un petit champ de pommes-de- « terre, quelques autres légumes et des fruits :

« je file toute l'année, ne pouvant quitter mes
« petits. Comme je suis fameuse fileuse, je ne
« manque pas d'ouvrage ; avec de l'économie,
« une conscience nette, un bon mari et des
« enfans bien portans, je me trouve très-heu-
« reuse, et ne changerais pas notre sort contre
« ceux de nos belles dames, qui s'ennuient
« *comme tout.* »

Quel contraste offrait ce que je voyais là et ce château duquel je sortais ! Que de réflexions j'y fis sur la folie d'attacher le bonheur à mille inutilités dont des milliers d'êtres savent si bien se passer, sans être moins satisfaits de leur destinée. Cette bonne mère de famille me donnait une leçon dont je saurai profiter ; et lorsque je regretterai quelque objet de luxe, et que dans ma petite chambre de M*** je me surprendrai à penser tristement aux choses qui me sont refusées par la position de ma mère, je songerai vite au *rocher de Bléré*, et je me trouverai résignée. Que de richesses renferme notre habitation, en les comparant à ce que possède madame Jacques !

Nous retournons demain dans notre village

Ma mère voulait me mener jusqu'à Tours; mais je me figure très-bien ce qu'est une belle ville, un superbe pont, etc., et je craindrais, en prolongeant notre voyage, de fatiguer ma mère, qui n'est pas bien en diligence; la dépense qu'elle ferait la gênerait d'ailleurs peut-être pour long-temps. Je crois aussi que l'espoir de trouver de vos nouvelles à M*** est pour beaucoup dans le désir que j'éprouve de m'y rendre. Adieu, mon amie: *écrivez-moi*. Je vous répète toujours la même chose, c'est vous exprimer le plus cher de mes vœux.

Zoé.

LETTRE XXXVI.

LE MARQUIS DE BLIGNY AU COMTE DE PAHREN.

BRUXELLES. — HÔTEL DE BELLEVUE. — MADAME LA PRINCESSE DE CHIMAY. — BAL DE M. DE MARESCALCHI. — LA RÉPUBLIQUE CISALPINE. — INGRATITUDE DE MADAME LA COMTESSE DE SAINT-BRICE. — MADAME DE BRINVILLIERS. — TALMA. — SON AMOUR-PROPRE. — ANECDOTE A CE SUJET. — SOCIÉTÉ DE BRUXELLES. — LE COMTE DE C.... — SON ESPRIT.

BRUXELLES.

APRÈS une traversée longue et ennuyeuse, mais nullement dangereuse, je suis arrivé à *Ostende*, mon cher comte, extrêmement fatigué du mal de mer, qui ne m'a pas quitté une minute pendant vingt heures. Ayant de l'humeur contre le port que j'avais été si long-temps à atteindre, je ne m'y suis arrêté que le temps nécessaire pour me remettre un peu, en faisant un bon déjeuner, et en goûtant de ces excellentes huitres dont la réputation n'est point usurpée ; je suis ensuite parti très vite pour Bruxelles, où me voici, charmé de m'y trouver.

Je ne vous parlerai pas de ses beautés, que vous connaissez mieux que moi, puisque vous avez parcouru les Pays-Bas en observateur curieux, et que je ne viens y voir qu'une belle femme. Je pouvais vous donner quelques détails sur Londres, qui vous était totalement inconnu, et qui fournissait une vaste carrière aux descriptions que j'aime à faire ; celles des modes et des usages, que je suis depuis dix ans, avec une constance dont je suis émerveillé. Mais que pourrais-je vous raconter du peuple qui m'environne? Grave, sérieux, je ne le comprends pas, et ne prendrai certainement pas la peine de chercher si ces impassibles figures cachent quelque vivacité dans l'esprit, et un peu d'abandon de cœur. Ils sont hospitaliers, bons calculateurs, possèdent des mœurs douces ; vous me l'avez dit, habitué à vous croire, je ne doute pas de leurs bonnes qualités ; ainsi il m'est inutile de les étudier : mais en revanche je vous entretiendrai longuement de la femme pour laquelle je suis venu ici.

A peine descendu à l'hôtel de Bellevue, j'écrivis un petit mot pour demander à quelle heure je pourrais être reçu chez madame de Chimay ; elle me fit dire d'y aller quand bon me semblerait, et que le fils de son ancienne amie serait toujours bien reçu.

Je m'habillai donc à la hâte, et me rendis chez elle avec un empressement qui ne me permit pas de différer ma visite ; j'arrivai pendant le déjeuner, ce qui, dans toute autre occasion, eût été une maladresse et une inconvenance, mais dans celle-ci fut la suite inévitable des sentimens de mon âme. En apercevant celle qui me conserva ma mère, une émotion violente s'empara de moi, et il me fut impossible de dire un mot. Avec une bonté et un tact infini, madame de Chimay devina ce que j'éprouvais, et sans paraître le remarquer, me fit asseoir entre elle et son mari, et me parla de choses indifférentes ; ce qui me donna le temps de me remettre.

Lorsque je lui eus dit que je n'étais venu à Bruxelles que pour la voir, elle parut surprise, et m'avoua qu'elle était si peu habituée à la reconnaissance, que ma démarche l'étonnait autant qu'elle la touchait. M. de Chimay avec une extrême obligeance m'assura qu'il ne souffrirait pas que je logeasse ailleurs que chez lui ; et que puisque je n'avais fait le voyage que pour sa femme, il fallait que je lui consacrasse tous les instans de mon séjour. Je voulus m'opposer à ce projet qui me faisait plaisir, mais que je regardais comme une indiscrétion : il n'y eût pas moyen, il fallut accepter. Sur-le-champ on envoya dire à mes gens de venir me joindre avec mes malles ; et je fus dès-lors installé comme faisant partie de la maison.

Toutes les attentions, toutes les prévenances me furent prodiguées par toute cette aimable famille ; elle vit unie, aimée et considérée ici. M. de Chimay, chambellan du Roi, me dit qu'il fallait me faire présenter ; et quoique je sois, vous le savez, ennemi de tout ce qui est cour et étiquette, synonyme pour moi d'ennui, j'y consentis, afin de ne pas refuser mes hôtes ; et désirant d'ailleurs connaître un souverain égal au nôtre par sa bienfaisance et sa simplicité. C'était en outre un prétexte honnête de rester quelques jours de plus chez madame de Chimay ; elle me prouvait le plaisir qu'elle avait à me voir par la gaieté et l'affabilité qu'elle mettait à me recevoir ; et elle me rendait heureux en me parlant sans cesse des rares qualités de la mère que j'aurais perdu dix ans plus tôt sans elle : je n'eusse osé prolonger mon séjour sans motif ; celui de ma présentation était simple, et cette raison plus que toute autre me fit accepter.

Madame de Chimay est toujours belle, quoique un peu grasse ; sa charmante physionomie exprime l'esprit sans causticité, et la bonté dont elle a donné tant de preuves ; elle cause avec un agrément infini, et sait éviter la futilité d'une femme légère, ainsi que la pédanterie d'une femme à prétention. Elle trouve toujours dans la conversation le moyen de faire valoir ceux qu'elle aime, et lorsqu'elle cite quelque trait honorable, c'est avec un air de satisfaction si vrai, que l'on voit qu'elle serait affligée de dire du mal de qui que ce soit. Elle ne parle des autres que pour louer, et d'elle que pour amener des anecdotes qui lui sont en quelque sorte étrangères, mais dont elle a été témoin. Pour obtenir des détails sur ce qui la concerne, il faut questionner son mari et ses enfans, empressés de faire connaître des actions qu'elle paraît avoir oubliées. Je tiens du premier une réponse qui prouve combien madame de Chimay a l'esprit du moment, et avec quelle mesure elle sait se venger.

M. de Marescalchi, ministre de la république cisalpine, donnait sous l'empire des bals masqués fort brillans, auxquels étaient invitées plus de huit cents personnes. Madame de Chimay se trouvait à l'un d'eux, donnant le bras à un de ses cousins, le contre-amiral Bergeret ; il avait pour elle l'attachement le plus sincère. Elle était suivie de son mari ; ainsi que le reste de la société, accablés de chaleur, ils s'étaient délivrés de leur masque. En passant une porte, ils furent arrêtés par une colonne de monde venant dans le sens contraire, et se trouvèrent nez à nez avec une assez jolie dame, qui, en les regardant partit d'un éclat de rire fort déplacé. L'homme qui était avec elle, moins frappé de cette impertinence (à laquelle il était probablement habitué) que de la noble figure de madame de Chimay, demanda à sa compagne qui était la belle femme qui était devant lui. « Ne la connaissez-vous pas? s'écria en riant « plus fort celle qu'il questionnait, c'est madame « Tallien avec son nouveau mari. »

M. Bergeret, indigné, se préparait à répondre à cette inconvenante explication, lorsque madame de Chimay lui dit tout haut avec calme et dignité : « Ne vous fâchez pas, mon cousin. « Je trouve tout naturel que madame se rappelle « mieux du nom de Tallien que de celui que je « porte maintenant, car c'est celui sous lequel « j'ai été assez heureuse pour lui sauver la vie. » Ces paroles firent cesser les rires scandaleux de madame la comtesse de Saint-Brice, elle avait été en effet condamnée, pendant la révolution, à être guillotinée, et, cachée pendant plusieurs semaines par madame Tallien, elle avait enfin été rendue à sa famille, d'après les demandes réitérées de sa belle protectrice.

Trouvez-vous rien de plus odieux que cette profonde ingratitude, que l'on rencontre dans le monde à tout instant, et dont l'opinion ne fait pas justice? ne ne devrait-on pas bannir à jamais de la bonne compagnie ceux qui osent montrer ainsi à découvert toute la noirceur de leur âme?

J'ai rencontré souvent madame de Saint-Brice, qui quoique sur le retour conservait des prétentions à l'esprit et à la figure; si j'avais su cette histoire, je lui aurais *trouvé des cornes*, et je me reproche à présent de m'être amusé de ses moqueries et de ses plaisanteries continuelles.

Je suis comme cet ami de madame de Brinvilliers, de glorieuse mémoire, qui revenant d'un long voyage, et ignorant les crimes atroces et la fin de cette femme, demanda de ses nouvelles à un habitué de la maison. « Comment, lui ré-
« pondit-on, pouvez-vous vous intéresser à un
« monstre semblable? — Qu'a t-elle donc fait?
« — Oh! moins que rien, elle a empoisonné
« quinze, vingt personnes, et peut-être plus.
« — Vraiment! Oh je la trouvais belle, spiri-
« tuelle, aimable, mais à présent *j'en rabats*. »

Eh bien moi aussi j'en rabats sur le compte de madame de Saint-Brice, et sur celui de toutes celles qui lui ressemblent.

J'ai assisté à une représentation au grand

théâtre, donnée par Talma, qui a ici le titre de *citoyen*, accordé par le roi avec une pension de *six mille francs*, à condition qu'il viendra tous les ans passer deux mois à Bruxelles. Son talent est apprécié comme il l'est en France : il est reçu par Sa Majesté avec une bienveillance qui me paraît passer les bornes de ce que l'on doit de protection à un grand artiste, et surtout à un acteur, qui déjà porté par ses succès à un amour-propre excessif, reçoit ces bontés royales beaucoup plus comme un droit que comme une faveur.

Talma a dîné ces jours derniers chez madame de Chimay, et comme de raison il n'a été question que de lui, entretien qui lui plaît de préférence à tout autre, quoiqu'il ait assurément tout ce qu'il faut pour les soutenir tous avec avantage. Il est, à part son jeu, fort remarquable par son instruction et ses connaissances des littératures étrangères ; mais son orgueil passe tout ce que je pouvais imaginer ; en voici une preuve :

Il nous racontait les circonstances de son premier voyage en Belgique, et de sa première entrevue avec le roi. « Je m'aperçus, nous dit-il, « que Sa Majesté était *embarrassée* avec moi, ef-

« frayée de ma réputation, mais je mis tant de
« soins à lui parler avec *bonhomie*, qu'elle fut
« aussi à son aise qu'avec une personne ordi-
« naire. * »

Si je ne les avais entendues, je croirais ces paroles inventées par quelque envieux ou quelque mauvais plaisant; elles sont si ridicules qu'il est difficile de croire qu'elles aient pu être dites ; il est donc vrai qu'une excessive vanité peut faire dire des sottises à un homme éminemment spirituel ? Talma ne pouvait pas imaginer qu'un roi, accoutumé à vivre avec les savans les plus distingués de son royaume, et à recevoir tous ceux étrangers qui voyagent, fût *embarrassé* de se trouver tête à tête avec un acteur, tel célèbre qu'il fût.

La société me paraît ici très-agréable; les femmes ne sont pas fort jolies, mais elles ont une fraîcheur qui les sauve, et une décence de manières qui me plaît infiniment plus que celles dégagées, devenues à la mode à Paris depuis

---

* Ce n'est pas chez madame la princesse de Chimay que Talma a tenu ce propos singulier, mais à un dîner chez un banquier fort riche de Paris.

quelque temps. Des airs évaporés, une démarche hardie, un ton élevé et tranchant, ne me paraîtront jamais de la grâce chez un sexe dont le plus grand charme sera toujours la timidité, qui réclame la protection de notre force; nous la devons à sa faiblesse, et nous pourrions nous en croire dispensés en voyant l'air cavalier de nos élégantes les plus citées : je les suppose très-capables de se défendre elles-mêmes. S'emparer de nos habitudes, de notre contenance, est, pour ces dames, se priver de leur plus grand attrait, et nous ravir la plus douce de nos prérogatives, celle de les protéger.

Le comte de C..., que l'on aime peu dans ce pays, est cependant plein d'esprit, de vastes connaissances, sans la moindre envie d'en faire parade, et le meilleur homme du monde dans son intérieur. Les devoirs de sa place le forçaient autrefois à une sévérité qui n'est pas dans son caractère; elle lui a attiré une malveillance qu'il est loin de mériter. Cet exemple, joint à beaucoup d'autres, me fortifie dans l'intention de ne pas devenir un fonctionnaire public, ni un courtisan, quand même j'acquérerais les qualités qui me manquent pour occuper un emploi dans le gouvernement. On blâme ma tête, mais on aime mon cœur; le contraire arriverait probablement, si l'ambition venait s'emparer de moi, et je perdrais, je crois, au change. Je resterai donc simple particulier, tout en devenant raisonnable, et je continuerai à être bien vu par mes compatriotes, ce que je préfère à tout.

Adieu, cher comte. Je partirai dans quatre jours, c'est-à-dire le lendemain de ma présentation, et reverrai enfin Paris. Après une longue absence, je me retrouverai avec une grande joie sur les boulevards, aux Tuileries, etc. ; et je m'écrierai avec transport : *Plus je vis l'étranger, plus j'aimai ma patrie !*

Marquis DE BLIGNY.

LETTRE XXXVII.

LA C^{sse} DE ROSEVILLE A Mlle DE VIEVILLE.

Auch. — Sa cathédrale. — M. de Lascours, préfet. — Madame et mademoiselle de Lascours. — Beautés du Bigorre. — Tarbes. — Barrère. — Anecdote. — Bains de salut, a Bagnères. — Baignoires en marbre blanc. M. Pinac, officier distingué. — Son duel avec un Anglais. — Insolence de ce dernier. — Le sous-préfet le fait évader déguisé en gendarme. — Mort de M. Pinac. — Regrets universels. — L'Élysée Cottin. — Colonne élevée a la mémoire de l'auteur de Mathilde. — Coiffures des paysannes. — Étoffes de laine. — Marbres de Campan. — Marbrerie près de Bagnères.

Bagnères de Bigorre.

Il y a long-temps que je n'ai causé avec vous, ma chère tante, et je m'en dédommagerai d'autant plus volontiers aujourd'hui que je suis sûre de vous faire doublement plaisir, en vous donnant de mes nouvelles, et en vous assurant que ma santé est meilleure, mon humeur moins noire, et votre excellente sœur parfaitement portante. La vue des Pyrénées et les deux jours passés dans cette ville délicieuse m'ont fait un bien inexprimable.

Pour juger de l'effet que peuvent produire toutes les beautés qui ont été prodiguées par la nature dans ce coin du monde privilégié, il faut y venir avec une femme comme moi, parisienne renforcée. Je regardais comme un voyage immense celui que je faisais pour me rendre à Roseville ; trente lieues me paraissaient si fatigantes à parcourir que je me croyais obligée de m'arrêter toujours à Mantes.

Habituée aux chefs-d'œuvre des arts, entassés dans Paris, je ne m'étonnais plus à la vue de leurs merveilles, mais je ne pouvais me figurer celles qui m'environnent maintenant ; et lorsque j'entendais parler de hautes montagnes je m'imaginais en avoir une idée très-juste en regardant le Calvaire ; si l'on citait de belles cascades je songeais à celles de Navarre ou d'Ermenonville, et j'étais persuadée que sans avoir pris la moindre peine j'en savais autant sous ces rapports que les personnes revenant de Suisse ou des Pyrénées. Combien depuis quelques jours il m'a fallu perdre de la bonne opinion que j'avais de mes connaissances! et que j'étais loin de la vérité!

Je suis tellement étonnée, enchantée de ce que je vois, que je ne sais par où je dois commencer, non pour vous peindre mon enthousiasme que rien ne pourrait exprimer, mais pour vous mettre à même de le partager, en vous dépeignant tant bien que mal une partie de ce qui le cause.

Avant de vous parler de ces contrées magiques, où je défie l'imagination la plus brillante de désirer rien de mieux que ce qui s'y trouve, je vous dois quelques mots sur *Auch;* je m'y suis arrêtée toute une journée. J'ai admiré la cathédrale, vaisseau gothique fort beau sans doute, mais dont la réputation se fonde surtout sur la perfection de la sculpture du chœur. Elle est en bois, d'une grande ancienneté, et représente l'histoire de Jésus-Christ; les vitraux, qui, par un rare bonheur, ont échappé à la rage des révolutionnaires, sont d'une imcomparable beauté.

La ville est pittoresque, bâtie en amphithéâtre et possède de belles promenades; toutes les maisons ont des terrasses couvertes de fleurs, ce qui répand dans l'air une odeur délicieuse. Cette antique cité deviendra plus belle encore lorsque les projets du préfet, M. de Lascours, auront été exécutés. Ce magistrat jouit ici d'une grande considération, qu'il doit à son impartialité, à sa douceur et à la bienfaisance la plus éclairée. Il n'est point nécessaire que les infortunés viennent le chercher, madame et mademoiselle de Lascours se chargent de les découvrir et leur évitent la honte de demander. J'ai rencontré rarement ces dames à Paris, mais il suffit d'être resté peu d'heures à Auch pour avoir de leur caractère l'idée la plus favorable. C'est à qui fera leur éloge, et je suis partie du lieu qu'elles habitent avec le regret de ne pouvoir joindre ma voix à celles des nombreux admirateurs qui les entourent.

Maintenant que vous savez ce que j'ai vu de remarquable avant d'arriver dans les Pyrénées, vous allez y rester avec moi, et écouter patiemment tout ce que je vous en dirai. C'est pour le coup que vous me taxerez d'exagération, et que vous serez persuadée que ma tête est toujours aussi prompte à embellir les objets ; cette fois vous vous tromperez. La grave Sophia a été tout aussi ravie que moi, et ses exclamations surpassaient les miennes. Ce qu'il y a de singulier, c'est que cette personne si silencieuse et si calme dans les occasions ordinaires, est devenue à la sortie de Tarbes animée et expansive ; tandis que moi, toujours prête à exprimer avec chaleur ce que j'éprouve, j'ai été comme pétrifiée à la vue de cette nature si différente de celle à laquelle j'étais accoutumée.

Notre admiration a bouleversé tout notre être, et nous avons absolument changé de rôles. Peut-être Sophia, en retrouvant des montagnes, des rochers, des pins antiques croyait-elle revoir son cher pays de Galles, et les saluait-elle avec ce délire que l'on éprouve en retrouvant sa patrie, tandis que j'étais presque effrayée des masses énormes qui se déployaient à mes yeux.

Un serrement de cœur inexprimable me saisit en entrant dans cette vallée de Tarbes, qui fait de cinq grandes lieues un enchantement perpétuel. Ce que j'éprouvais ressemblait à un funeste pressentiment ; c'est ainsi que nos impressions mobiles ne sont jamais d'accord avec notre situation : loin d'être triste je devrais n'avoir senti que de la joie, en admirant la nouveauté et la beauté du spectacle qui s'offrait à moi, et le contraire est arrivé. Pour en jouir j'ai eu besoin de m'y habituer ; il semblait que mes forces fussent insuffisantes pour en supporter la majesté ; c'est ainsi que le premier rayon de jour accordé à un aveugle est pour lui une vraie douleur ; le temps seul en fait une jouissance. Cette sensation a été la mienne, dans le premier moment j'ai réellement souffert ; maintenant tout me plaît, m'intéresse, et excite ces expressions qui paraîtraient outrées à qui ne me connaîtrait pas.

Tarbes est arrosé par l'*Adour* et l'*Echez* ; de longues files d'arbres élevés séparent les propriétés, et ne présentent point à l'œil ces tristes murs, qui, en limitant le bien de chacun, lui forment une espèce de prison. On peut au travers de ces allées remarquer la richesse de l'agriculture. Les eaux de l'*Adour*, adroitement divisées, fertilisent les terres, arrosent les prairies, et font mouvoir une foule d'usines, qui augmentent la richesse du pays. Les collines sont parées de vignobles, et au-dessus de cette verdure vive et éclatante, les Pyrénées déploient leurs colossales proportions en empruntant mille formes variées qui, trompant l'œil des voyageurs, leur font découvrir dans ces pics s'élançant dans les airs, et dans ces blocs de roche, des tourelles élégantes et légères ou de lourds châteaux crénelés. De noires forêts de mélèzes s'élèvent en dernier amphithéâtre, et ne voient de plus élevé qu'elles que des nuages transparens se balançant sur les branches flexibles de ces arbres qui ont résisté à tant d'orages.

Les monumens de Tarbes ne sont pas très-remarquables. Ils ont presque tous une destination différente de celle qui leur fut assignée lors de leur construction : ainsi la cathédrale, où s'adressent aujourd'hui tant de vœux de paix et d'union, est bâtie sur les ruines de l'ancien fort de *Bigorra*, dont la contrée a pris le nom, et où se formèrent tant de projets de destruction. L'évêché, jadis habité par les premiers évêques, pieux et humbles serviteurs du Christ, est devenu l'hôtel de la préfecture, où se donnent les fêtes les plus mondaines et les plus brillantes. Le vieux château des comtes est transformé en prison. C'est peut-être une juste expiation des actes arbitraires qui s'exécutèrent dans ce lieu pendant le temps de barbarie ; alors la sévérité des suzerains était regardée comme une vertu préférable à la clémence. Enfin tout ici a été bouleversé, hors les gigantesques monumens élevés par la puissance du créateur!*

* Tarbes ne peut s'enorgueillir d'avoir vu naître un grand nombre de personnages distingués par leurs talens, mais elle est la patrie d'un homme devenu fâcheusement célèbre par les événemens dont il fut l'un des principaux acteurs. Je ne l'ai vu qu'une fois, et notre rencontre est si singulière que je crois devoir la placer ici.

En 1814, l'enthousiasme pour les Bourbons était porté au dernier dégré; on affrontait la foule pour saisir les occasions de leur témoigner l'amour qu'on leur portait, les pièces de circonstances étaient applaudies avec transport, et l'on s'estimait heureux d'obtenir à force d'argent et de peine une très-petite place dans une salle de spectacle où l'on pouvait crier *vive le roi!*

Etant avec une femme de ma connaissance, nous voulûmes nous rendre à Feydeau pour voir les *Héritiers Michau*, opéra à la mode. Ne trouvant pas dans le moment d'hommes pour nous donner le bras, nous bravâmes fort

Pour arriver à Bagnères, on parcourt la plus belle route possible ; elle est parsemée de châteaux charmans et de villages où tout respire l'aisance et le bonheur. Toutes les maisons de Bagnères sont blanches et couvertes d'ardoises ;

inconsidérément les dangers d'une affreuse cohue, et tout en poussant et étant poussées, nous parvînmes à nous asseoir sur le dernier banc d'une baignoire. Près de nous assis se trouvait un monsieur fort bien mis, d'une figure douce et agréable ; il salua la dame avec laquelle j'étais, et dans les entre-actes de la première pièce causa avec elle de la manière la plus spirituelle.

Aussitôt que l'ouverture des *Héritiers Michau* commença, on fit un profond silence ; il ne fut interrompu que par les bravos réitérés de l'assemblée tout entière ; elle demandait *bis* à tous les airs, et faisait même répéter plusieurs mots charmans du dialogue. Notre voisin s'écriait à chaque instant, *quel joli ouvrage ! comme il est naturel!* et mille autres phrases approbatives qui me le firent prendre pour un royaliste sincère.

Il sortit de la loge avant nous ; je fis part à ma compagne de mes observations sur lui ; elle s'en moqua beaucoup en m'assurant que je me trompais tout-à-fait. « Comment, m'écriai-je, ce monsieur n'aime pas les Bourbons ? Il n'est pas enchanté que la révolution soit finie ? — Ce *royaliste*, me répondit madame D***, c'est Barrère !.. »

Je n'ai plus depuis lors osé juger sur les apparences.

des ruisseaux clairs et limpides se trouvent dans chaque rue et y entretiennent une propreté et une fraîcheur perpétuelles. Nous nous sommes logées à *Frascati*, établissement qui réunit tout pour l'agrément et la commodité des voyageurs. Nous avons le plus bel appartement pour le prix le plus modéré. Nous faisons une chère très-délicate pour une somme fort modique; enfin, avec une fortune bornée, c'est certainement ici qu'il faut venir vivre; et si on en possède une considérable, c'est encore dans le Bigorre qu'il faudrait se fixer, si des liens sacrés et chers ne vous en éloignaient pas.

Je n'ai encore fait que deux petites excursions afin de m'accoutumer à monter à cheval, ce qui m'est spécialement ordonné par le médecin inspecteur. Vous savez qu'à moins qu'elles n'y fussent forcées par leur santé, je n'aimais pas à voir les femmes se livrer à un exercice dont le moindre inconvénient est de leur donner un peu de l'assurance des hommes, et qui les expose à des dangers fréquens par le peu d'aplomb qu'elles ont par leur position. C'est donc malgré moi que je les imite, pour profiter de l'avantage des eaux : tout en mourant de peur, j'ai fait deux lieues à cheval le premier jour, et quatre le lendemain : cela m'amuse plus que je ne pensais ; et je crois que j'aurai de la peine à renoncer à l'habitude que je vais contracter : je trouve fort commode de parcourir une grande distance avec promptitude et sans fatigue ; seulement, je vous assure que je me garantirai du ridicule d'affecter d'être un *casse-cou*, et d'affronter des périls que bravent les chasseurs et les écuyers, tels que de monter indistinctement tous les chevaux, de sauter barrières des fossés, etc. Je choisirai toujours avec soin le bon animal qui sera chargé de me porter, et je ne risquerai rien.

Ainsi, ma bonne tante, ne craignez pas de me voir tomber dans le tort que j'ai souvent critiqué ; et soyez persuadée qu'un sot amour-propre ne me fera pas risquer ma vie, pour obtenir des éloges sur un mérite qui n'appartient pas à notre sexe. Autant j'attache de prix aux vertus qui lui conviennent, autant je dédaigne tout ce qui honore celui duquel je n'ai pas l'honneur de faire partie, et dont je n'ambitionnerai jamais les avantages, en opposition avec ceux que nous devons avoir.

Je prends les bains de *Salut*, fontaine qui se trouve à un petit quart de lieue de Bagnères, et qui est située bien certainement dans la plus charmante position des Pyrénées. Il m'est impossible de vous faire une peinture exacte de ce que le pinceau le plus habile ne rendrait même qu'imparfaitement : je vous dirais bien que les plus hautes montagnes, les arbres les plus admirables, les eaux les plus courantes et les plus limpides, se trouvent ici ; mais je ne réussirais pas à exprimer le *grandiose* des unes, la verdure des autres (qui ne ressemble pas à celle de nos provinces), et surtout je ne pourrais trouver des mots capables de rendre la sublimité de cette foule de contrastes formant un tout enchanteur. Si je suis déjà si transportée de ce que j'ai vu, que sera-ce donc quand j'aurai parcouru la riante vallée de Campah, que j'aurai vu Saint-Sauveur, et que je me serai arrêté vis-à-vis la majestueuse cascade de Gavernie ! Que d'émotions délicieuses me sont réservées, et combien je regrette de ne pas les partager avec tous les objets de ma tendresse.

On se baigne dans de grandes baignoires de marbre blanc d'une forme antique, j'y reçois des douches ; ce que je me figurais très-douloureux, et qui, grâce aux précautions des baigneuses, ne l'est pas du tout : ces femmes sont si attentives qu'elles ne laissent pas le temps de rien demander ; et l'on est servi avec tant de promptitude que l'on croirait aisément se trouver dans le palais d'une bonne fée ayant créé toutes les merveilles qui vous environnent. Les eaux de Salut ont un goût fade et désagréable, mais comme elles sont d'une extrême transparence, on les boit sans aucune répugnance. Il n'en est pas de même de celles de plusieurs autres fontaines, ordonnées pour des maladies graves ; aussi je n'y goûterai pas, puisque je n'éprouve qu'une suite de maux inséparables du chagrin qui m'a accablée, et qui se dissipent par le ravissement que me cause ce pays.

Il y a ici une foule d'Anglaises qui semblent s'être accordées pour être laides et déplaisantes ; je les laisserai livrées à leur *spleen*, sans risquer de le gagner en allant chez elles. C'est jouer de malheur que de rencontrer tant de désagréables visages, dans des personnes d'une nation si fertile en beautés remarquables. Ces dames vivent beaucoup entre elles, parce qu'on n'accueille plus aussi bien les compatriotes d'un homme qui a causé il y a deux ans un deuil général dans cette ville, en la privant d'un de ses plus aimables habitans. Cette tragique histoire est encore dans toutes les bouches, et les regrets causés par la perte d'un jeune homme estimable sont aussi vifs que s'ils étaient récens. Je vais vous raconter cette cruelle aventure, certaine que vous y prendrez de l'intérêt ; elle vous donnera une nouvelle occasion d'admirer un officier d'une armée que vous trouvez admirable, quoiqu'elle se soit battue souvent pour un parti qui n'était pas le vôtre ; que vous y puiserez une raison de plus de ne pas aimer les Anglais que vous regardez peut-être légèrement comme nos ennemis naturels.

M. Pinac, fils d'un propriétaire très-aimé, avait servi avec distinction, et, quoique très-jeune, il était déjà capitaine du génie et décoré de la croix de la Légion-d'Honneur : obligeant, spirituel, plein de talens, adoré non-seulement des personnes de la société, mais encore de la classe indigente à laquelle il était souvent utile, il pouvait espérer un brillant avenir.

Un jour qu'il parcourait quelques livres de la bibliothèque de Frascati, ses yeux s'arrêtèrent sur une note écrite au crayon en marge de l'un d'eux ; elle etait aussi injurieuse pour l'armée française qu'injuste et partiale, puisqu'elle disait que *tous* les officiers qui se trouvaient à la fameuse bataille de Toulouse étaient *des lâches.*

M. Pinac, qui avait fait partie du corps du maréchal Soult, révolté d'une pareille assertion, telle absurde qu'elle fût, se leva vivement, et dit tout haut : « Je voudrais bien
« savoir quel est l'homme qui a osé souiller sa
« plume au point de tracer une telle infamie. —
« C'est moi, monsieur, repondit avec flegme
« un Anglais assis dans un coin ; je l'ai écrit
« parce que je le pense. — Vous ne rétractez
« pas cette phrase ? — Non certainement. —
« Eh bien, moi, monsieur, je vous dis que
« vous en *avez menti*, et j'espère que vous me
« prouverez immédiatement qu'un Anglais n'est
« pas un *lâche*. — Je n'ai *pas menti*, vous vous
« êtes mal battus à Toulouse : ce n'est pas
« vous que j'accuse, mais l'armée française.
« — Je prends l'offense pour moi, et je la venge. »

En achevant ces mots, M. Pinac s'approche froidement de M. S... et lui donne une paire de soufflets, en lui disant : « Maintenant vous « battrez-vous ?... »

Plusieurs amis présens essayèrent d'arranger l'affaire; mais M. Pinac ne voulant recevoir aucune excuse qui lui fût personnelle, exigeait une rétractation par écrit en faveur de ses camarades, et M. S*** refusant de la tracer, ils se rendirent sur le terrain, pour se battre au pistolet; cette arme fut choisie par l'Anglais, qui tira le premier, comme le plus offensé. Il eut ainsi l'avantage, quoique ayant des torts d'autant plus graves, qu'il habitait Bagnères depuis plusieurs mois, et y avait été reçu avec une hospitalité rare. Sa femme, dangereusement malade, fut veillée et soignée par plusieurs dames amies ou parentes de M. Pinac.

M. S*** visa malheureusement trop bien, il atteignit M. Pinac d'une balle dans la poitrine. Celui-ci appliqua promptement sa main sur sa blessure, ne voulant pas être pansé ailleurs que chez son père; il craignait que cette opération dangereuse ne l'empêchât de revoir sa famille. « Je suis frappé à mort, dit-il aux témoins,

« faites échapper monsieur ; on m'aime ici, et
« sa vie ne serait point en sûreté si je succom-
« bais. » Cette phrase prononcée avec énergie,
épuisa le peu de force qu'il lui restait, il s'évanouit et fut transporté dans une auberge voisine; il y expira après vingt-sept jours de la
plus douloureuse agonie.

Il montra une patience et une résignation
extraordinaires, et prouva que les Français possèdent tous les genres de courage; il exhortait
tous ses amis à consoler son père, à ne pas regretter la fin d'une existence commencée et
finie pour sa patrie; il questionna avec anxiété
sur le sort de son adversaire, et parut plus calme
encore, en apprenant que le sous-préfet, de
concert avec le commandant de la gendarmerie,
était parvenu à faire évader M. S***, en le
faisant déguiser en gendarme. Il avait fallu user
de ce moyen, pour le faire sortir de chez lui;
sa maison était cernée par la jeunesse de Bagnères, résolue à lui faire rétracter par la violence ce qu'il avait refusé de démentir par
délicatesse et justice. *

* J'étais à Bagnères au moment de cet événement, et
tout ces détails sont exactement vrais. Le jour où M. Pi-

Le sous-préfet, quoique intimement lié avec M. Pinac, protégea la fuite de M. S***, d'abord par humanité, et ensuite par la crainte de voir cette querelle devenir en quelque sorte nationale par l'exaspération des têtes du midi : un rien suffit pour les porter aux dernières extrémités ; cette fois elles n'auraient eu que trop de raisons d'en vouloir à un Anglais ; il eût à son tour été défendu par des compatriotes, s'il eût été victime d'une vengeance. Depuis cette fatale époque, il a été impossible de les faire recevoir avec la même bienveillance, et on leur porte une partie de la haine que l'on conserve à M. S***.

J'ai été ce matin visiter l'*Élysée Cottin*, qui mérite bien le nom que lui a donné cette femme célèbre. Ce petit coin, où tout invite à la réflexion et à la mélancolie, est à mi-côte, arrosé par un ruisseau, formé par une cascade (dont le bruit s'entend dans le lointain); il semble murmurer de s'éloigner d'un site élégant et

nac fut blessé, il devait y avoir un beau bal à Frascati. Il fut contremandé ; toutes les réunions furent interrompues pendant tout le temps que souffrit l'infortuné, dont le convoi fut suivi par la population de la ville et des villages voisins.

majestueux, pour venir s'ensevelir sous des ombrages épais.

Je me suis assise à l'endroit où fut composée *Matilde*, ouvrage charmant que je viendrai relire là. J'espérais recueillir sur cet arbre renversé * qui servait de banc à l'auteur, enlevé trop tôt à la littérature, quelques inspirations qu'il aurait dédaignées ; mais hélas ! je suis tout aussi peu éloquente qu'avant, et les personnes que j'aime doivent ne chercher dans mon style que la sincérité, dépouillée de tout ornement, et la simple expression de mes sentimens et de mes pensées, dépourvue de toute la magie de l'esprit.

J'ai causé avec une paysanne, dont la petite chaumière servit souvent de refuge à madame Cottin, pendant les courts et fréquens orages de

* Un autre arbre servait d'ombrage à madame Cottin lorsqu'elle composait. Pendant une absence du sous-préfet, qui avait expressément défendu d'y toucher, il fut abattu. A son retour, M. Gauthier donna l'ordre de le remplacer par une colonne de marbre noir, portant pour toute inscription : *A madame Cottin*. Un tel nom n'est-il pas un éloge ?

M. Gauthier de Hauteshérbes ayant quitté Bagnères, ce monument n'a point été exécuté.

ces contrées, et chez laquelle elle prenait quelquefois du lait, pour avoir l'occasion de lui faire quelques présens, la mémoire du cœur est plus aisée à rencontrer loin de la corruption du grand monde; aussi ai-je été instruite par cette bonne vieille reconnaissante de plusieurs particularités qui font encore plus d'honneur à l'auteur de tant de romans charmans, que ses plus belles pages ne doivent lui attirer de louanges. Beaucoup d'écrivains ont affiché une sensibilité qu'ils ne puisent que dans leur génie; d'après ce que j'ai appris, madame Cottin sentait réellement tout ce qu'elle a si bien peint.

Ma bonne femme paraissait étonnée de l'empressement des voyageurs à la questionner sur une personne qu'elle ne trouvait pas *fameuse*. « Quand je l'ai reçue, me disait-elle, « je la croyais bonne comme le *milliasse*, * mais « pas pus fine que moi et vous. Je lui dois tout « mon bonheur; mais ceux qui viennent ici « sont toujours à me dire : *Quoique disait madame Cottin, quoiqu'a faisait ?* Moi je réponds,

---

* Bouillie faite avec la farine de maïs. C'est la nourriture ordinaire des paysans, ils la préfèrent à toute autre.

« Elle *écrivassait*, et me faisait du bien. : c'est
« tout ce que je sais d'elle. »

Cette brave vieille ne pouvait juger que le cœur de sa bienfaitrice. Madame Cottin oubliait sa supériorité pour causer avec sa protégée du petit nombre de sujets à sa portée ; et elle lui paraissait quelquefois inférieure, puisqu'elle ignorait le nom des plantes, leurs propriétés, la manière de faire les fromages, etc., choses qu'elle paraissait apprendre avec le plus grand intérêt.

Cette paysanne avait un fils à l'armée; elle le regrettait avec d'autant plus d'amertume qu'elle était veuve, et ne parvenait qu'avec peine à se procurer les moyens de vivre. Madame Cottin sollicita le retour de ce soldat. Il revint soigner sa mère, et cultiver un champ et un petit verger qu'il dut à la bienfaisance de madame Cottin. La chaumière, qui, avant l'arrivée de cet ange, abritait à peine la propriétaire et sa vache, son unique bien, fut restaurée, et devint une habitation saine et commode, temple modeste où les plus ardentes prières s'élevèrent depuis pour la prolongation d'une existence précieuse.

La fin de madame Cottin, suivit de près ce voyage dont elle espérait un heureux résultat pour sa santé. Les souvenirs qu'elle emportait avec elle devoient guérir. Hélas! il n'en fut rien!...

J'aimais à entendre ces détails, et je vous les communique avec joie : il est si doux d'admirer les talens unis à la plus touchante bonté.

Les femmes du peuple sont ici presque toutes jolies, et leur costume sert, je crois, à les embellir : elles portent un jupon court, auquel est attachée une espèce de veste d'une couleur tranchante, et d'une forme qui ne manque pas d'une certaine élégance. Leur tête est couverte d'un capuchon de laine, couleur écarlate, appelé *capulet* *, loin d'éteindre l'éclat de

---

* Toutes les jeunes filles du Bigorre filent la laine qui doit servir pour tramer ce capulet, leur plus bel ornement. Elles seraient presque honteuses de l'acheter. On les rencontre sur les routes, dirigeant le cheval ou le mulet qui porte à la ville les fruits ou les légumes qu'elles vont vendre, et tournant avec vivacité leur fuseau, sans que cette occupation non interrompue les empêche de répondre aux complimens des voyageurs et de surveillir le paisible animal qui marche devant elles. En

leur teint, en fait au contraire paraître davantage la perfection. J'en ai fait acheter deux que j'envoie à mes filles; elles seront, j'en suis sûre, fort gentilles avec cette parure singulière.

Je suis entrée dans plusieurs magasins de tissus de laine appelés à tort *Barèges*, puisqu'ils se fabriquent ici. J'ai fait l'acquisition de robes, d'écharpes, dont vous garderez celles qui vous conviendront; vous voudrez bien offrir les autres à madame Dorcy et à Alicie. Vous trouverez dans la même caisse une collection de carrés de marbrés. Ce sont des échantillons de tous ceux qui se trouvent dans les carrières de Campan; en les faisant monter en dessus de table, ils pourront orner votre cabinet, et vous plairont à regarder, puisqu'ils viendront de moi. Ils ont été polis dans une belle marbrerie située dans une presqu'île, aux portes de la ville : c'est un but de promenade agréable. Un

Suisse, toutes les jeunes paysannes tricotent en route, ce qui est infiniment moins gracieux.

Rien n'est plus charmant que les troupes de jeunes filles, coiffées de ce capulet rouge, traversant gaiement les prés, ou gravissant légèrement les montagnes pour se rendre aux fêtes où le tambourin les appelle, et cette

saule pleureur, d'une immense étendue, se trouve à l'extrémité, ombrageant un banc rustique; et ses longues et flexibles branches, entraînées par le *Gave*, reviennent sur elles-mêmes avec un léger bruissement qui seul interrompt la tranquillité de ce lieu, et qui n'est pas sans charmes. J'irai souvent y passer quelques heures quand je voudrai me reposer des sensations plus vives que me causent les beautés plus sévères des environs, et le *brouhaha* de la ville remplie de cavalcades, de voitures élégantes, et de marchands attirés par la quantité d'étrangers rassemblés ici.

Je n'ai encore vu que le sous-préfet auquel j'étais recommandée; et je ne pense pas que je change de manière de vivre. Je suis assez ennuyée des devoirs de société que je suis obligée de remplir à Paris pour me dispenser d'en contracter de nouveaux. Je préfère courir les montagnes, voir tout ce qu'il y a de curieux;

couleur éclatante fait mieux encore ressortir la verdure qui les entoure.

Les femmes mariées portent les capulets blancs, les veuves en ont de noirs pendant leur deuil, et des bruns jusqu'à ce qu'elles forment une nouvelle union.

et comme mes compagnes pensent comme moi, je ne crois pas que nous nous montrions souvent aux bals.

Ma tante, qui est moins curieuse que moi, reste souvent chez elle; elle a retrouvé une ancienne connaissance, M. d'Uzer, homme fort spirituel, qui vient lui tenir compagnie : il lui fait des lectures avec une complaisance extrême; ils causent de leur jeune temps, et les journées se passent très-bien. Quant aux soirées, nous nous couchons de si bonne heure, fatiguées par l'effet des eaux et la vivacité de l'air, qu'elles sont nécessairement fort courtes. Enfin, nous sommes contentes, heureuses, autant que nous pouvons l'être loin de vous, et notre santé est parfaite; voilà ce qui vous plaira plus que le reste de ma lettre que je ne puis finir sans vous répéter que je vous aime tendrement. Voilà une belle nouvelle !

Comtesse DE ROSEVILLE.

LETTRE XXXVIII.

LE Cte DE PAHREN AU Mis DE BLIGNY.

Barèges. — Laideur de la ville. — Gardiens des maisons pendant l'hiver. — Le Wauxhall s'emballant à la fin de la saison. — Volerie des aubergistes. — La mendicité défendue. — Le Tourmalet. — Champs d'iris et de gentianes. — Pic de Bergons. — Tristesse de Barèges. — Vallée d'Argelès. — Lourdes. — Histoire merveilleuse du comte de Benac, attestée par une vieille chronique. — Impossibilité de désabuser les paysans sur leur croyance aux sorciers, etc.

Saint-Sauveur.

Je vous remercie, mon ami, de votre exactitude à m'écrire, et de l'espèce d'effort que vous faites sur vous même pour mettre de la régularité dans notre correspondance. Il faut, pour vous décider à suivre avec persévérance un plan d'occupation quelconque, la conviction que vous adoucissez mes chagrins, et c'est un motif de plus de vous en savoir gré. Je vous connais si ennemi de tout assujétissement, que je suis très-reconnaissant de celui que vous vous imposez ; mais je ne vous prouverai pas ma gratitude en vous offrant de cesser ce qui me console loin de vous ; cette générosité serait au-dessus de mes forces ; je vous prie au contraire de continuer à me tenir au courant de tout ce qui vous concerne : vous savez à quel point je m'y intéresse, et je veux que vous ayez la certitude que désormais votre bonheur fait la plus grande partie du mien : ne pouvant être heureux personnellement, quel triste avenir me serait réservé, si je n'espérais que le vôtre sera tel que nous le désirons !

Je ne suis nullement effrayé du désespoir où vous a plongé lady Sarah ; vingt fois dupuis sept ans, je vous ai vu dans une semblable position ; votre *force*, votre *philosophie* vous ont fait triompher assez facilement de ces chagrins fréquens, qui tous devaient être éternels. Vous êtes dans ce moment à Paris, et probablement quelque nouvelle beauté vous aura fait oublier la perfide de Londres: tâchez donc, mon cher marquis, que cette fois votre choix soit raisonnable et puisse fixer votre destinée. Vous avez vingt-huit ans, il faut songer à vous marier ; lorsque vous aurez un intérieur agréable, vous vous y plairez, et n'irez point courir après des plaisirs factices, dont vous êtes dégoûté ; le désœuvrement et votre position isolée sont les seules causes de cette dissipation perpétuelle dans laquelle vous vous lancez, et qui vous ennuie autant qu'elle vous fatigue. Si vous trouvez, comme je l'espère, la femme qui peut vous convenir, ne vous engagez pas légèrement ; écrivez-moi tout ce qui a rapport à elle, et fiez-vous à ma tendre amitié, pour découvrir, quoique éloigné de vous, si elle est digne ou non de devenir la compagne de votre vie.

Lorsque je m'en serai assuré, vous solliciterez son consentement, et quand vous serez son époux, vous viendrez passer votre mois de miel dans la retraite que je suis au moment d'acheter.

J'approuve tout-à-fait l'usage de se dérober aux sottes visites de noces, en faisant immédiatement un voyage après la célébration ; et je ne pense pas que vous puissiez en faire un qui vous convienne mieux que celui qui nous réunira : nous tâcherons d'amuser madame de Bligny, en lui faisant parcourir ce beau pays ; et je ne me plaindrai plus, dès que je vous verrai satisfait.

Le désir que j'ai de vous savoir fixé m'a fait former depuis quelques minutes des projets, avec autant de vivacité que vous ; et mon imagination, que vous trouvez si froide, est devenue tout-à-coup aussi animée que la vôtre, dès qu'il a été question de votre bonheur. Je me suis surpris me représentant une *dame de Bligny*, charmante, parfaitement installée dans ma maison, dont je n'ai pas encore la moindre idée. L'amitié, comme vous voyez, fait quelquefois d'aussi grands miracles que l'amour ; et peut entraîner à une exaltation tout aussi vive : lorsqu'elle est calmée, on a moins de regrets, puisque tout est vrai dans le sentiment qui lui survit.

Je suis ici, depuis quelques jours, établi chez madame de Gontaut; elle est véritablement reine de ce pays. Il lui doit plusieurs embellissemens, particulièrement celui d'un beau pont en marbre blanc. Il en remplace un de bois fort laid et peu solide, qui effrayait les voyageurs forcés d'y passer pour se rendre à Barèges, ou pour en venir.

Je ne vous parlerai pas longuement du lieu que je viens de nommer, qui, suivant moi, ressemble trop à un hôpital militaire pour qu'il offre le moindre agrément. On n'y rencontre presque que des soldats blessés qui y sont envoyés aux frais du gouvernement. Leurs figures pâles, leurs membres estropiés, suffiraient pour attrister ce séjour, si la nature n'avait fait tout ce qu'il faut pour cela.

Une grande rue, descendant rapidement jusqu'à la route qui conduit à *Luz*, est la seule de ce qu'on est convenu d'appeler une ville, qui n'est pas même un bourg; on ne peut donner ce nom à un amas de barraques en bois, construites, pendant la saison des eaux, pour servir de logemens aux étrangers : elles se démontent et sont emportées en automne sur des charrettes, et ramenées de même au retour du printemps.

Les neiges s'amoncèlent, dans ce village, d'une manière effrayante. De terribles et fréquentes avalanches entraînent souvent une partie des maisons; celles bâties en pierre y sont en petit nombre. Il n'y reste, pendant l'hiver, que quelques hommes courageux, payés par le préfet pour faire, quand ils le peuvent, la guerre aux ours, qui s'y rendent par bandes dans l'espoir d'y découvrir quelque pâture. Ces montagnards sont aussi chargés de balayer et de dégager les routes à mesure que le soleil vient fondre les glaces.

Le Wauxhall et un beau café sont des lieux de réunion très-brillans en été; ils sont *emballés* à la même époque que les barraques, et reviennent en même temps.

Barèges, qui doit sa réputation à l'efficacité de ses eaux, me semble, ainsi que plusieurs endroits des Pyrénées, menacé d'une destruction prochaine, si on n'y apporte un prompt remède. Des arbres, jadis nombreux, qui boisaient les montagnes, et leurs racines entrelacées étaient des obstacles opposés par la nature aux désastres que causent des éboulemens fréquens. Aucune loi ne défend aux montagnards d'abattre ces protecteurs de leurs habitations : aussi y portent-ils la hache imprévoyante qui les en prive. Excepté un bois qui jusqu'ici a été épargné, rien ne met un frein à la furie des eaux créant partout de profonds et rapides ravins; leurs traces s'observent surtout aux environs de Barèges.

Si le gouvernement n'impose des punitions sévères aux imprudens qui détruisent ainsi leur moyen de salut, peu d'années suffiront, je le crains, pour anéantir des villages entiers, et combler les chemins de communication. Des ordres devraient aussi être donnés pour des plantations et des semis nouveaux, indispensables à la sûreté du pays, autant qu'ils le seraient à l'agrément des lieux devenus tristes et complètement arides par la privation de tout ombrage. Le voyageur, épuisé de fatigue, ne trouve plus une branche pour se garantir des rayons brûlans du soleil; il cherche en vain autour de lui cette brillante végétation qui lui fut tant vantée, et dont il ne reste aucun vestige.

On est surpris de trouver, dans un endroit si reculé, toutes les commodités de la vie dans de bonnes auberges; mais on paie bien l'avantage de n'y manquer de rien. J'ai été tellement rançonné à l'*Hôtel d'Angleterre*, que, malgré l'horreur que m'inspire tout ce qui peut ressembler à la chicane, j'ai cru devoir me plaindre au maire de l'exagération du mémoire qui m'avait été présenté pour deux jours.

Il est tout simple que le propriétaire d'un établissement cherche à en tirer le plus de parti possible, mais il ne faut jamais souffrir qu'il dépasse ce que l'avidité la plus extrême peut lui inspirer; et dès que la mauvaise foi se montre d'une manière évidente, on doit réclamer. Le maire, indigné comme moi de celle de l'aubergiste, a diminué le prix qui m'était demandé; il l'a réduit à *soixante francs*.

Pour lui prouver que ce n'était pas par une ridicule parcimonie que je m'étais révolté contre la volerie à laquelle j'avais été en butte j'ai laissé entre ses mains le double de cette somme pour les pauvres de la contrée. La mendicité est non-seulement défendue ici, mais sévèrement punie. Pour dédommager les indigens qui ne peuvent faire connaître leurs besoins, les voyageurs font chaque année des quêtes, qui, ordinairement, amènent des résultats très-satisfaisans pour ces malheureux. Si c'est un devoir de venir au secours de son semblable, c'en est un aussi de démasquer un fripon exigeant beaucoup plus qu'on ne lui doit, et ôte souvent ainsi à des voyageurs peu aisés le moyen de faire le bien.

Je suis venu à Bagnères par le Tourmalet, passage long, mais nullement dangereux. Il offre des sites d'une sévérité qui me plaisent davantage peut-être que ceux gracieux et élégans de la vallée de Tarbes. Ils étaient plus en harmonie avec mes pensées. Cependant je n'ai pas été fâché de me trouver dans un immense champ d'iris et de belles gentianes. Mes yeux qui commençaient à être fatigués de la nudité des roches stériles, ont été reposés à la vue de cette profusion de fleurs, croissant spontanément ici, lorsque dans d'autres pays, on les cultive avec peine et en moins grand nombre.

Après être monté au pic de *Bergons* (course obligée de tous ceux qui viennent à Barèges), et du sommet duquel on découvre une perspective admirable, je me suis hâté de me rendre à Saint-Sauveur. J'aime à me trouver entouré des horreurs de la nature, de ses accidens; mais mon cœur est douloureusement affecté de ceux de notre pauvre espèce, en voyant respirer péniblement tant de militaires blessés qui peuplent la rue unique de Barèges, j'étouffais plus qu'eux, et j'éprouvais un besoin impérieux de me trouver environné d'êtres moins souffrans. J'ai été ravi en arrivant à Saint-Sauveur de n'y apercevoir que des visages de convalescens, où de gens bien portans; ils venaient comme moi jouir du charme des délicieuses promenades dont le choix embarrasse.

La maison de madame de Gontaut est charmante. Adossée à la montagne, on y jouit des agrémens de ce pays, ceux d'un air excellent et d'environs enchanteurs. Quelques autres habitations situées de même, ou dominant le Gave, offrent des logemens commodes à environ trois cents étrangers; ils sont meublés avec une extrême recherche, et les propriétaires n'imitent point leurs collégues de Barèges; leurs prix sont, m'a-t-on dit, très-modérés.

J'ai un peu couru les alentours, afin de chercher quelque acquisition à faire. Je ne suis pas encore décidé; cependant c'est dans la vallée d'*Argelès* ou à *Lourdes* que probablement je me fixerai. Ces lieux réunissent tout ce qui me plaît; ils sont remplis de ruines, de restes de fortifications, de vieilles chapelles devenues désertes, après avoir été le but de célèbres pèlerinages. D'antiques châteaux abandonnés, dont les murs delabrés sont couverts de lierre et de plantes grimpantes; tous ces vestiges de grandeurs passées, donnent au paysage une teinte mélancolique qui ne peut se rendre, mais qui prête pour moi un attrait de plus à cette belle contrée.

Les paysans dans les longues soirées d'hiver content avec délice des histoires merveilleuses, anciennes traditions dont il n'est pas permis de douter. Les veillées autour de l'odorant et pétillant feu de mélèze en acquièrent un intérêt de plus pour les jeunes gens. Assis autour de ces brasiers près de vieillards qui certifient la vérité de ce qu'ils disent, et jouissent de l'effroi qui se peint sur les traits de leurs enfans, attentifs à l'effrayant récit, entendu tant de fois, et toujours avec les mêmes délices, la flamme brillante du foyer est la seule lumière qui dans ces solennités soit permise dans la cabane.

Tous ces souvenirs gothiques ont une sorte de charme pour moi qui a son principe dans mon égoïsme. Ils me transportent à un autre temps que celui où je souffre, et j'ai la triste consolation d'être sûr qu'alors, comme aujourd'hui, on était infidèle en amour, perfide en amitié, et que tous ces preux chevaliers tant vantés ne valaient pas mieux que nous. Voici une de ces chroniques, elle vous prouvera combien les mœurs de nos aïeux ressemblaient à celles de la génération actuelle.

Un comte de Bénac venait d'épouser une femme jeune et parfaitement belle, lorsque la guerre meurtrière mais politique des croisades fut entreprise. Tous les seigneurs se disputèrent l'honneur de déployer leurs bannières, en cherchant à conquérir la Terre-Sainte. Ce fut entre eux une lutte d'amour-propre dans laquelle chacun cherchait à éclipser son voisin par le nombre des guerriers qu'il pouvait armer, et par la magnificence des équipemens. Plusieurs domaines furent engagés pour permettre aux glorieux propriétaires de paraître avec éclat dans cette réunion de la noblesse de toute l'Europe.

Le comte de Bénac, fier de sa naissance et de l'influence qu'il exerçait dans la province, ne crut pas pouvoir se dispenser de se joindre aux défenseurs de la croix. Faisant taire l'amour violent que lui inspirait son épouse, il lui déclara la nécessité de mêl son nom à celui des héros qui se croisaient de toutes parts. Son caractère dur et absolu le faisait craindre ; un désir exprimé par lui était un ordre auquel on se soumettait sans réflexion : sa compagne ne s'opposa donc pas à son projet, qui lui paraissait d'ailleurs un devoir sacré. Elle n'osait s'avouer qu'elle n'aimait pas le comte, mais elle se persuada que l'idée d'avoir un peu plus de liberté pendant son absence atténuait le chagrin que devait lui causer cette séparation. Elle s'efforça cependant de paraître la trouver douloureuse.

Le comte, jaloux et amoureux, crut s'apercevoir que les yeux de la comtesse étaient restés secs à l'annonce de ce départ, il avait cru devoir l'y préparer, en le lui apprenant d'avance; et il imaginait que cette nouvelle exciterait ses larmes : étonné d'une insensibilité malaisément dissimulée par quelques phrases de regrets, il interrogea les femmes de la comtesse, et il apprit de dame Ragonde, espionne de sa maîtresse, que celle-ci s'entretenait souvent du jeune baron *des Angles*, presque élevé par le comte son tuteur. Il avait remporté plusieurs prix à différens tournois ; la comtesse vantait avec enthousiasme, à sa filleule Alix, sa favorite, la bonne grâce de ce chevalier, son adresse dans tous les exercices ; enfin Ragonde assurait que cette conversation était la seule qui eût l'air d'intéresser la belle châtelaine, lorsqu'elle travaillait assise au grand métier, sur lequel se brodait en commun la tapisserie qui devait orner la salle de réception du château.

Le comte, blessé dans ses affections les plus chères, et dans son orgueil, qui le portait à croire qu'il devait être préféré à tout, se rappela mille circonstances qui le confirmèrent dans les soupçons qui venaient de s'emparer de lui. Il se souvint de préférences légères accordées à ce jeune homme, qu'il traitait comme son fils. Depuis deux ans le jeune baron était en possession d'une magnifique terre, voisine de celle de Bénac ; lorsqu'il venait, la comtesse ajoutait quelques pierreries à sa belle chevelure, ou ceignait sa jolie taille d'une ceinture plus riche, enfin elle lui avait brodé une écharpe; en fallait-il plus pour être convaincu de l'intelligence de ces amans? Le comte eût voulu rester pour les observer mieux encore et déjouer leur amour ; mais tout était prêt pour son départ. Les hommes d'armes assemblés témoignaient hautement leur désir d'aller se distinguer sous un chef plusieurs fois vainqueur; il fallut donc s'arracher de chez lui dans le moment où sa présence devenait plus nécessaire que jamais.

Après avoir redoublé ses recommandations de surveillance à dame Ragonde, ordonné aux femmes de la comtesse d'entourer sans cesse leur belle maîtresse, avoir laissé des instructions sévères à deux écuyers de confiance, il prit congé de sa charmante compagne, et au moment de partir pour la Palestine, prévoyant les malheurs dont il était menacé, il dit à la comtesse que si au bout de *sept ans* elle n'avait point de ses nouvelles, elle serait libre de se remarier, puisque la mort pourrait seule l'empêcher de trouver les moyens de correspondre avec elle; mais qu'il lui ordonnait de ne jamais choisir le baron des Angles; il l'assura que si elle lui désobéissait, son ombre viendrait lui reprocher sa perfidie.

Il partit désespéré. Son innocente et douce compagne, qui lui devait une immense fortune, se soumit à ses volontés; elle vécut dans la solitude la plus complète. Parfaitement pure du crime dont son époux la croyait coupable, elle soupirait en songeant au baron, mais n'avait point l'idée de le recevoir en l'absence de son mari. Par un redoublement de bienfaisance, de prières et de travail, elle cherchait à éloigner le souvenir de ces fêtes où elle avait vu triompher celui qui le premier avait fait battre son cœur. Elle en parlait même moins, et dame Ragonde, malgré son humeur soupçonneuse, commençait à croire qu'elle s'était trop hâtée d'avertir son seigneur. Elle souffrait de l'espèce d'espionnage perpétuel qui entourait la comtesse, et devenait pour sa maîtresse aussi attentive qu'elle était peu obligeante pendant les premiers jours de l'absence du comte.

Pour distraire la châtelaine elle lui proposait quelques promenades dans les environs, de bonnes actions à y faire, et semblait heureuse de voir se dissiper la mélancolie répandue sur le plus beau front du monde.

Un jour qu'elles étaient toutes deux dans une chaumière, près d'une pauvre femme qui venait d'accoucher de deux enfans, qu'elle ne pouvait nourrir et dont la comtesse voulait se charger, la porte s'ouvre, un beau jeune homme s'élance, et s'adressant à la comtesse lui témoigne le bonheur qu'il éprouve de la rencontrer, ayant vainement tenté de pénétrer jusqu'à elle. Tremblante, émue, elle répond avec embarras au baron des Angles (c'était lui), le remercie de ses visites, mais lui déclare avec assez de fermeté qu'elle s'est imposé la loi de ne recevoir personne tant que son époux sera loin d'elle. En vain le baron insiste pour obtenir que cette sévérité ne s'étende pas jusqu'à lui, elle persiste dans sa résolution ; et après avoir promis des secours à la malade, elle se retire en saluant avec dignité le baron désolé.

En retournant au château, elle ne dit pas un mot, et fut pensive et distraite. Les soupçons de dame Ragonde se renouvelèrent avec plus de force que jamais; et elle se repentit de sa condescendance à laisser la comtesse sortir du parc. Cette dernière était choquée que le baron eût la pensée d'être seul admis près d'elle. « S'il a osé
« me faire une telle proposition, se disait-elle,
« j'ai donc été assez imprudente pour lui laisser
« voir que je le préférais. C'est un tort que je
« dois expier, en devenant plus circonspecte
« et plus solitaire que jamais; il faudra bien qu'il
« acquière la certitude qu'il m'est indifférent.

« Pourquoi ne puis-je moi-même avoir cette
« conviction?... Essayons de retrouver la paix
« que j'ai perdue depuis que je me suis écartée
« des sentimens que je dois au comte mon bien-
« faiteur. »

Rien ne troubla pendant deux ans la tranquillité du château de Bénac. Toutes les journées se ressemblaient tellement que la vieille Ragonde elle-même s'ennuyait de leur monotonie, et se relâchait peu à peu d'une sévérité qui la forçant d'être toujours près de sa maîtresse, l'empêchait de se livrer à son goût dominant, celui de faire sentir aux inférieurs de quelle importance était la femme de confiance de monseigneur. Elle daignait quelquefois s'abaisser jusqu'à causer avec les subalternes afin d'être instruite de tout ce qui se passait dans les environs; depuis quelque temps elle était à cet égard dans une ignorance complète, qui la désespérait d'autant plus, qu'elle avait eu jusque-là la réputation de tout savoir.

N'ayant rien surpris dans la conduite de la comtesse, qui fût en opposition avec ses devoirs, elle la laissait quelquefois seule, et profitait de ce temps pour réparer celui qu'elle avait perdu ; elle questionnait, et ajoutait aux anecdotes qu'elle recueillait sur les voisins.

Un jeune page cherchait depuis plusieurs mois à s'approcher de sa maîtresse, mais Ragonde était toujours là pour l'empêcher de faire la commission dont il s'était chargé par reconnaissance pour le baron, auquel sa famille avait de grandes obligations ; enfin il rencontra un jour dans le parc la belle châtelaine se promenant seule ; aussitôt il s'approche, et lui tendant respectueusement une lettre : « Elle est
« d'un mourant, madame, lui dit-il à voix basse,
« daignez la lire pour adoucir ses derniers mo-
« mens ! »

La comtesse, habituée à voir s'adresser à elle tous les infortunés de ses vastes domaines, n'hésite pas à parcourir l'écrit qu'elle suppose être de l'un d'eux ; mais que devient-elle en lisant la déclaration la plus passionnée tracée d'une main défaillante : « Je souffre depuis le jour où vous
« m'avez interdit votre présence, lui disait le
« baron, et si vous me défendez l'espoir je sens
« que je serai bientôt délivré d'une existence
« que vous me faites détester. Je sais que depuis
« plus de deux ans vous n'avez reçu aucune

« nouvelle de votre époux; je sais aussi qu'il vous
« a permis de vous remarier s'il vous laissait
« *sept ans* dans l'ignorance de son sort. Dites-
« moi qu'à l'époque fixée par lui vous me per-
« mettrez d'aller demander votre main, et je re-
« prendrai la force qui m'échappe... réfléchis-
« sez.... votre réponse sera mon arrêt. *Vous*
« *ou la mort!* »

La belle comtesse éplorée fondit en larmes,
ce dont le page s'aperçut en s'approchant pour
solliciter cette réponse si ardemment désirée;
mais la cruelle Ragonde parut au bout de l'al-
lée, et il fallut s'éloigner sans obtenir ce qui
devait conserver la vie au baron; il fut sans
doute moins désespéré en apprenant l'émotion
et les pleurs causés par sa lettre.

Le page, ne se rebutant pas, parvint à faire
parler la comtesse; elle jura que si la sep-
tième année s'écoulait sans qu'elle apprît rien
du comte, elle consentirait à unir son sort à
celui de son fidèle chevalier; mais elle exigeait
que jusqu'au jour où il lui serait permis de l'appeler son époux il ne fît aucune démarche pour
la voir ou lui écrire.

Une telle condition eût refroidi tous nos

jeunes gens actuels, mais dans le bon temps dont je vous parle rien ne paraissait impossible à la soumission des amans, et le baron souscrivit à tout ce qu'on exigeait de lui; il se contenta d'apercevoir les tourelles du château de Bénac, de penser à sa dame, et de rompre à droite et à gauche quelques lances en son honneur.

Enfin les *sept ans* prescrits à la constance de la comtesse étaient prêts à finir. Encore deux jours, et ses vœux allaient être comblés, car ne croyant pas à la menace du *revenant*, et oubliant le serment qu'elle avait fait de ne jamais épouser le baron, elle avait consenti à lui accorder sa main à l'expiration du terme fatal. Aucune nouvelle même indirecte n'était arrivée qui pût faire croire à l'existence du comte, et sa mort avait paru si certaine que depuis un an on disait dans la chapelle tendue de noir des messes pour le repos de son âme, et le deuil le plus profond voilait les attraits de celle qui croyait ainsi expier l'action qu'elle brûlait de commettre.

Ces lugubres vêtemens allaient être échangés contre ceux de fiancée. Déjà l'évêque de Tarbes, parent du baron, était arrivé à Bénac pour célébrer une union si bien assortie ; les festons de fleurs et les devises se plaçaient, et les villageois se paraient des habits qu'ils devaient à leurs jeunes maîtres. Toutes les têtes étaient occupées du grand événement qui se préparait.

Cependant le comte n'était pas mort; fait prisonnier à la première bataille livrée contre les Sarrasins, il avait été précipité dans un cachot; il ne pouvait que s'y désespérer de l'impossibilité où il se trouvait de faire connaître son sort à sa femme, et il calculait avec effroi le nombre de jours qui s'écoulaient, et qui rapprochait celui qui lui ravissait ses droits sur la belle comtesse.

Loin de chercher dans la piété un soulagement à ses peines, il osa avoir recours à la protection du diable, qui lui apparut aussitôt. « Comte, lui dit-il, dans peu d'heures le baron « des Angles aura pris ta place ; donne-moi ton « âme, et je te transporte immédiatement dans « ton château, où tu arriveras à temps pour em- « pêcher cette union qui te désole. — *Mon âme* « *fut à Dieu avant de t'appeler à mon aide, je* « *n'en puis disposer. Mon cœur est au roi ; mais*

« je te donnerai le reste du souper que je ferai
« le soir de mon arrivée à Bénac (1). »

Le diable, assez bien disposé ce soir-là, consentit à ce marché, tel modeste qu'il fût, et emportant le comte s'élança dans les airs, et le déposa dans la cour du château, déjà remplie de coursiers amenant les parens et les amis invités à la noce. Les varlets, insolens alors comme le sont les laquais de nos jours, voulurent chasser un homme portant des habits sales et déguenillés, mais la foule augmentant, le comte parvint à se faufiler avec elle dans une salle où tout était préparé pour un banquet splendide, après lequel les fiançailles devaient être célébrées.

Le comte, au lieu de s'asseoir avec les conviés, se tint debout vis-à-vis de sa belle épouse, plus charmante que jamais par l'expression de bonheur répandue sur ses traits. Tous les yeux se portèrent sur celui que l'on prenait pour un mendiant entré par mégarde dans cette brillante assemblée. Sa longue barbe, son bizarre

* Propres termes d'une vieille chronique, écrite en langue basque.

accoutrement, moitié européen, moitié arabe, ses yeux caves, mais animés, sa chevelure en désordre, le calme de sa contenance, imprimaient à toute sa personne une singularité qui détourna l'attention générale du beau couple, trop occupé de son amour pour remarquer rien de ce qui se passait autour de lui.

Après un moment de silence, pendant lequel le comte observait tout ce qui l'intéressait si vivement, il éleva la voix, et s'adressant à la comtesse qui ne l'avait pas même aperçu : « Je vous
« remercie, madame, dit-il, des soins que vous
« avez pris pour fêter mon retour; je suis seu-
« lement étonné que vous ayez laissé prendre
« la place que je dois, dans ce beau jour, oc-
« cuper près de vous. Elle ne convient pas à
« un enfant, qui ne savait que courir la bague
« lorsque je me battais depuis long-temps pour
« mon pays. La Providence m'a ramené près
« de vous... — Non pas la Providence, inter-
« rompit une voix effroyable et invisible; c'est
« ma main qui t'a conduit ici. Tu n'en étais pas
« assez sûr! eh bien, sois-en convaincu da-
« vantage. » Ces paroles, prononcées par le démon, produisirent une terreur universelle qui

fut encore augmentée à l'aspect de la joue du comte, portant en feu l'empreinte d'une griffe diabolique. Une forte odeur de soufre se répandit dans la salle, et l'effroi de la jeune épouse ne l'empêcha pas de reconnaître le comte paraissant livré à des douleurs intolérables. Elle essaya de se lever pour se précipiter à ses pieds, mais ses forces trahirent sa volonté ; elle fut contrainte de s'appuyer sur le bras du baron frappé de stupeur, prononça son nom et expira.

Le comte, désolé de cette catastrophe qui anéantissait toutes ses espérances, et souffrant réellement comme un damné, jeta avec colère quelques coquilles de noix en l'air, en disant à son génie infernal : « Tiens, voilà le prix de « ton inutile protection. » Celui-ci, outré de tant d'ingratitude, se saisit de nouveau du comte, l'enleva, et disparut en poussant un cri effroyable qui fit fuir tous les assistans.

Depuis ce temps, le château de Bénac a été complètement abandonné, et on n'en approche qu'avec une circonspection très-grande, après s'être aspergé d'eau bénite, et s'être procuré quelque relique précieuse et authentique qui garantit de tous les maléfices.

Voilà ce qui m'a été conté avec persuasion par plusieurs vieillards respectables de la vallée, ils y croient fermement, et ils essayèrent de me détourner de la course que je voulais faire au château maudit. Je m'y suis rendu; et après avoir examiné avec la plus grande attention les murs délâbrés de cet antique manoir, il m'a été aisé de découvrir l'énigme de l'histoire absurde que vous venez de lire.

Dans plusieurs endroits les traces du tonnerre sont encore visibles, il n'est pas douteux qu'il n'ait anéanti cette habitation, au moment peut-être de la célébration d'un mariage. La fiancée aura été frappée de la foudre, ce qui aura amené l'invention qui maintenant passe pour une réalité dans la vallée à mon retour. J'ai voulu expliquer ma version à mes hôtes : ils m'attendaient avec impatience ; mais leur visage impassible et les signes qu'ils se faisaient entre eux m'ont convaincu que je ne parviendrais pas à les désabuser.

Le progrès des lumières se fait peu sentir dans ces montagnes, et les superstitions les plus ridicules, les plus sots préjugés y subsisteront encore long-temps, telle chose que l'on puisse faire

pour les détruire. « D'ailleurs, me disait un de
« ces braves gens, nous aimons à croire ce que
« nous aimons à raconter. »

Adieu, mon cher marquis. J'ai voulu vous distraire par un récit qui nous confirme dans l'opinion où nous sommes, vous et moi, que les femmes ne peuvent tenir aucun serment, et que nous seuls savons aimer. N'êtes-vous pas content de la patience et de la constance du baron des Angles, et ne chercherez-vous pas à être, ainsi que lui, cité dans quelques siècles comme le modèle des amans? Je crois que vous vous contenterez d'être celui des amis, et je vous en délivrerai le brevet quand vous voudrez : vous l'aurez mérité par la bonté que vous avez de ne pas vous fatiguer de mes lettres.

Comte DE PAHREN.

P. S. Je pars à l'instant pour une tournée de quinze jours. Je reviendrai ensuite ici, et me déterminerai pour l'achat de la maison où je ne cesserai de penser à vous.

LETTRE XXXIX.

LE MARQUIS DE BLIGNY AU COMTE DE PAHREN.

Indignation de M. de Bligny sur la considération accordée a des femmes méprisables. — Madame la comtesse C..... — Histoire de son premier mariage. — Elle est vendue par son mari. — Fête donnée dans l'Inde a bord d'un vaisseau. — Madame S.... y est prisonnière. — Son ingratitude envers M. C.... — Elle l'épouse. — Madame la comtesse d'.... — Sa fille. — Sa conduite. — Le duc d'A.... — Mistification que fait celui-ci le jour de l'an. — Madame la comtesse de Saint-D.... devenue dame de charité. — Influence des bons cuisiniers en France.

Paris.

Enfin, mon cher comte, me voici dans cette bonne ville dont j'étais parti avec la persuasion que je mourrais en la quittant, et que la nécessité pouvait seule me forcer d'abandonner. Mes créanciers m'y tourmentèrent à peine pendant plusieurs années, parce que j'avais pris le parti de ne pas m'occuper d'eux ; mais enfin ils prirent celui de m'obliger, d'une manière fort peu civile, à me souvenir qu'ils existaient ; et pour parvenir à arranger mes affaires, vous me décidâtes à partir et à vous laisser agir. Il vous fallut tout l'empire que vous donnait sur moi la plus tendre amitié, pour me déterminer à quitter le centre des plaisirs ; vous me promîtes de me rejoindre en Angleterre ; enfin vous me mîtes bon gré mal gré en chaise de poste, et je crus toucher à ma dernière heure en sortant de la barrière Saint-Denis ; les plus sombres idées me poursuivirent jusqu'à Calais. La vue de la mer me procura une distraction qui m'empêcha de succomber à ma douleur de ne pouvoir plus me livrer à mes goûts favoris ; je ne croyais pas possible d'en jouir dans cette triste Angleterre où j'allais m'ensevelir vivant ; le paquebot me rendit mon désespoir, mais les charmans attelages et les jolies filles d'auberges que je vis à Douvres me remirent ; et jusqu'à votre arrivée dans le pays de Galles, je ne m'ennuyai pas trop, ayant eu le bonheur de plaire au vieux lord K....., qui me prêtait ses équipages de chasse, et me présentait dans quelques châteaux voisins du sien. Une fois avec vous, je ne pouvais que me trouver heureux. Je vous revoyais, et vous m'apportiez la nouvelle que mes usuriers étaient devenus traitables.

Vous partîtes; je recommençai à m'ennuyer d'autant plus que je vous savais malheureux et qu'il m'était défendu de vous suivre, mes affaires n'étant pas entièrement en ordre. Lady Sarah se chargea de me consoler de votre absence; et pour me punir de la faute que l'amour me faisait commettre envers l'amitié, dont je ne m'occupais plus assez, il me fit rencontrer la plus perfide des femmes. De ce moment, l'Angleterre me devint odieuse, et dès qu'il me fut possible de la quitter je m'embarquai pour cette France redevenue l'objet de tous mes vœux puisque vous l'habitiez. Je payais les postillons avec la magnificence d'un prince; je brûlais de revoir Paris, persuadé qu'il me ferait oublier tout ce que j'avais souffert. Jugez donc de mon étonnement de m'y déplaire souverainement maintenant que j'y suis.

Je viens de vous peindre toutes mes sensations passées, pourrez-vous m'expliquer celles qui m'obsèdent aujourd'hui que je suis établi chez moi, avec toute l'aisance que je dois à vos bons soins? Me direz-vous pourquoi rien ne pique ma curiosité, si vive il y a quelques jours encore, de connaître tout ce qu'il y a de nouveau ici depuis que j'en suis parti? M'aiderez-vous à découvrir par quelle raison le bavardage de mes anciens amis, que je prenais pour de l'esprit, ne me paraît plus qu'un insupportable jargon, qu'il m'est impossible de supporter un quart d'heure? Concevez-vous mieux que moi par quelle fatalité l'opéra me fatigue, les femmes coquettes me paraissent grimacières, enfin pourquoi je ne m'amuse plus de rien? Je fais en vain un effort pour me sortir de l'apathie dans laquelle je suis plongé; je n'y puis réussir, et ne sais comment faire pour attendre que vous soyez fixé dans quelque retraite où j'irai m'enfermer avec vous. J'essayerai d'y philosopher et d'y étudier comme vous, et peut-être en réfléchissant et en cultivant quelques talens fort négligés, parviendrai-je à reprendre un peu de calme. La nouveauté a toujours eu du charme pour moi...; j'ai épuisé tout excepté ce qui est raisonnable, je veux donc en essayer dans les Pyrénées.

Encouragé par votre exemple, je me plairai probablement dans les plaisirs *purs et champêtres* dont vous me vantez la douceur; j'instituerai des prix de vertu, je marierai les jeunes filles, enfin je me ferai bénir par l'innocence persécutée, et je poursuivrai sans pitié les séducteurs, que suivant l'usage je blâmerai hautement pour que l'on oublie que j'ai été le plus mauvais sujet du monde, en un mot je ferai l'opposé de tout ce que j'ai fait jusqu'à présent; c'est le seul remède qui puisse guérir les maux que j'endure.

En attendant ce moment de réforme, je mène ici en enrageant la vie des autres hommes de mon âge. Je cours les spectacles, où je m'endors jusqu'au moment d'aller à nos réunions; là, pour éviter les sottes conversations et le déluge de questions dont on m'assiége, je me place à une table d'écarté, ma distraction me fait perdre presque tous les coups; mais je tiens fidèlement le serment que vous m'avez fait faire, de ne pas emporter plus de dix louis sur moi et de ne jamais emprunter : ainsi, cet insipide passe-temps ne doit pas vous effrayer, il ne peut plus avoir pour moi le moindre danger. Hélas! tout est maintenant sans inconvénient car je n'ai de passion pour rien, et je conserve trop ma tête pour pouvoir être égaré de nouveau.

Dans le temps de ce que vous appeliez ma *turpitude* je ne concevais pas votre indignation sur la considération accordée souvent à des femmes dont la conduite dépravée eût dû éloigner tout ce qui n'était pas aussi méprisable qu'elles. Vous excusiez celles qui égarées par une sensibilité trop vive ou une imagination mal dirigée, étaient entraînées dans des erreurs, presque toujours punies par la perte des illusions qui les avaient produites; mais vous tonniez contre ces créatures avides qui, avant de se livrer à une *passion invincible*, calculaient bien froidement quel était l'homme *qu'il valait mieux* aimer. Je me moquais de vos subtiles distinctions, et trouvais que l'on avait raison dès que l'on s'amusait.

Maintenant, sans trop me rendre compte de mon changement, je suis devenu comme vous ennemi de tout ce qui ne peut avoir au moins l'apparence d'un sentiment véritable et désintéressé. J'ai cessé mes relations avec plusieurs femmes reçues dans la société, mais dont l'opinion publique aurait dû faire un exemple; et je sens que je ne pourrai me plaire désormais que dans les maisons où le vice ne sera pas trop ostensible.

Je suis fortifié dans cette idée par une visite que j'ai été forcé de faire à la comtesse C...., tout-à-fait dans la classe des femmes déhontées dont je parlais tout à l'heure. Un de ses anciens adorateurs de Bruxelles m'avait chargé d'une lettre pour elle, en me conjurant de la porter moi-même. J'éprouvais une certaine envie de voir une personne dont l'histoire est si singulière : enfin j'y allai; mais bien certainement je n'y retournerai pas.

Les airs de *grande dame* que se donne madame C.... sont si parfaitement ridicules lorsqu'on connaît sa vie que très-sûrement je n'en serai plus témoin; je craindrais où de lui reprocher durement ses antécédens qui devraient la rendre humble, où d'éclater de rire à son nez; ce qui serait également blâmable puisqu'elle est vieille. Je ne sais si vous l'avez vue; mais vous ne serez pas fâché de connaître le récit de ses bizarres aventures; après les avoir lues vous aurez de nouvelles raisons de vous indigner contre les Français, qui prodiguent à une ancienne courtisane des hommages et des soins que l'on ne devrait accorder qu'à la vertu.

Madame la comtesse C...., jeune, sans fortune, sans éducation, et danseuse sur un théâtre d'Allemagne, inspira une vive passion à M. S....., riche négociant, qui l'épousa et l'emmena avec lui dans l'Inde, où il avait un établissement magnifique. Fier du trésor qu'il y menait, il ne négligea rien pour lui donner plus de prix encore; les parures les plus riches furent prodiguées à sa charmante compagne. Celle-ci, touchée de preuves d'amour qui ont toujours été celles préférées par elle, aimait sincèrement son mari, et pendant plusieurs années il n'eut qu'à se louer de son choix.

Sa maison était le rendez-vous de tous les étrangers distingués et de tout ce que la ville de.... renfermait de plus élégant. Chacun s'empressait de se rendre aux fêtes brillantes qui se succédaient chez madame S.... Les femmes copiaient sa toilette, ses mines, et jusqu'à son accent peu agréable; enfin elle régnait en souveraine sur tout ce qui l'entourait. Habituée à voir ses vœux exaucés aussitôt que formés, elle avait sans cesse de nouvelles fantaisies que M. S..... satisfaisait immédiatement. Ravi des succès de l'objet de son amour, si généralement admiré, il ne savait résister à aucune de ses volontés, et s'éloignait si peu de son salon que des commis infidèles purent à leur profit faire des spéculations à ses dépens. Vainement un ami dévoué lui conseillait de s'occuper de ses affaires, il continuait à suivre partout madame S..., et bientôt le désordre devint extrême. Il le découvrit lorsqu'il n'était plus temps d'y remédier, et malheureusement ne pouvant se dissimuler que les folles dépenses de sa femme et sa manie de l'avoir toujours près d'elle étaient les principales causes du dérangement de sa fortune, il commença à éprouver pour elle moins de tendresse, il lui fit quelques reproches auxquels madame S.... répondit avec aigreur, et la désunion fut bientôt complète dans un ménage qui avait été long-temps cité comme un exemple.

M. S... pour se distraire des chagrins de son intérieur devint joueur ; il perdit des sommes considérables, qu'il ne put acquitter, contre le gouverneur anglais, M. C... : celui-ci passionnément épris de madame S..., promit de donner tout le temps que désirerait M. S... pour le paiement de cette dette; mais les envieux du bonheur passé de ce dernier ébruitèrent ce qu'il cherchait à cacher; les créanciers de sa maison le menacèrent, et lui déclarèrent que s'ils n'étaient pas payés dans un mois ils emploieraient tous les moyens de rigueur. —

Sur ces entrefaites, M. C... reçut son rappel, et se vit contraint de tout préparer pour son départ : désespéré de s'éloigner de madame S... qu'il idolâtrait, et qui avait constamment repoussé ses hommages, il eut la pensée du monde la plus extraordinaire, qui pourtant lui réussit.

Il se rendit chez M. S..., lui annonça qu'il était forcé de retourner en Angleterre, et qu'il se voyait donc contraint à lui demander de le payer : M. S... accablé de ce nouveau coup, avoua à M. C... qu'il était non-seulement dans l'impossibilité de se libérer avec lui, mais que même il serait dans la nécessité de déposer incessamment son bilan, ne pouvant arranger ses affaires : il s'emporta contre sa femme qu'il accusa de ses maux, et jura qu'une fois sa banqueroute déclarée, il lui serait impossible de vivre davantage avec l'auteur de tous ses désastres. — Eh bien, monsieur, lui dit flegmatiquement l'amoureux Anglais, tout peut se terminer à la satisfaction générale. Je vous remettrai votre créance, et vous donnerai de quoi payer vos dettes, à une petite condition. — Laquelle, monsieur ? je n'en connais point que je n'accepte pour me sauver l'honneur ; parlez, que faut-il faire ? — Vous n'aimez plus madame S..., dites-vous ? — Comment pourrais-je ne pas haïr celle qui m'a entièrement ruiné ? — Cela est juste, vous devez la détester ; mais moi qui n'ai pas vos raisons j'en suis fou, et si vous voulez me céder *par écrit* tous vos droits sur elle, je vous donnerai une lettre de crédit de cinq cents mille francs, sur un banquier à votre choix : si vous ne consentez pas à ce que je vous propose, je vous demande les quatre mille louis que vous me devez, et je vous laisse déposer votre bilan, choisissez.

M. S..., stupéfait de la *petite condition* de M. C..., hésita long-temps à y consentir ; mais enfin réfléchissant à la catastrophe qui le menaçait, il se mit à son bureau, et traça ce qui suit, sous la dictée du gouverneur.

« Je reconnais céder en toute propriété
« *tous mes droits* sur madame S..., à M. C...,
« qui s'engage par acte à lui assurer une rente
« de mille louis, sa vie durant, et à me faire
« compter dès demain la somme de cinq cents
« mille francs, prix de ma cession, dont on ne
« pourra, *sous aucun prétexte,* me demander le
« remboursement, comme de mon côté je ne
« pourrai *jamais* réclamer une épouse à la-
« quelle je renonce formellement par le présent
« écrit : il est convenu entre M. C... et moi qu'il
« l'emmènera en Angleterre, comme *lui appar-*
« *tenant*, et qu'à partir de demain je devien-
« drai absolument étranger à ce qui les con-
« cernera tous deux.

« Signé S... »

Muni de cette inconcevable renonciation, M. C... se retira la joie dans le cœur; mais avec le calme qu'il mettait à toutes les actions de sa vie. Il annonça le soir chez madame S..., où se trouvait réunie l'élite de la société, que, partant pour l'Angleterre plus tôt qu'il ne comptait, il voulait faire ses adieux aux dames, en leur offrant une fête ; qu'elles devaient être blasées sur toutes celles données à terre ; et que celle qu'il avait commandée aurait lieu le *lendemain* à bord de son vaisseau.

On se récria sur le peu de temps qu'il laissait pour la grande affaire des toilettes ; mais ayant assuré que le jour d'après il mettait à la voile, on accepta cette invitation impromptue, et chacun se retira aussitôt pour aller se préparer à ce divertissement d'un genre nouveau. On était convoqué pour le jour suivant à midi ; et l'on ne pouvait trop se presser, afin de se mettre en état de paraître sans désavantage auprès de la belle madame S...

Le lendemain à midi plusieurs chaloupes élégamment pavoisées, ornées de fleurs, de devises galantes et conduites par des marins en habits de fête, s'approchèrent du port, et transportèrent sur le vaisseau amiral, décoré avec magnificence, deux cents personnes impatientes de jouir d'un plaisir inconnu. Une musique militaire les accueillit et un déjeuner somptueux et délicat fut servi sur le pont, recouvert d'un pavillon de drap d'argent, relevé par des guirlandes de roses naturelles; d'énormes cassolettes exhalaient les plus doux parfums, pendant que les esclaves exécutaient diverses danses du pays. Au dessert on offrit aux dames de grandes corbeilles de filigrane en or remplies de jolies bagatelles, inventées par le bon goût français, qui trouve des admirateurs partout. Elles furent acceptées aux cris répétés de vive le *galant gouverneur !* celui-ci ne fut point enivré de cet enthousiasme ridicule, car il ne distinguait pas la voix qui seule eût donné du prix à cet élan de la reconnaissance vénale de ces dames.

En effet madame S..., persuadée qu'elle était l'héroïne de cette fête, s'y trouvait mal à l'aise, et refusant le présent qui lui était destiné, elle se plaignit de la chaleur, et demanda à son mari, debout derrière sa chaise, de descendre avec elle dans le salon du vaisseau; désirant se reposer de tout ce bruit qui la fatiguait; il lui dit qu'il irait la joindre, mais qu'il fallait éviter de faire événement, et lui représenta que s'ils disparaissaient tous deux à la fois, on la croirait malade, qu'on voudrait la suivre, qu'elle en serait importunée; enfin il fit si bien qu'elle dit avoir quelque chose à arranger à sa robe, et elle descendit seule.

M. C..., s'en apercevant, éleva la voix et dit à l'assemblée que ne pouvant plus rien inventer qui pût lui plaire sur un vaisseau, il désirait que l'on se rendît à la ville, où il avait ménagé *une surprise*. Aussitôt tout le monde s'empressa de partir sans s'occuper de madame S..., qui venait d'être enfermée dans la chambre où elle s'était si imprudemment rendue. C'était à qui se précipiterait avec plus d'empressement dans les chaloupes, et bientôt il ne resta plus sur le pont que les matelots nécessaires à la manœuvre, et les domestiques faisant disparaître les traces du festin qui venait de finir.

L'ancre est levé, les voiles sont hissées, le gouvernail s'agite, les cordes sont en mouvement et le vaisseau s'éloigne. Madame S... le sentant remuer et entendant le bruit qui se faisait au-dessus d'elle, essaya en vain de sortir de sa prison, tous ses efforts furent inutiles; elle appela, personne ne lui répondit, elle se précipita aux fenêtres, et les trouva grillées; voyant toutes les chaloupes toucher terre, elle perdit connaissance, et tomba évanouie sur un canapé.

M. C..., en sentinelle à la porte, effrayé du calme qui succédait aux cris de désespoir de madame S..., entra précipitamment, et lui prodigua tous les secours les plus empressés. Mais pendant plus d'une heure celle pour laquelle il venait de faire tant de sacrifices resta sans vie entre ses bras. Il fit appeler le chirurgien du bord, qui parvint à faire revenir madame S...

Épuisée, anéantie par ce qu'elle avait souffert, celle-ci sembla n'avoir aucune idée nette ; elle regarda avec étonnement autour d'elle, et ses yeux s'arrêtèrent alternativement sur M. C... et sur le chirurgien, avec une expression de stupidité effrayante. Pas une parole ne s'échappa de sa bouche encore décolorée ; et son amant infortuné ne sortit d'une inquiétude que pour tomber dans une autre plus terrible encore.

Cet état alarmant dura plusieurs jours ; mais enfin des calmans administrés avec précaution amenèrent une crise heureuse ; et d'abondantes larmes vinrent sauver la belle malade. M. C... avait, à force d'argent, décidé la femme-de-chambre de madame S... à les suivre, et la présence de cette fille contribua beaucoup à un prompt rétablissement; M. C..., depuis que la connnaissance était revenue à madame de S..., s'était imposé la plus cruelle privation en renonçant à la voir jusqu'à ce qu'elle eût assez de force pour supporter l'explication indispensable qui devait avoir lieu. Il calculait un peu sur l'amour-propre féminin pour se faire pardonner une violence excusée par un amour extrême, dont il avait donné tant de preuves quoiqu'il fût sans espérances. Il pensait aussi que la juste indignation que causerait la conduite de M. S... porterait à faire valoir la sienne; il ne voulait pas risquer, par trop de précipitation, de perdre le fruit de tant de persévérance et de soins.

Tout ce qui était dans le vaisseau lui était soumis, et avait reçu les ordres les plus sévères dont, sous peine d'une punition grave, on ne devait pas s'écarter. Il était défendu d'approcher de la chambre de la prisonnière, servie uniquement par sa femme-de-chambre. Celle-ci ayant de bonnes raisons pour louer le gouverneur, ne laissait échapper aucune occasion de prononcer son nom avec éloge, et de faire remarquer à sa maîtresse la recherche de l'appartement dans lequel elle avait été transportée pendant son évanouissement. Tout ce que le luxe et le bon goût pouvaient inventer s'y trouvait réuni; des parures d'un grand prix étaient à la disposition de madame S....., des malles pleines de robes élégantes, faites à sa taille, ne lui laissaient que l'embarras du choix de ce qui devait relever l'éclat de sa beauté, que des glaces nombreuses répétaient mille fois.

Triste, silencieuse, elle ne daigna pas, pendant les premiers jours de sa captivité, faire la moindre attention à tout ce qui l'entourait; forcée de profiter de ce qui lui était destiné, elle s'obstinait à ne prendre que les choses les plus indispensables et les plus simples, ne s'entretenait que de son mari, se reprochait ses torts avec lui, les exagérait même pour avoir plus de raisons de s'accuser; se désespérait du chagrin qu'elle lui supposait d'être séparé d'elle; ne parlait de lui qu'avec la plus vive tendresse, et de son ravisseur qu'avec indignation. Chaque fois que la porte s'ouvrait, elle frémissait de le voir paraître, et se préparait à l'accabler d'injures sur son inconcevable barbarie, de retenir ainsi une femme malgré elle, et de la ravir à l'amour de son époux.

Cependant une semaine écoulée sans apporter de changement dans sa position, commença à lui paraître un peu longue. A force de pleurer, elle ne pleura plus ; après avoir parlé continuellement de son mari, elle s'en entretint un peu moins ; au lieu de détourner ses regards des glaces qui réfléchissaient un visage qu'elle maudissait la veille, puisqu'il causait son malheur, elle s'y contempla quelques instans pour se réjouir, disait-elle, en observant les traces de ses chagrins; sans y songer, sans doute, elle arrangea néanmoins ses cheveux, et pour passer le temps, elle s'occupa un peu de sa toilette ; examina, par curiosité apparemment, toutes les richesses entassées chez elle, et finit par être assez calme pour que sa fidèle compagne osât lui proposer de faire appeler M. C....., afin de savoir de lui quel devait être leur avenir. Madame S..... résista faiblement, et accorda le lendemain le consentement sollicité à plusieurs reprises.

M. C... parut, non avec l'assurance que donne le pouvoir, mais avec toute la timidité du véritable amour. Sa jolie figure altérée, son tremblement, son émotion, si visibles, attendrirent sa captive au point que toute sa colère s'évanouit à l'instant. Si une femme lisait ceci, elle se récrierait sur l'horreur d'une pitié accordée si facilement; je suis de son avis, mon ami, cela est mal; mais enfin je suis historien, et je dois être véridique.

Madame S.... donc n'exhala point ses reproches avec emportement comme elle se proposait de le faire, elle se borna à représenter avec douceur combien il était condamnable de désunir le meilleur ménage, et elle promit d'oublier tous les torts, si M. C... consentait à relâcher dans le premier port, à l'y laisser, et à ne pas lui parler de sa passion jusqu'à la séparation.

M. C... protesta que son plus grand désir était de suivre tous les siens; mais après toutes les assurances de soumission, il finit par avouer que rien au monde ne pourrait le séparer de madame S...—Soyez sûr, monsieur, lui dit-elle, que mon époux me réclamera, et que les tribunaux sauront me faire rendre justice. — M. S..., répondit tranquillement : M. C..., ne s'occupera pas de nos affaires. — Comment! *nos* affaires?

mais en vérité vous êtes inconcevable! *nos* affaires ne sont nullement communes, je vous suis étrangère, vous n'avez aucun droit sur moi, et... — J'en ai beaucoup au contraire, madame, et rien dans l'univers ne m'y fera renoncer. — O mon Dieu! s'écria avec effroi madame S..., il est devenu fou. — Il y a en effet long-temps que je le suis de vous, mais jamais je ne fus plus raisonnable que dans ce moment. — Sortez, monsieur, et ne vous présentez plus devant moi. M. C... salua respectueusement et sortit.

Madame S..., outrée d'un sang-froid qui lui paraissait le comble de l'offense, et peut-être en secret piquée d'être si promptement obéie, s'emporta avec violence contre Betty, qui avait eu l'audace de dire quelque bien de son persécuteur. Elle prodigua à celui-ci les épithètes les plus outrageantes, et jura de ne le revoir de sa vie. A ce déluge de paroles la soubrette ne répondit rien, ce qui porta la colère de madame S.... au dernier degré, mais la fit finir vite, personne n'étant auprès d'elle pour l'alimenter par des observations qui aggravent toujours le mal.

Les journées s'écoulaient silencieusement, et

paraissaient d'un longueur mortelle, car si on avait songé à rassembler chez madame S... toutes les superfluités qui plaisent aux femmes, on paraissait avoir oublié tout ce qui pouvait la fatiguer, en fixant son attention d'une manière sérieuse. Pas un livre qui pût la distraire, pas une feuille de papier sur laquelle elle eût la possibilité d'épancher sa douleur. Elle demanda vainement des aiguilles, des soies; on n'en avait point sur le navire : ainsi résolue à ne pas ouvrir les malles et à éviter de regarder ce qu'elles contenaient, madame S... n'avait aucun moyen d'abréger le temps. Ses fenêtres étaient grillées, et d'ailleurs que pouvait-elle voir à travers les barreaux? l'eau et le ciel. On comprend combien l'ennui devait être grand, et l'on peut concevoir que son excès fit désirer à la belle prisonnière quelque rencontre de corsaire ou quelque bonne tempête. Du moins c'eût été une aventure, de l'agitation, et tout était préférable à cette monotonie de toutes les heures, commençant et finissant de même.

La patience la plus exemplaire n'eût pu résister à une telle épreuve. Cette vertu n'était pas au nombre de celles que possédait madame S...

après mille combats et autant d'ordres donnés et révoqués, Betty reçut celui d'aller avertir le soumis M. C... qu'il était attendu.

Il vint avec empressement, et parut désespéré de la maigreur de madame S... et de son excessive pâleur. Il insista tant sur ces deux points qu'il effraya réellement sur les suites d'un changement imaginaire. A vingt ans la crainte de devenir laide l'emportera toujours sur toutes les autres dans la tête d'une femme habituée aux hommages. Aussi madame S... se plaignit-elle assez pour que M. C..... jugeât la visite du médecin indispensable. C'était une chose, disait-elle, à laquelle il fallait se résoudre, afin de recouvrer la santé nécessaire au bonheur de M. S...; l'amour conjugal pouvait seul la faire renoncer à la solitude profonde qu'elle préférait à tout, loin de lui, etc. etc. Le docteur assura positivement que la consomption complète ne tarderait pas à se déclarer, si la malade ne consentait à recevoir un peu de distraction, et qu'il était temps d'apporter remède à un mal déjà fort dangereux.

La peur de mourir sans voir son époux détermina, sans doute, madame S... à permettre que l'on se réunît le soir chez elle. Quelques hommes s'empressèrent de profiter de cette permisssion, mais ils étaient par *hasard* tous laids, vieux ou sots, ne savaient parler que marine, ne se connaissaient qu'en vins, et sentaient le tabac à renverser.

M. C... était agréable d'extérieur, causait bien, savait louer avec grâce la beauté, et s'entendait à merveille à tout ce qui était relatif aux modes. Peu à peu sa présence devint moins *odieuse*, et bientôt elle fut désirée avec impatience. Au bout de la semaine, il était aimé autant qu'il aimait, sans que l'aveu lui en eût été fait ; mais naturellement observateur il avait déjà découvert, bien avant qu'elle ne se le fût avoué à elle-même, ce que madame S... voulait lui cacher.

Un matin il entra de meilleure heure que de coutume chez madame S..., et s'asseyant gravement en face d'elle. « Vous m'aimez, lui dit-il,
« je puis maintenant m'expliquer entièrement.
« Je ne voulais pas devoir votre amour à un es-
« prit de vengeance ; il m'est acquis, je veux
« donc vous dire combien je le mérite par celui
« que j'ai pour vous, et vous délivrer des repro-

« ches que vous vous faites en me préférant à « l'homme qui est indigne de vous. » Alors il s'empressa de faire lire à madame S... stupéfaite de son assurance, le papier qui l'affranchissait de ses devoirs envers son époux, non par des lois légales, mais par le mépris que devait lui causer l'infâme marché dont elle était le prix.

L'indignation, jointe au sentiment qui remplissait son cœur, fit avouer à madame S... tout ce que lui inspirait M. C...; ils arrivèrent en Angleterre fort satisfaits l'un de l'autre, et agirent comme si cet acte illusoire eût été valable.

Jusqu'ici on pourrait jusqu'à un certain point excuser une liaison formée par des circonstances si extraordinaires, et suite de la position la plus bizarre dans laquelle ait pu se trouver une femme; mais comment justifier madame S... des infidélités nombreuses qu'elle a faites à l'amant qui avait renoncé pour elle, sans balancer, à plusieurs mariages brillans, exigés par sa famille, avec laquelle il était brouillé en raison de ces refus? N'avait-il pas donné les preuves de l'attachement le plus passionné? et ne devait-il pas en retour compter sur l'affection et le dévouement de celle à laquelle il avait tout sacrifié?

Eh bien! mon ami, il éprouva au contraire le chagrin de la voir se déshonorer publiquement par l'espèce d'affectation qu'elle mettait à traîner à sa suite une troupe d'adorateurs; tous pouvaient se vanter d'être préférés, puisqu'ils étaient également bien traités. M. C.... encore amoureux, et d'un caractère faible dès que son cœur était touché, se soumit au rôle ridicule d'un mari trompé; suivant partout l'ingrate, il était sans se plaindre témoin de ses débordemens; si par hasard il osait faire un reproche, on le menaçait d'une rupture complète; il se taisait aussitôt, et se résignait à sa triste destinée.

Un prince allemand, célèbre par la grosseur démesurée de sa taille, et par le peu d'agrémens de sa personne, eut aussi l'honneur d'être sur la liste des favoris de madame S... Il en eut une fille qu'il reconnut, sans que M. C.... pût se décider à rompre avec la femme méprisable qui l'asservissait. Enfin, après quinze ans de tribulations de toute espèce, il fit à *soixante ans* la plus lourde de toutes les sottises, celle d'épouser madame S..., dont le mari venait de mourir; elle sut décider M. C... à lui donner son nom.

Ce scandaleux hymen le força de s'expatrier ; il vint se fixer en France, s'y fit faire comte, et, grâce à sa fortune, il rassembla chez lui la meilleure compagnie de Paris, qui, pour jouir de quelques fêtes et de bons dîners, consentit à *faire sa cour à madame la comtesse de C...*; elle affichait, comme je vous l'ai dit, toutes les manières de la princesse la plus hautaine.

La fille qu'elle a eue du prince de *** a épousé un homme charmant, dont la figure était le moindre avantage, et qui avait pour elle les meilleurs procédés. Profitant de l'exemple que lui avait donné sa mère, elle a été citée comme une des personnes les plus légères de la société ; et on conte d'elle des traits qui prouvent qu'elle *vendait* son amour plus qu'elle ne le donnait. Voici une histoire qui circula, et l'obligea de se séquestrer du monde pendant quelque temps, pour éviter les épigrammes qui lui eussent été lancées dans le moment de l'aventure.

Maîtresse déclarée du duc d'Abrantès pendant que son mari était absent, elle en recevait sans scrupule les plus riches présens, s'en parait, et avouait avec un cynisme heureusement très-rare, d'où lui venaient ces diamans si admirés.

Plus on lui en donnait, plus elle en voulait

Le jour de l'an approchait, et elle ne cessait de dire au duc qu'elle espérait que ses étrennes surpasseraient tout ce qu'elle possédait ; qu'elle voulait quelque chose de très-précieux qu'elle n'eût pas. Ces demandes réitérées déplurent au duc déjà un peu dégoûté d'une exigence qui le ruinait ; il ne pouvait se faire illusion sur les sentimens de la dame de ses pensées : aussi sa passion se refroidit fort, et il devint moins empressé. S'apercevant de ce changement, madame d'O... mit en usage toutes les ressources de la coquetterie pour faire revivre un sentiment qui ne peut se ranimer lorsqu'une fois il a perdu de sa force. On peut aimer toujours d'une franche amitié une femme dont des événemens involontaires de sa volonté vous séparent, lorsqu'elle ne vous a donné aucun sujet de plainte ; mais on ne réserve à celle qui vous a trompé que le plus profond mépris. Le bandeau tombé, on ne voit plus que ses vices ; et ni sa beauté, ni ses mines, ni ses protestations, ne peuvent vous ramener; l'oubli, dans ce cas, est ce qu'elle peut désirer de plus heureux pour elle.

Cependant le duc continuait à aller assez assiduement chez madame d'O... Le premier janvier à deux heures, une énorme caisse entra dans la cour de l'hôtel : sa dimension démesurée ne permit pas de la faire entrer dans l'antichambre ; les valets allèrent avertir leur maîtresse que M. le duc d'Abrantès venait de lui envoyer, sur un fourgon, une immense caisse, que les conducteurs recommandaient extrêmement de remuer le moins possible ; elle était si grande qu'il fallait la déballer sur place.

Madame d'O... à ce moment de la journée, était toujours entourée de plusieurs jeunes gens à la mode, qui la pressèrent de descendre pour voir ce que contenait ce ballot : elle y consentit, demanda avec empressement une pelisse fourrée, et malgré un froid excessif se rendit dans la cour, escortée d'un essaim de merveilleux, faisant mille conjectures sur ce présent colossal : l'un croyait que c'était un service de porcelaine de Sèvres, l'autre voulait que ce fût quelque meuble magnifique, incrusté de pierres précieuses, etc. Madame d'O... convaincue qu'elle allait recevoir ce qu'elle desirait le plus, se figurait que cette caisse renfermait une cheminée et des candelabres en malaquite, pareils à ceux de M. Démidoff, qu'elle avait admirés avec affectation devant le duc, dans l'espoir d'en obtenir de semblables ; mais ne voulant pas paraître deviner, elle s'écriait à chaque instant qu'elle ne concevait pas de quoi pouvait se composer cet envoi.

On pressait les ouvriers, trop lents à lever le couvercle fixé par mille clous ; enfin l'intérieur de la caisse fut à découvert : on aperçut du coton, du papier coupé, du foin et de la toile grise : on en ôtait pour en retrouver encore ; la cour s'en remplissait, les jeunes gens grelottant de froid, impatiens de voir se terminer cet éternel déballage, n'obtenaient pas, malgré leurs pressantes sollicitations, que rien allât plus vite ; et les ouvriers répétaient qu'ils ne pouvaient prendre trop de soin d'une chose qu'on leur avait dit être si casuelle.

Après un quart d'heure de précautions excessives, on finit par découvrir *un buste en plâtre* fort ressemblant du duc d'Abrantès, auquel était attachée une feuille de papier couleur de rose; les

mots suivans y étaient écrits d'une jolie écriture. « Vous m'avez demandé depuis quinze
« jours de vous donner *quelque chose de pré-*
« *cieux que vous n'eussiez pas;* connaissant votre
« attachement pour moi, il m'a été aisé de
« deviner que c'était satisfaire vos vœux que de
« vous offrir mon buste qui vous manquait : je
« vous l'envoie, en vous priant de l'accepter
« comme un dernier gage de mon amour pour
« vous. Je pars à l'instant pour l'Italie avec
« ma femme, et ne sais pas quand j'aurai le
« bonheur de mettre à vos pieds l'original de
« la copie, que vous recevrez, j'en suis sûr,
« e c tant de plaisir. »

La confusion de madame d'O... fut égale aux rires inextinguibles qui s'emparèrent de tous les assistans ; malgré leur habitude du monde, ils ne purent se contenir, et quittèrent la belle éplorée ; comme rien n'était plus plaisant à raconter, et que la discrétion n'est pas de bon ton, ces messieurs répandirent cette anecdote ; elle acheva d'éclairer, sur le caractère de madame d'O..., ceux qui voulaient encore douter de sa dépravation.

Voilà de quoi éclipser madame la comtesse

de Saint ***, qui après avoir divorcé, et s'être livrée aux écarts les plus scandaleux, a eu l'esprit de se faire épouser par un homme extrêmement riche. Il n'a pas craint de lui confier l'éducation d'une fille qu'il avait eue d'un premier lit. Vous vous revoltiez de voir cet abrégé de tous les vices jouir des avantages d'une immense fortune, et recevoir la bonne compagnie. Que direz-vous donc, lorsque vous saurez que madame de Saint***, est parvenue à se faire nommer dame de charité? A tout péché miséricorde, sans doute; mais là doit s'arrêter la charité chrétienne; et c'est la mal entendre que de donner le titre honorable de mère des pauvres et de protectrice des orphelines à une femme qui a foulé aux pieds toutes les vertus de son sexe : si elle se repent de ses nombreuses erreurs, il faut lui pardonner, mais non la récompenser, en essayant de répandre sur elle le respect des gens réellement vertueux. Les *dames de charité* doivent toutes, ce me semble, être citées comme des exemples aux jeunes filles, prêtes à s'égarer, pour échapper à la misère. Si le contraire a lieu, ces infortunées feront nécessairement de singulières réflexions en pensant aux antécédens de leur noble protectrice et trouveront plus commode de parvenir à la considération qu'elle obtient, par des moyens semblables à ceux employés par elle que de lutter constamment contre tout ce que la pauvreté a de plus effroyable. Ne trouvez-vous pas que je raisonne mieux qu'à moi n'appartient? vous serez de mon avis, et ne concevrez pas plus que moi que de telles actions n'attirent pas le blâme universel; vous vous indignerez avec raison de voir des femmes capables de les commettre, admises chez des mères de famille respectables : mais, mon cher comte, mesdames C... et d'O..., sont riches, voilà le mot de l'énigme : pauvres, elles eussent été abandonnées généralement ; leurs cuisiniers se sont chargés de les réhabiliter dans l'opinion.

Bien décidemment il faut vivre loin d'une ville où quelques mets recherchés peuvent imposer à la nation des hommes d'état avilis, et obliger à se rencontrer avec des courtisanes ennoblies. Les Pyrénées sont désormais mon point de mire : là du moins, si des fautes se commettent, elles sont atténuées par le plus doux des sentimens, qui plaide en faveur des coupables ; tandis qu'ici le motif qui précipite dans des égaremens en augmente encore tout l'odieux.

En jetant les yeux sur l'énorme paquet que je vous envoie, je suis épouvanté de l'idée que vous serez obligé de le lire : j'ai mis plusieurs jours à l'écrire, vous savez qu'un quart d'heure d'application est beaucoup pour moi ; j'ai été entraîné par l'indignation que me cause le vice, j'ai voulu vous la faire partager, et pour cela je n'ai eu qu'à regarder autour de moi et à vous raconter ce que je voyais : comment ai-je pu si long-temps n'en pas être frappé?

Pour finir par des pensées consolantes, je vous dirai que j'ai été hier voir mademoiselle de Vieville ; elle est aussi vertueuse, aussi bienfaisante qu'était ma mère, son amie intime ; et j'ai passé avec elle une heure fort *reposante*, de toutes celles que je suis forcé de consacrer aux usages et aux politesses que commande ma position : elle était seule ; sa nièce, madame de Roseville, est dans les Pyrénées, vous l'y verrez peut-être, on la dit charmante ; avant son veuvage elle habitait souvent sa terre, ne quittait jamais son vertueux mari, et

ne recevait chez elle que d'excellens sujets ;
ce qui, comme vous pensez, m'a empêché de
la connaître.

Adieu, mon cher comte, bientôt je serai
près de vous, et nous en dirons de belles sur
une perversité que vous m'avez fait abjurer à
jamais, en m'offrant par votre exemple tout le
charme de la vertu.

Mis DE BLIGNY.

LETTRE XL.

MADAME DORCY A MADAME DE ROSEVILLE.

INQUIÉTUDES D'UNE MÈRE SUR LES SENTIMENS DE SA FILLE.

Paris.

Il faut, ma chère amie, que je vous entretienne d'une chose qui m'intéresse au dernier point, et qui peut être pour moi la cause de violens chagrins, ou du plus grand bonheur qui me soit réservé, puisqu'il s'agit de l'avenir d'Alicie. Il dépend de vous de me donner des renseignemens qui puissent m'éclairer sur la conduite que je dois tenir, pour empêcher ce que je ne saurais peut-être éviter plus tard. Ce n'est pas lorsqu'un malheur est arrivé qu'il faut y chercher un remède, car souvent alors il n'y en a point; il faut le prévenir, et c'est ce à quoi je vais travailler avec ardeur. Voici le fait.

Nous allâmes, ma fille et moi, passer la soirée, il y a quelque jours, chez madame de Choiseul, femme charmante comme vous savez; elle était fort souffrante, et désira nous avoir près d'elle. A notre retour à l'hôtel, nous vîmes votre tante plus gaie que de coutume. Nous lui en demandâmes la raison, elle nous dit qu'elle venait de revoir le marquis de Bligny, fils de sa meilleure amie, et qu'elle était enchantée de l'avoir retrouvé aussi posé qu'il avait été étourdi, causant avec autant de solidité qu'il affectait autrefois de déraison, et maintenant lui paraissant le jeune homme le plus agréable qu'elle eût rencontré. Je ne fis pas grande attention à ce qui concernait quelqu'un que je ne connaissais point, et, en remontant dans ma chambre, j'avais même oublié son nom. Je fus surprise d'entendre Alicie me parler de lui avec intérêt. « Il faut, me dit-elle, que M. de « Bligny soit en effet fort distingué, pour que « mademoiselle de Vieville en fasse un éloge « si complet, elle qui blâme tous les hommes « de cet âge. Je serai bien aise de voir enfin

« autre chose qu'un fat ou un pédant ; c'est jus-
« qu'ici ce que m'ont paru tous les jeunes gens
« que j'ai rencontrés dans le monde. »

J'éprouvais quelque chose de douloureux en écoutant Alicie ; pour la première fois elle s'occupait d'*un homme !* Ce qui dans toute autre jeune fille eût été une chose ordinaire, était pour elle une singularité, et je m'en inquiétais comme d'un pressentiment qui m'annonçait ce que je crains le plus, une préférence accordée par ma fille à un être dont tout doit la séparer ; sans naissance, sans fortune, il est impossible de penser pour elle à un établissement brillant, et ce M. de Bligny, qu'elle serait bien aise de voir, possède un beau nom, et aura bientôt cent mille livres de rentes. Elle avait retenu tout cela, et me le répétait en cherchant dans votre société qui pourrait lui convenir, Mademoiselle de Vieville ayant dit qu'elle voulait le marier ; je répondis avec indifférence que ne le connaissant pas, je ne m'inquiétais guère de son établissement, et sur-le-champ je parlai d'autre chose. Alicie me répondit avec distraction, et, contre sa coutume, abrégea l'entretien qu'elle aime à prolonger ordinairement pour me faire part de ses observations du jour.

Hier en entrant dans le salon à l'heure du dîner, je vis mademoiselle de Vieville entourée de plusieurs personnes. Alicie, marchant derrière moi, se pencha à mon oreille en me disant tout bas : « Maman, je suis sûre que voilà le marquis de Bligny assis auprès de mademoiselle de Vieville. » Celle-ci vint au-devant de nous et nous présenta le jeune homme avec lequel elle causait : c'était en effet celui dont elle nous avait parlé. Il nous adressa avec grâce plusieurs choses obligeantes sur le désir qu'il éprouvait de connaître deux femmes si chères à mademoiselle de Vieville, et alla reprendre sa place auprès d'elle. Je remarquai que ses yeux se portaient continuellement sur Alicie, qui, occupée de vos filles, se tenait dans un coin du salon avec elles; M. de Bligny me parut questionner beaucoup votre tante. Par la vivacité de ses réponses et l'expression de sa physionomie je jugeai qu'elle lui faisait l'énumération des qualités d'Alicie, qu'elle aime extrêmement. Pour la première fois de ma vie j'étais fâchée des louanges accordées à mon enfant, et je craignais qu'elles ne fixassent davantage sur Alicie l'attention de celui que je redoute sans savoir pourquoi.

La figure de M. de Bligny, sans être parfaitement régulière, est cependant remarquable par sa noblesse et l'expression douce et fine de ses yeux; sa tournure est élégante, et il n'a rien de l'exagération de manières des jeunes gens du jour. Placé à table entre votre tante et moi, il causa bien et sans prétention, et témoigna tant d'égards pour mademoiselle de Vieville, qu'il me parut doublement aimable. Il parla avec enthousiasme d'un de ses amis, le comte de Pahren, qui voyage en ce moment dans les Pyrénées. Il détailla les nombreuses obligations qu'il lui avait, et nous assura en souriant que, s'il n'était pas le plus mauvais sujet du monde, et entièrement ruiné, il le devait tout-à-fait aux exemples de M. de Pahren et aux services nombreux qu'il en avait reçus. Il s'accusa franchement de tous ses défauts, pour faire valoir davantage les qualités de son ami.

Alicie, que j'observais attentivement, écoutait avec plaisir une conversation si différente de celle à laquelle nous sommes accoutumées.

Au sortir de table elle monta comme à l'ordinaire dans le cabinet d'étude de vos filles ; elle en descendit un peu plus tard que les autres jours : cela me déplut, je n'aurais rien voulu remarquer de différent dans sa conduite, et je pensai que peut-être elle craignait de se retrouver avec M. de Bligny. Que vous dirai-je, mon amie? je suis poursuivie de l'idée que cet homme bouleversera notre destinée, et j'éprouve une inquiétude dont toute ma raison ne peut me rendre maîtresse. Je sais qu'Alicie, réfléchie, raisonnable, modeste, repoussera tout sentiment en opposition avec ses devoirs; mais ne suffit-il pas qu'elle combatte pour que je sois affligée? Son repos une fois troublé, le mien est perdu sans retour : ce n'est pas assez qu'elle soit toujours vertueuse, j'ai besoin qu'elle n'ait pas un regret, pas le moindre reproche à se faire, enfin je veux ce qui n'est pas, je crois, possible, qu'elle soit tout-à-fait heureuse.

Lorsqu'elle a été sortie du salon, M. de Bligny a vanté le charme de sa figure, la grâce de sa taille, mais avec une retenue fort opposée aux ridicules exclamations à la mode. Votre tante enchantée d'entendre louer sa favorite, s'est étendue sur les vertus, les talens et le caractère d'Alicie. Le marquis est devenu rêveur, et s'est retiré sans avoir repris sa première gaieté.

Le gros comte de R..., toujours prêt à critiquer, m'a raconté de M. de Bligny plusieurs anecdotes fort peu édifiantes. Il m'a assuré qu'il était joueur, étourdi, cherchant à compromettre toutes les femmes, et a fini par me dire qu'il ne concevait pas que mademoiselle de Vieville pût admettre un aussi exécrable sujet dans son intimité. J'ai observé que des conseils, une longue absence pouvaient avoir changé M. de Bligny. « Ah, bah! a répliqué M. de R..., on ne
» corrige pas le naturel, et celui de ce jeune
» homme est corrompu à jamais ; quelque mo-
» tif que j'ignore le porte à faire le bon apôtre
» dans cette maison. Peut-être a-t-il la folle idée
» d'épouser madame de Roseville ; mais certai-
» nement il n'est pas corrigé. Vous verrez si je
» me trompe. »

Je vous conjure, ma chère Amélie, de tâcher de rencontrer M. le comte de Pahren, et de le questionner beaucoup sur son ami. Si je m'aperçois que mes craintes aient le plus petit fondement je quitte Paris immédiatement et retourne à M***. Il m'importe dans tous les cas de savoir quel est précisément le caractère de M. de Bligny; lors même que ma fille resterait indifférente à ce qui le concerne, il faudrait éclairer mademoiselle de Vieville, si son attachement était mal placé : ainsi je vous supplie de me mander le plus tôt possible tout ce que vous apprendrez à ce sujet.

Je ne vous parle pas de votre voyage, et c'est un tort que je me reproche sans pouvoir le réparer. Je suis aujourd'hui absorbée dans une seule idée : il faut qu'elle ait bien de l'empire sur mon imagination, puisqu'elle me distrait de ce qui vous intéresse. Ma préocupation ne durera pas, je l'espère; je ne pourrais supporter long-temps l'anxiété que j'éprouve. Ecrivez-moi, rassurez-moi, dites-moi que je suis folle de me créer des chimères. Tâchez de me prouver que j'ai tort, ce sera ajouter à tout ce que je vous dois.

Adieu, mon amie. Je vous aime, vous le savez ; jugez donc de la peine que me cause la possibilité de m'éloigner de vos enfans que vous m'avez confiés. Alicie s'est occupée aujourd'hui comme de coutume; elle est calme, douce comme toujours; mais enfin elle s'est intéressée à un jeune homme, ce qui suffit pour justifier mes inquiétudes.

Caroline Dorcy.

Laure et Marie se portent à ravir; elles sont studieuses et bonnes. J'ai bien promis de vous le dire.

LETTRE XLI.

LA COMTESSE DE ROSEVILLE A MADEMOISELLE DE VIÉVILLE.

Madame la marquise de C... et la comtesse de... a Bagnères. — Leurs inconséquences. — Quelles en sont les suites. — Cascades de Grip. — Repas que l'on y fait. — Madame la comtesse de Saint-D... s'y grise. — Auberge de Grip. — Hospitalité des montagnards. — Grotte de Campan. — Inscriptions qui s'y trouvent. — Madame de Montagu. — Saint-Sauveur. — Route difficile. — Grotte de Gèdre. — Le chaos. — Gavernie. — Détestable auberge. — Soupe a l'ognon. — Famille désolée. — Le croup. — L'eau de tamarin seul remède des montagnards. — Madame de Roseville sauve la vie a un enfant. — Le curé. — Les paysans consultent les devins. — Fête champêtre. — Repas improvisé. — L'izard, espèce de chamois. — Église de Gavernie construite par les templiers. — Douze têtes de ces infortunés. — Brèche de Roland. — Passage du mont Saint-Bernard.

Bagnères de Bigorre.

Fuyant le tumulte du monde, ma chère tante,

et cherchant à m'en reposer, j'étais venue ici persuadée que j'éviterais tout ce qui me déplaisait dans la société; eh bien! c'était une erreur. Je me retrouve entourée de tout ce que je fuyais; et pour m'y soustraire, je partirai demain pour Saint-Sauveur. On y est, dit-on, infiniment plus tranquille, le nombre des voyageurs y étant moins grand, et la ville n'offrant pas les ressources de celle-ci.

Je voulais en arrivant ici ne faire aucune visite, et borner mes plaisirs à monter à cheval et à faire quelques excursions dans les montagnes. Cela n'a pas été possible. Plusieurs dames étant venues me voir, il a fallu aller chez elles pour ne pas paraître impolie. Les engagemens pour dîner, pour passer la soirée dehors, sont arrivés les uns après les autres; j'ai été obligée de rendre toutes ces politesses, de consentir à aller *à la redoute*, enfin à mener une vie opposée à celle qui me plaisait. J'étais contrariée de cette dissipation, surtout à cause de Sophia, qui, avec douceur mais persévérance, m'a priée en grâce de ne pas la forcer à me suivre. Elle a prétexté son deuil, la faiblesse de sa santé, pour rester chez elle; et ma tante m'accompagnant, cette pauvre petite était toute seule; ce qui ne convient pas à sa mélancolie. Il lui faut les soins constans de l'amitié, et je ne pouvais les lui rendre ; cette raison plus que toute autre m'a déterminée à quitter Bagnères, vrai Paris en miniature.

J'y ai rencontré mesdames de C..... de G.... s'y faisant remarquer par leurs singularités, et s'y permettant les démarches les plus inconsidérées. C'est une fatalité que ces dames veuillent absolument gâter les dons heureux qu'elles tiennent de la nature, en cherchant à faire mieux qu'elle. Que ne se contentent-elles d'être jolies et spirituelles, sans chercher encore à être *bizarres!* Elles sont allées, déguisées en paysannes du pays, donner des sérénades sous les fenêtres de plusieurs jeunes gens qui les suivent dans toutes leurs courses ; cela s'est su, et a produit un fort mauvais effet. Une conduite pure ne suffit pas pour conserver une bonne réputation, et de pareilles inconséquences font souvent autant de tort qu'une faute véritable. Mesdames de C... de G.... m'en offrent une nouvelle preuve. On ne peut leur reprocher que leur étourderie ; elle a suffi pour éloigner d'elles toutes les femmes se respectant; et les voilà exclues de a société qui leur convient.

J'ai visité ce matin une papeterie fort belle, qui se trouve sur la route de Campan. Aimant à avoir une idée exacte des choses que je vois, je me suis fait expliquer tous les procédés de cet établissement; j'ai voulu essayer de faire une feuille de papier, sur laquelle je vous aurais écrit; rien ne me paraissait si aisé; et cependant il m'a été impossible d'y réussir, ce qui a fort amusé les ouvriers. Ils s'étaient rassemblés pour être témoins de mon travail. Ma gaucherie les a fait rire, et leur gaîté a redoublé en recevant le prix de la complaisance qu'ils avaient mise à tâcher de me rendre moins maladroite.

Sophia a appris ici à faire des tricots charmans. On fait de cette manière des couvre-pieds, des robes et des écharpes très-jolies, qui se vendent fort bon marché. Je voulais vous en envoyer; mais Sophia s'est chargée de faire ma commande, et elle y travaille avec un zèle soutenu. Dès qu'il est question de m'être agréable d'une manière quelconque, elle prend une activité d'autant plus remarquable, qu'elle ne lui est pas ordinaire. Je l'aime chaque jour davantage, et je crois qu'elle s'attache à moi en proportion de ce qu'elle m'inspire. Je lui servirai de mère, et m'estimerai bien heureuse d'assurer son bonheur, en lui faisant trouver un époux qui lui convienne. Quand je lui parle de ce projet, elle me répond qu'elle ne se mariera jamais, ne voulant pas me quitter; et le reste du jour, elle éprouve un redoublement de tristesse, qui me persuade de plus en plus que son cœur n'est pas libre. Que je la plains d'être forcée de renoncer à celui qu'elle aime! Qu'il est affreux d'avoir rencontré l'homme qui devait nous fixer, et de l'avoir perdu! Personne plus que moi ne peut compâtir à un tel chagrin, puisque c'est celui qui empoisonne ma vie!

Saint-Sauveur.

Je n'ai pu continuer cette lettre à Bagnères, ma chère tante, ayant toujours été dérangée par cette foule de désœuvrés qui y abondent; ils m'ont entraînée dans plusieurs parties fort agréables ; mais j'aurais préféré cependant faire ces courses seule avec mon guide et une ou deux personnes partageant l'intérêt que m'inspirent ces beaux lieux. Il m'est insupportable d'être distraite de l'attention que je veux mettre à tout examiner, par de sottes conversations, des remarques dénuées de sens commun, ou des critiques absurdes; ici comme ailleurs, il est difficile de se soustraire aux politesses exigées par l'usage, et de suivre sa volonté sans s'inquiéter de celle des autres. Nos caravanes étaient donc très-nombreuses, *la liberté des eaux* permettant à tous les ennuyeux de se faufiler partout. Cette liberté tant vantée est une parodie de celle invoquée dans nos temps de malheur; elle est ou tyrannique ou licencieuse, et ne laisse qu'aux gens qui savent tout braver la faculté de faire ce qui leur convient.

Nous avons été voir les fameuses cascades de *Grip*, admirables par la rapidité de leur chute, le volume de leurs eaux. Elles tombent au travers de roches et d'arbres, qui les divisent en plusieurs gros bouillons, et elles se transforment avant d'arriver au bassin qui les reçoit, en une poussière humide : cette rosée bienfaisante s'étend au loin, et fait naître des fraises délicieuses; elles offrent aux voyageurs un déjeuner champêtre, que des pâtres obligeans augmentent, en apportant des jattes de crème parfaite. Pris sur les bords fleuris de ces cascades, ces repas sont préférables à tout autre ; aussi ai-je été indignée, en voyant plusieurs femmes s'en moquer, et faire déballer auprès d'un buisson de rhododendrum des pâtés aux truffes et du vin de champagne * : c'était un contre-sens, au-

---

* Outre le ridicule de transporter le luxe de Paris là où il est si loin d'égaler celui de la nature, ces *piqueniques* gastrononomiques ont d'ailleurs quelquefois de graves inconvéniens.

Madame la comtesse de Saint-D*** étant il y a quelques années à Bagnères, se rendit à Grip et fit porter près des cascades le déjeuner le plus recherché et les vins les plus fins. Elle se livra avec tant d'empressement au plaisir d'y faire honneur, et de faire raison aux montagnards qu'elle invitait par son exemple, que l'on fut obligé *de la porter* dans une cabane. Elle y fut pendant plusieurs heures horriblement malade. Cette fin dégoutante d'une partie agréable fut le sujet de toutes les conversations des buveurs d'eau ; ils affectèrent de faire demander le lendemain des nouvelles

quel il aurait fallu joindre celui de venir là en robe lamée et en toque à plumes.

Que l'on profite de la recherche de nos célèbres cuisiniers, pour exciter dans les villes un appetit usé par la satiété, qu'un atmosphère infect ne pourrait réveiller, je le conçois ; mais en présence de tous les bienfaits de la plus riche nature, respirant l'air embaumé des montagnes, doit-on avoir recours à un autre luxe qu'à celui des objets qui vous entourent ?

Je n'ai voulu accepter que les mets des montagnards, jamais je n'ai rien trouvé de meilleur que leur pain bis trempé dans leur laitage, proprement servi dans des vases de bois bien blancs ; et j'ai mangé avec délice les fruits apportés par de jolies jeunes filles, dans de légères corbeilles d'osier, tressées au moment même, avec une adresse et une promptitude incroyables.

Grip n'est qu'un hameau composé de quel-

---

de l'indisposition de madame de Saint-D***. Pendant plusieurs jours cette dame fut obligée de rester chez elle. Une autre aventure vint heureusement pour elle détourner l'attention du public.

ques chaumières parsemées sur les deux rives de l'*Adour :* presque toutes sont semblables, un champ, un petit jardin et un bosquet d'aulnes forment tout le patrimoine d'une famille, souvent nombreuse ; elle semble avec si peu avoir encore du superflu, par l'extrême empressement qu'elle met à présenter aux étrangers du lait, des fruits, et du *milliasse*, cuit au coin de l'âtre unique autour duquel se réunit le soir cette tranquille et heureuse peuplade ; tous ses vœux sont comblés, elle ne désire que ce qu'elle possède, chérit les montagnes qui l'ont vue naître, et n'est tourmentée ni par l'envie, ni par les passions, ni par l'ambition : n'est-ce pas là le bonheur ?

Une auberge fort propre offre, pour toute ressources, du fromage, des œufs, des truites, particulièrement bonnes dans l'*Adour*, et du vin un peu aigre ; on s'y arrête cependant toujours, pour y jouir de la beauté du site, qui fait oublier la mauvaise cuisine.

En revenant à Bagnères nous avons fait une station dans la grotte de Campan, trop connue pour que je vous en parle ; tous les étourdis qui étaient avec nous se sont empressés d'inscrire leurs noms sur les murailles brutes des carrières; elles ont fourni tous les marbres les plus précieux de Versailles et de Trianon : ces messieurs n'ont point été effrayés des impertinences ajoutées au bas d'inscriptions semblables à celles dont ils prétendaient embellir ce lieu : je n'ai pas été si courageuse, et ne voulant pas être en butte aux plaisanteries de ceux qui me succèderont dans cette caverne, je me suis gardée d'y rien écrire : c'était bien assez d'avoir lu tant de sottises.

Me voici à Saint-Sauveur, d'où j'irai demain à Gavernie ; je ne fermerai cette lettre qu'en revenant, afin de vous écrire ce qui m'aura frappé le plus ; à mon retour je prendrai encore les eaux pendant quelques jours, et repasserai ensuite par Bagnères ; j'y ai laissé ma tante, effrayée de faire tant de choses en si peu de temps : je l'ai confiée aux soins empressés de son ami M. d'Uzer et de l'aimable madame de Montagu*, et nous irons ensuite à

---

* Madame la marquise de Montagu, possédant une belle propriété près de Bagnères, se rend tous les ans dans cette ville, pour y prendre les eaux. Sa santé a été détruite par une suite de chagrins cruels. Ils n'ont pu

Toulouse, pour m'occuper un peu de mes affaires : la terre de B... doit être en mauvais état, je donnerai les ordres nécessaires pour la restaurer, et me dirigerai par tout le midi, vers Paris, où je serai si heureuse de me retrouver près de vous.

Gavernie.

Vous savez, ma chère tante, combien je suis entêtée, et à quel point il est difficile de me faire renoncer à un projet qui me plaît; ainsi vous ne serez point surprise d'apprendre que contre le conseil de tous les habitans de Saint-Sauveur, j'ai voulu, bon gré mal gré, aller coucher à Gavernie, chose qui ne se fait jamais ; parce que l'on n'y trouve qu'une très-mauvaise auberge : poussée par une sorte d'inspiration, je me suis butée à suivre mon désir, et suis

altérer l'esprit le plus cultivé, et une douceur et une indulgence parfaites. Tous les étrangers s'empressent de lui être présentés, et de lui prodiguer leurs soins. J'ai eu tant à me louer de ses bontés, que je suis heureuse de les consigner ici, ainsi que les vertus dignes d'un meilleur sort.

partie avec Sophia, mes gens, deux guides, et le marquis de***, seul assez courageux pour affronter le danger de faire un mauvais souper, et d'avoir un détestable lit : m'ayant beaucoup connue à Paris, il n'a pas voulu me laisser partir sans lui, et à trois heures nous nous sommes mis en marche, montés sur nos excellens chevaux du pays ; il serait fort dangereux d'en avoir d'autres, car en plusieurs endroits la route est si difficile qu'il faut toute leur habitude et la sûreté de leurs jambes pour s'y risquer. Le passage de *l'Échelle* est surtout effrayant ; c'est un sentier étroit, suspendu en saillie sur un précipice d'une profondeur extrême, au bas duquel se trouve le Gave ; on voit sur la droite un reste d'une ancienne tour, construite dans l'endroit le plus resserré de la gorge contre les incursions des miquelets, qui venaient souvent essayer de désoler ce pays par des rapines et des meurtres.

Au mois de septembre 1708, quelques hardis montagnards y arrêtèrent sept cents de ces brigands et les précipitèrent dans le Gave. Ce passage quoique encore d'un aspect dangereux, n'offre plus aucun péril, grâce à la construction d'une corniche faite aux frais de la commune de Barèges. Le gouvernement n'y coopéra en rien.

Un peu plus loin, derrière la maison Palasset, est la jolie grotte de Gèdre ; elle est formée de deux rochers coupés à pic, tapissés de la mousse la plus fine et la plus verte, décorée de festons de convolvulus, retombant jusque sur les flots argentés d'une claire fontaine, et terminée par un dôme naturel de branches d'arbres entrelacées, dont les troncs, on ne sait comment, ont pris racine dans des blocs de granit. C'est une chose ravissante que cette retraite. Son souvenir est subitement effacé à la vue du quart de lieue de pays que l'on parcourt en sortant de *Gèdre*, et qui mérite parfaitement le nom de *chaos,* qui lui a été donné. C'est en effet un bouleversement complet de la nature qui après s'être probablement repentie de n'avoir offert jusque-là que des objets majestueux et gracieux, veut prouver qu'elle est aussi ingénieuse dans un sens contraire.

Des milliers de morceaux de roc, gros comme des maisons, ont roulé les uns sur les autres à la suite de l'éboulement d'une immense montagne. Se soutenant mutuellement, ils présentent à l'œil étonné des cavernes, des grottes, des précipices bizarres que des peintres n'oseraient inventer, mais que tous voudraient imiter. Le Gave, qui paraît comblé par ces fragmens devenus eux-mêmes des masses imposantes, se montre en plusieurs endroits, après s'être frayé avec peine un passage au travers ces décombres. Il s'élance quelquefois en superbes cascades dont l'écume blanche dissimule la couleur sombre d'eaux ordinairement noires par le contact des roches auxquelles elles empruntent cette teinte lugubre, en harmonie avec les alentours. Le bruit qu'elles font en entraînant avec elles tout ce qui s'oppose à leur force met le comble à l'horreur qu'inspire ce paysage, le plus sauvage que l'on puisse rencontrer. Je suis sûre que les anciens penseraient que c'est dans un pareil endroit que les Tytans de la fable, voulant escalader le ciel, entassaient montagne sur montagne. Moi qui rapporte tout ce que je vois à notre sainte religion, j'avoue que j'ai frémi en me trouvant dans cette vallée de désolation ; je croyais être à ce jour redoutable où tout sera détruit par la puissance qui a tout créé, à ce jour solennel où les morts seront jugés; je m'étonnais presque de ne pas entendre l'éclatante trompette annoncer l'approche d'une destinée éternelle, et je cherchais sur le sommet de ces pics terribles les anges exterminateurs, messagers d'une punition sans appel! J'éprouvai une impression tellement forte, que je me trouvai mal; il fallut me faire respirer le flacon de Sophia, dont en bonne Anglaise elle ne se sépare jamais.

Pas une herbe, pas un arbre ne reposent les yeux; pas un chant d'oiseau, pas un bêlement d'agneau ne rassurent l'imagination effrayée du silence morne de ces horribles lieux. A l'exception du mugissement lointain du Gave irrité, brisant ou renversant tout ce qu'il rencontre, vous n'entendez que le retentissement du pas des chevaux qui vous portent, et celui des pierres roulant sous leurs pieds, et tombant avec fracas dans l'abîme. Le regard fixe et les oreilles dressées de ces animaux prouvent qu'ils sont aussi très-effrayés de se trouver dans cet affreux désert. Tout-à-coup on entre dans la belle vallée de Gavernie; la Providence semble vouloir vous dédommager des émotions pénibles qui viennent de vous assiéger, en vous offrant le contraste le plus prompt et le plus complet. La verdure, les prés fleuris, les bois, reparaissent comme par enchantement; les troupeaux bondissent et animent des montagnes bien cultivées, couronnées par de riantes habitations; les chants joyeux des bergers s'unissant au son de clochettes argentines suspendues au cou de leurs brebis font sortir l'âme de la contraction cruelle dans laquelle elle était plongée depuis une heure. Nous avions réellement besoin de ces charmans tableaux pour nous remettre de ce que nous venions d'éprouver.

Le marquis s'était vanté d'avoir un véritable talent pour commander dans les auberges et pour y créer des ressources inconnues au vulgaire. Il prétendait avoir acquis cette science dans ses nombreux voyages; en conséquence il s'était constitué notre maréchal-des-logis, et dès qu'il nous vit parcourir le chemin délicieux qui s'ouvrait devant nous, il se détacha afin d'aller ordonner notre souper. Il nous assura qu'il serait excellent, et qu'il ferait lui-même un *tourain** digne des meilleurs cuisiniers gascons, ses compatriotes. Je lui conseillai de perdre un peu de sa confiance languedocienne pour ne pas encourir nos plaisanteries, en cas de non réussite. Il persista à dire que tout serait bien, et il partit.

Nous arrivâmes à sept heures à l'auberge; nous trouvâmes le marquis nous attendant sur la porte, avec la mine la plus allongée. Il nous déclara que toutes ses peines avaient été inutiles, et que nous ne pourrions trouver dans ce *mauvais bouchon* que du pain dur et du lait de chèvre qu'il détestait. Il me reprocha avec amertume d'avoir voulu absolument venir coucher dans un village où l'on ne s'arrête jamais que pour déjeuner. « Qu'allons-nous devenir ? s'é-
« criait-il douloureusement; madame la com-
« tesse, avec sa manie champêtre, n'a rien voulu
« emporter de Saint-Sauveur, et nous allons

---

* Soupe faite avec des oignons, des jaunes d'œufs et de la graisse d'oie. C'est la meilleure que l'on puisse manger dans le midi : le bœuf y étant rare, on n'y fait du bouillon qu'avec du mouton, ce qui le rend très-fade et souvent d'un goût désagréable.

« être réduits à un repas d'anachorète. Cela est
« désespérant, car je meurs de faim. »

Dans toute autre occasion j'eusse été très-fâchée aussi de ce contre-temps; mais l'extrême tristesse du marquis me donna une telle envie de rire que j'oubliai vite ce petit désappointement et j'entrai fort résignée dans la baraque qui usurpe avec effronterie le titre d'*hôtel*. Je trouvai deux grasses et fraîches paysanes riant aussi des exclamations de notre chevalier, et très-affairées de mettre de gros draps de toile grise dans deux lits gothiques, meubles à peu près uniques des deux chambres disponibles; l'autre était occupée par un jeune homme voyageant pour prendre des sites qu'il dessine sur un *grand livre tout d'or*, à ce que disent ces servantes, qui se louent fort de sa générosité; il est absent pour quelques jours. Le marquis fut obligé de se contenter d'un matelas qu'on lui mit par terre dans un cabinet; nos gens furent installés dans la grange.

Il faisait encore jour, et je proposai une promenade à pied; elle fut acceptée pour donner le temps à l'aubergiste de faire une nouvelle tournée dans le village afin de tâcher d'obtenir au moins quelques œufs.

Nous partîmes et suivîmes un sentier qui nous conduisit près d'une cabane très-propre. La porte en était ouverte, j'aperçus une jeune femme fort jolie pleurant beaucoup, et tenant sur ses genoux une petite fille qui paraissait très-souffrante. J'entrai sans réfléchir que je n'avais aucun droit de troubler une douleur si vive, et pour laquelle je n'aurais probablement aucune consolation à offrir. La pauvre mère, les yeux fixés sur son enfant, ne me vit que lorsque je lui adressai la parole pour lui demander qu'elle était la maladie de sa fille. « Ah! ma- « dame, me répondit-elle en essayant de se le- « ver, on ne le sait pas. Depuis deux jours j'ai « perdu trois enfans du même mal; voilà le der- « nier, » dit-elle en redoublant ses sanglots et en indiquant par un baiser l'objet qui paraissait devoir suivre promptement ceux si justement regrettés.

Le bruit d'une autre personne qui pleurait aussi me fit retourner, et le spectacle le plus déchirant fit couler mes larmes. Un montagnard, jeune et robuste, était assis sur un lit dont la couverture rejetée sur le chevet laissait apercevoir la forme de deux corps sans vie!... Le haut des petits capulets rouges m'annonça que deux filles venaient d'expirer. Je n'ai jamais rien éprouvé d'aussi déchirant que ce que je sentis en regardant ce groupe de douleur et de deuil.

M'approchant davantage de la malheureuse mère, prête à perdre le dernier espoir qui lui restât, j'examinai l'enfant : une toux à laquelle je ne pus me méprendre, l'ayant observée chez Laure il y a quelques années, me donna la certitude que le *croup* avait ravagé cette malheureuse famille.

Je demandai si on ne pourrait trouver des sangsues dans le village; on me répondit que l'on ne s'en procurait qu'à Saint-Sauveur. Je priai le marquis d'y envoyer sur-le-champ mon guide, avec promesse d'une récompense s'il revenait promptement. En attendant ce remède que je savais indispensable, je fis venir deux grains d'émétique, que l'on alla chercher dans ma petite pharmacie portative, et je les administrai moi-même à l'enfant : ma mémoire et mon habitude de soigner les malades de Roseville suppléaient à mon défaut de connaissance en médecine, et j'espérai être arrivée assez à temps pour sauver cette pauvre petite, près de laquelle je résolus de passer la nuit. Je renvoyai Sophia à l'auberge; cette chambre mortuaire produisait sur elle un effet terrible, et je craignais à tout instant de la voir s'évanouir. Elle voulut m'emmener, mais ma résolution était inébranlable ; je voulais ne quitter cet enfant que hors de danger (et dans cette maladie peu d'heures suffisent pour amener une crise favorable) ou après avoir prodigué à sa mère dans le cas contraire les consolations dont elle aurait un si pressant besoin, et que son mari aussi affligé qu'elle ne pouvait lui donner.

Des vomissemens violens effrayèrent d'abord ces parens infortunés si bien payés pour tout craindre ; mais la petite éprouvant ensuite du mieux, l'espérance ranima le charmant visage encore noyé de larmes de la jeune mère. A deux heures du matin mon guide revint avec les sangsues que nous appliquâmes au cou de la malade; bientôt après la rougeur du visage diminua, la toux devint plus rare, le pouls moins fréquent, la respiration plus libre, et la petite fille s'endormit. Je la fis doucement coucher sur le pied de ce même lit ou reposaient pour toujours ses sœurs; c'était le seul qui fût dans cette chambre, et, prenant sa mère par la main, je la fis mettre à genoux près de moi en lui disant à voix basse : « Prions pour les unes et adressons « des actions de grâces pour la guériron de l'au-« tre, car elle est assurée. » A ces mots le père se précipita à nos côtés, et jamais, j'en suis sûre, prières ne furent plus ferventes.

Le doux sommeil de l'enfant se prolongeant, j'eus le temps de faire plusieurs questions ; j'appris que plus de la moitié des familles du village avait à déplorer un malheur semblable à celui qui avait atteint mes nouveaux amis. Mariée à seize ans la jeune paysanne en avait vingt-six; elle venait de perdre une fille de neuf ans, et une de six. Elles avaient été précédées au tombeau par un frère encore au berceau, et l'enfant que je venais de sauver marchait à peine. Ces paysans étaient à leur aise, et leur bonheur ne fut troublé qu'au moment où la mort était venue s'emparer des objets de leurs plus douces affections.

A cinq heures la petite s'éveilla, et dit qu'elle ne souffrait plus. Ses parens se jetèrent à mes pieds et me dirent tout ce que la reconnaissance peut inspirer de plus naturel et de plus touchant.*Oh! combien dans ce moment, l'un des plus beaux de ma vie, je m'applaudis de l'idée que j'avais eue de venir coucher à Gavernie! De quel plaisir je me serais privée, si j'eusse cédé aux observations qui m'étaient faites à Saint-Sauveur! Quel doux souvenir j'emportais de ce lieu, où la Providence m'avait appelée! Sentant un peu de fatigue, dès que mon esprit fut rassuré, je retournai à l'auberge escortée par la sensible Rose qui, pour être mon guide, me faisait un grand sacrifice, celui de quitter sa fille pour quelques momens. J'exigeai qu'elle vînt dans la journée passer plusieurs heures avec moi, lui promettant que je lui expliquérais l'u-

* J'arrivai à Gavernie en 1822, *le croup* y était épidémique, et enlevait les enfans avec une promptitude effrayante. Deux officiers logés dans l'auberge pour surveiller le cordon sanitaire établi à cette époque, me contèrent qu'une malheureuse mère venait de perdre de cette cruelle maladie trois enfans en trois jours, et que le dernier était en danger. Je me rendis dans sa chaumière, et j'y découvris le spectacle de douleur décrit par madame de Roseville. Je demandai en vain des sangsues et de l'emétique, on m'apporta de l'eau de *Tamarin*, que faute de mieux je fis prendre à l'enfant malade. Ce remède le soulagea en occasionnant de vio-

sage qu'elle pourrait faire de différens remèdes que je lui laisserais, et qui seraient utiles à elle et à sa famille. Ce dernier motif la décida à m'accorder ce que je lui demandais.

En arrivant à l'auberge j'envoyai chercher le curé; il fut convenu avec lui qu'il prendrait, pour enterrer les enfans de Rose le moment où elle serait près de moi. Je lui témoignai l'étonnement qu'il n'eût pas chez lui quelques médicamens indispensables; il me répondit que les paysans étaient généralement très-incrédules en médecine, et qu'il serait inutile de chercher à les dissuader de la persuasion dans laquelle ils

lens vomissemens. Un des officiers présens envoya à Saint-Sauveur chercher des sangsues, et promit d'en faire l'application. Forcée de partir, j'ignorais le résultat de mes soins; mais un heureux hasard m'a fait rencontrer il y a deux ans ce même officier, qui m'apprit la guérison de ma petite malade.

Le gouvernement ne pourrait-il pas trouver le moyen de faire établir un dépôt des remèdes les plus nécessaires dans les communes éloignées des villes? Que de malheureux périssent faute de pouvoir se les procurer! Les curés et les maires seraient chargés de cette distribution, ce qui éviterait tout inconvénient dans le placement qu'on en pourrait faire.

sont, que *l'eau de tamarin* est une panacée universelle ; cependant pensant que la guérison que je venais d'opérer pouvait éclairer ses paroissiens, cet homme respectable me promit d'avoir chez lui un dépôt de sangsues, d'émétique, de vésicatoires, etc., qu'il distribuerait aux habitans qui s'adresseraient à lui. Il me fit le rapport le plus favorable sur mes protégés ; ils étaient l'exemple de la paroisse par la pureté de leurs mœurs et leur piété sincère.

Je remis au bon curé une somme suffisante pour l'acquisition de la petite pharmacie projetée ; et l'engageai beaucoup à dire par quels moyens j'avais guéri ma malade. « Que je suis » fâché, madame, me dit-il, que toute la com- » mune ne puisse vous voir ! Elle croira, peut- » être encore selon sa coutume, que cette gué- » rison est l'ouvrage de quelque sorcier, tandis » qu'en vous voyant elle serait sûre que ce se- » rait celui de quelque bon ange. » Je lui demandai s'il était vrai qu'en effet on crût encore à la magie. Il m'assura qu'on ajoutait foi aux *sorts*, aux présages, et que dans ce lieu si reculé il y avait des *tireuses de cartes* fort occupées.

Aucune exhortation, aucun sermon, ne pouvaient corriger de cette dangereuse manie de croire au merveilleux. Je quittai le curé, pénétrée de respect pour le caractère de cet homme de bien qui, depuis quarante années, vivait retiré dans les montagnes, uniquement livré au plaisir d'être utile et de bénir Dieu.

Je me couchai après son départ et dormis, dans mon mauvais lit, du sommeil le plus profond. A midi je m'éveillai. Sophia, levée depuis long-temps, entra dans ma chambre avec un air de satisfaction qui, comparé à sa tristesse de la veille, me parut extraordinaire. Craignant de dissiper cette gaieté en paraissant la remarquer, je ne fis aucune question. Elle me demanda si je ne voulais pas descendre pour déjeuner, et m'annonça qu'il avait été préparé dans le jardin sous un berceau de roses.

Je m'habillai à la hâte; je n'avais pas songé à manger tant que j'avais été émue par les scènes qui venaient de se succéder; mais plus calme, je sentais un appétit assez fort, pour me faire presque regretter de n'avoir que du pain et du lait. Je me rappelai bien vite ma bonne Rose, et je fus consolée du frugal repas que j'allais faire.

Je descendis, appuyée sur le bras de Sophia

qui, avec une vivacité qui lui est peu habituelle, m'entraînait avec rapidité, et me faisait descendre beaucoup plus vite que je ne voulais le vilain escalier noir conduisant à la cuisine. Nous la traversâmes presque en courant, et vous concevrez la douce émotion qui s'empara de moi, en voyant un berceau de feuillage, orné de mon chiffre et du mot *reconnaissance*, formé de roses sauvages. Vingt paysans m'attendaient, et m'offrirent les uns des œufs, les autres des fruits, du laitage, et ma pauvre Rose qui oubliait sa douleur pour ne se souvenir que de la consolation que je lui avais procurée, me pria d'accepter ce qui me rappellerait le bien que je lui avais fait; c'était une longue et grosse boucle de cheveux du plus beau blond, qu'elle venait de couper sur la tête de sa fille!.... J'en ferai faire deux bracelets pour mes enfans; ils leur plairont, et me feront du bien à regarder lorsque j'éprouverai quelque contrariété.

J'étais si attendrie que je me soutenais à peine. Je ne pouvais prononcer une parole; mes larmes seules témoignèrent que je n'étais pas ingrate. Sophia me conduisit doucement vers le berceau, où je trouvai le marquis triomphant.

prêt à me faire les honneurs d'un poulet rôti, d'une salade, de quelques légumes, et d'un morceau d'izard * grillé. Tous ces mets étaient

* L'izard est une espèce de chèvre sauvage, assez commune dans les Pyrénées. Il est moins grand que le chamois des Alpes et plus aisé à approcher. Sa chasse offre cependant assez de difficultés pour rendre très-fier l'homme qui abat un de ces animaux. Mais il est rare que des accidens graves resultent de ce plaisir, tandis qu'en Suisse ceux qui arrivent aux chasseurs de chamois sont fréquens et terribles. Cela n'empêche pas que presque tous les jeunes gens se livrent à cet exercice, qui chez eux est une véritable passion. Le fils qui lui doit la mort de son père ne s'en expose pas avec moins d'empressement à finir de même.

L'izard a comme le chamois des cornes noires et polies, mais plus petites. On en fait des hauts de cannes fort jolis; sa chair est estimée, et c'est un présent reçu avec reconnaissance qu'un quartier d'izard mariné avec soin; il oblige à donner un grand dîner pour faire part à ses amis d'une bonne fortune qu'ils rendront à leur tour plus tard. Dans ces provinces à *demi sauvages*, on ne sait pas jouir seul, et l'on rougirait de ne pas faire partager ses plaisirs aux autres; le bonheur de l'un devient ainsi celui de plusieurs.

Nous sommes plus civilisés; mais sommes-nous plus heureux avec notre égoïsme?

dus aux bons paysans qui, apprenant par Rose ce que j'avais fait pour elle, s'étaient empressés de mettre leur basse-cour et leur potager à contribution. Le curé, ayant reçu un quartier d'izard d'un chasseur des environs, avait voulu joindre son offrande à ceux de ses paroissiens.

Je fis à la hâte dresser quelques planches sur des tonneaux, on les couvrit de nappes bien blanches, chargées de tout ce que pouvait produire l'auberge et de ce qui venait de m'être offert, et je voulus que tous ces honnêtes montagnards partageassent le meilleur déjeûner que j'aie fait de ma vie.

Cette journée ne s'effacera jamais de ma mémoire; et je ne sentis jamais mieux le chagrin d'être loin de vous, ma chère tante. Vous eussiez été de moitié dans toutes les jouissances que je vous dois, puisque c'est vous qui m'avez appris à m'approcher du pauvre, à écouter ses plaintes, et à chercher à le secourir. Lisez, je vous prie, cette lettre à mes filles, elles verront que si on est assez heureux pour sentir le bonheur d'être utile, on est réservé aussi à celui plus grand encore de recevoir des témoignages des plus touchans sentimens.

Je suis restée entourée toute la journée de ces bons paysans. Ne pouvant les faire danser à cause du chagrin de la plupart d'entre eux, j'ai voulu leur procurer une distraction utile. Je me suis promenée avec eux sur les montagnes, et suis entrée dans l'église.

Le village de Gavernie appartenait autrefois aux Templiers. Ils y construisirent une chapelle et une maison d'hospitalité, et y résidèrent au nombre de quinze ou vingt. On me fit voir, sur une planche du chœur, douze têtes que l'on me dit être celles d'autant de ces infortunés chevaliers, qui furent massacrés le jour de la proscription de l'ordre entier. Triste monument d'un horrible arbitraire!...

Pendant le temps de notre course, un homme à cheval avait été à Saint-Sauveur acheter une foule d'objets nécessaires ou agréables à ces braves gens. J'en ai fait une loterie, qui a excité une grande joie; et, à huit heures, après un nouveau repas fort animé, tout le monde s'est retiré, et je me suis mise à vous écrire, pour vous faire partager tout ce que j'ai ressenti aujourd'hui.

Demain j'irai à la cascade; j'admirerai l'amphithéâtre du Marboré ; je verrai la brèche de Roland qui conduit en Espagne. Suivant une tradition du pays, ce preux chevalier trouvant partout des rocs inaccessibles, qui s'opposaient à son passage, saisit avec fureur sa *Durandal* terrible, et d'un seul coup sépara deux montagnes au travers desquelles il pénétra aisément dans ce royaume, où il voulait se signaler comme en France.

Il faut convenir que nous n'avons plus d'épées de cette trempe, ce qui n'a pas empêché cependant nos armées de franchir le mont Saint-Bernard. Nos descendans n'auront-ils pas le droit de douter d'un tel événement, comme nous avons peine à croire à la brèche miraculeuse de Roland? Il faut avoir vécu dans notre siècle d'audace et de bravoure pour pouvoir y ajouter foi. Adieu, ma bonne tante, ma seconde mère ; ah ! que je vous remercie de m'avoir appris à ne pas craindre d'approcher des infortunés !

Mille baisers tendres pour vous toutes.

Comtesse DE ROSEVILLE.

LETTRE XLII.

LE MARQUIS DE BLIGNY AU COMTE DE PAHREN.

LE MARQUIS DE BLIGNY RÉELLEMENT AMOUREUX.

Paris.

Mon ami, mon ami, remerciez-moi d'avance de la nouvelle que je vais vous envoyer; mais avant de poursuivre, préparez-vous à une joie extrême, et n'allez pas, après avoir supporté avec fermeté un violent chagrin, manquer de force pour soutenir la révolution qui va avoir lieu dans votre destinée. Soupçonnez-vous de quoi je vais vous faire part? Votre cœur ne vous a-t-il pas fait deviner ce que je suis si heureux de vous apprendre?

Sophia est retrouvée!... c'est un ange pour la conduite, et, suivant ce que j'ai recueilli de détails sur elle, vous êtes toujours aimé; car elle est triste et déteste le monde. Elle a perdu sa mère; c'est toute une histoire que je ne veux pas vous conter aujourd'hui, parce que je suis si transporté de joie que je ne saurais mettre en ordre un récit un peu long; qu'il vous suffise de savoir que Sophia est sous l'égide d'une amie parfaite qui la chérit comme sa fille, et qui voyage en ce moment avec elle. Où? allez-vous me demander. Voilà le plus charmant de l'affaire; c'est que ces dames sont à Bagnères ou à Saint-Sauveur; ainsi il dépend de vous d'être réuni très-incessamment à l'objet de votre amour. Je n'en démordrai pas, et soutiendrai toujours que ce terme est le seul qui peigne ce que vous inspire Sophia. Informez-vous donc immédiatement de la *comtesse de Roseville;* c'est elle qui est le mentor de notre intéressante fugitive; c'est d'elle que dépend votre bonheur et, ce qu'il y a de plus extraordinaire, probablement le mien.

Elle a laissé à Paris une tante qui l'a élevée, et qui est restée pour surveiller l'éducation de ses deux filles, qui ont pour gouvernante madame Dorcy.

Mademoiselle de Vieville, cette tante, était

intimement liée avec ma mère, et a toujours été pleine de bontés pour moi, excusant mes fautes lorsqu'elle ne pouvait les cacher. J'ai été la voir à mon retour, et j'ai trouvé près d'elle un ange. O! mon ami! quels yeux que ceux d'Alicie! quelle modestie, quelle taille ravissante possède cette ravissante créature, pouvant servir de modèle à la pudeur! J'en perds la tête, et cette fois *mon choix est raisonnable.* Tout le monde fait son éloge, loue la perfection de son caractère, s'étonne de l'absence si rare de toute coquetterie dans une jolie femme, et vante de plus des talens qu'elle cache avec autant de soin que les autres jeunes personnes en mettent à faire croire qu'elles en ont. Bref, si je n'obtiens sa main, je me tuerai bien certainement. J'ignore si elle a quelque engagement, mais je suis sûr qu'elle m'a à peine remarqué.

Je crois ne vous avoir pas encore dit qui elle est; mon Dieu, qu'importe ! *c'est elle !* voilà l'important; mais enfin vous voulez savoir le nom de ses parens, eh bien, elle est fille de M. Dorcy, capitaine mort au service de France dans la désastreuse campagne de Russie. Il n'a laissé à sa veuve et à son enfant qu'une modeste habitation, une réputation sans tache et sa croix. Ce sont des trésors dans ce siècle perverti, et je veux m'en rendre possesseur en épousant sa fille.

J'ai parlé de ce projet à mademoiselle de Vieville, qui en est enchantée; elle me conseille de vous prier d'en instruire madame de Roseville qui a tout pouvoir sur l'esprit d'Alicie. J'ai conté l'histoire de Sophia, qui n'avait pas dit un mot de ses anciennes relations ; mais qui, distraite et mélancolique, fuit les plaisirs de son âge pour se livrer à ses souvenirs. Elle est donc malheureuse, d'où je conclus que vous serez heureux; et moi aussi, car j'épouserai Alicie, n'est-ce pas? Oh! obtenez-moi sa main ou je meurs! pour cela, trouvez madame de Roseville, et écrivez-moi sur-le-champ le résultat de vos démarches. Je serais parti pour vous aider dans vos recherches, si je ne voulais rester ici pour essayer de plaire à *ma femme;* je jure qu'elle le sera..... Insensé que je suis! et si elle en aimait un autre.... mais non, c'est impossible, elle n'a pas même regardé un homme! j'en suis persuadé. Hâtez-vous, écrivez-moi, je serai au supplice jusqu'à l'arrivée de votre lettre. Celle-ci n'a pas le sens commun, vous me croirez tout-à-fait fou, et vous aurez raison; je le suis, et n'ai plus qu'une idée nette, celle de nos *deux mariages*. Adieu, adieu; je finis, pour jeter moi-même ce billet à la poste. Je ne me fie à personne pour l'y porter.

Marquis DE BLIGNY.

LETTRE XLIII.

Mlle DORCY A Mlle DERCOURT.

BIENFAISANCE DE M. DE BLIGNY. — LADY MORGAN. — SON INGRATITUDE ENVERS LES FRANÇAIS.

Je vous ai souvent, ma chère Zoé, parlé de Sophia, cette jeune Anglaise recueillie par madame de Roseville, et je vous ai dit combien son charmant caractère la faisait aimer, et à quel point sa tristesse douce, mais continuelle, nous intéressait. Moi seule, dans la maison, croyais que la perte de sa mère en était l'unique motif; je sentais si bien qu'à sa place je serais de même que je ne trouvais rien d'extraordinaire à ce que mon cœur eût éprouvé comme le sien. Les autres personnes étaient persuadées qu'une cause étrangère augmentait une mélancolie naturelle; on avait raison, car depuis peu de jours nous avons découvert que Sophia avait renoncé volontairement, sans que l'on puisse deviner pourquoi, à son mariage avec un homme excellent, plein de mérite, d'une grande naissance, et possesseur d'une belle fortune et qu'elle aimait avec tendresse; un ami de M. de Pahren (c'était le nom du prétendu de Sophia) a raconté toute cette histoire à mademoiselle de Vieville. Ces messieurs cherchaient en vain depuis plusieurs mois notre douce amie, et la joie de M. de Bligny a été aussi vive que touchante en apprenant que son cher Ludovic allait être heureux. J'ai rarement entendu exprimer avec une sensibilité plus vraie et plus communicative, un sentiment sincère; il faut avoir une belle âme pour sentir si profondément le bonheur d'un autre; et lorsque on apprécie si bien les charmes d'une véritable amitié, on doit être digne de l'inspirer.

Ce marquis de Bligny que je vois maintenant constamment est nouvellement de retour d'un voyage qu'il a fait en Angleterre. Il a été, dit-on, très-léger autrefois dans sa conduite. En regardant sa figure, en écoutant la conversation la plus sensée, j'ai peine à croire qu'il ait jamais eu des torts graves à se reprocher. On calomnie aisément dans le monde, et certainement c'est ce qui sera arrivé relativement à M. de Bligny, dont mademoiselle de Vieville vante le bon cœur, la piété filiale et la générosité. De telles vertus pourraient-elles s'allier aux vices qu'on lui a supposés? Ce serait en vérité presque les faire pardonner, et cela serait fâcheux. Leur entourage doit être aussi odieux qu'eux-mêmes, pour en donner l'horreur.

M. de Bligny, au reste, est absolument corrigé de sa passion pour les plaisirs bruyans, il vient régulièrement tous les soirs faire le tranquille piquet de mademoiselle de Vieville. La partie est souvent interrompue par quelques histoires, qu'il raconte avec une gaieté qui nous gagne tous, ou par le récit de quelques traits touchans qui font couler nos larmes. Il apporte des bonbons à mes élèves qui l'aiment à la folie, et m'en parlent toute la journée. L'autre jour mademoiselle de Vieville dit devant lui que la vieille grand'mère d'une de ses femmes de chambre s'était cassé la jambe, et que l'on craignait pour ses jours, ce qui serait d'autant plus fâcheux, qu'elle laisserait trois des enfans de son fils sans aucune ressource. Leur père fut tué à la même affaire que le mien. Ce souvenir me força de quitter la chambre pour aller pleurer de nouveau celui qui, de concert avec ma bonne mère, m'apprit le peu que je sais.

Je montai près d'Henriette, l'aînée des filles du soldat, et lui remis une faible somme pour son aïeule. Le lendemain elle vint dans ma chambre m'annoncer que cette bonne femme n'avait plus besoin de rien, M. de Bligny s'étant rendu la veille au soir chez elle avec un excellent chirurgien, qui devait y retourner régulièrement, et répondait de sa vie. Une garde ne la quittera pas : « Mes deux frères, ajouta Hen-
« riette, ont été sur-le-champ mis en appren-
« tissage chez un tailleur et un menuisier; et
« ma jeune sœur chez une lingère, par les soins
« de M. de Bligny ; de plus il a assuré trois
« cents francs de rente à ma grand'mère. Con-
« venez, mademoiselle, qu'un *mauvais sujet*
« comme celui-là vaut mieux que tous *ces*
« *petits savans bien sages qui s'en font accroire*,
« *et veulent qu'on les admire, parce qu'ils ap-*

« prennent quelques mots bien baroques, et
« *beaucoup de pièces de comédies*. Ils ne regar-
« dent seulement pas les pauvres gens; j'aime
« bien mieux un étourdi comme M. de Bligny,
« qui fait toujours du bien aux malheureux.
« Son valet-de-chambre m'en a conté tant
« d'actions bienfaisantes, que moi je le trouve
« un véritable ange. »

Je vous ai rapporté le discours d'Henriette pour vous prouver que je n'ai pas tort d'être persuadée que M. de Bligny vaut mieux que sa réputation.

Un vieux ami de mademoiselle de Vieville en dit un mal qui m'impatiente, car je déteste l'injustice; et, pour le faire enrager, j'ai raconté d'un air vainqueur, dans le salon, tout ce que m'avait dit Henriette. Mademoiselle de Vieville m'a approuvée; mais ma mère m'a interrompue avec un ton sec que je ne lui ai jamais vu prendre, en disant qu'elle était étonnée de me voir répéter des propos d'antichambre. Elle aura été influencée par monsieur de R.., dont je vous parlais tout à l'heure; ainsi les personnes les plus parfaites sont souvent les plus aisément égarées par de faux rapports; elles ne supposent pas le mensonge, et croient que pour dire du mal de quelqu'un il faut avoir la certitude de ce que l'on avance. Je ne pense pas de même ; et le nombre des méchans et des envieux est si grand, qu'il faut se méfier de tout, hors de ce que l'on voit par soi-même. Monsieur de Bligny voulait partir pour aller joindre son ami dans les Pyrénées, où se trouvent madame de Roseville et Sophia; mais des affaires le retiennent ici. Je suppose qu'il est question d'un mariage avantageux pour lui : il est bien digne de rencontrer une femme qui le seconde dans ses bonnes œuvres, et le console de l'acharnement qu'on met à le poursuivre. Il s'aperçoit très-bien de celui du comte de R...; il en parle en son absence à mademoiselle de Vieville, et n'en est pas moins plein d'égards pour ce vilain homme si injuste à son égard, et saisit toutes les occasions de louer son esprit et ses connaissances, que je crois assez bornées. Pardon de vous parler si longuement d'un inconnu pour vous. Mon impartialité me donne le désir de le venger, et d'en dire du bien à ma meilleure amie.

Il y a long-temps que vous ne m'avez écrit, ce qui me surprend. Quoique vous n'ayez plus de descriptions à me faire, vos lettres ne sont pas moins ardemment désirées ; et vous devriez en être moins avare, sachant le plaisir qu'elles me causent. Entraînée ici par mille devoirs qui, heureusement pour vous, sont ignorés à M*** ; obligée de prendre pour étudier les courts momens que j'ai de libres, j'ai bien peu de temps à moi ; cependant je trouve celui de causer avec vous ; et vous gardez le silence, vous qui pouvez disposer de plusieurs heures de la journée ! Est-ce donc là cette amitié dont vous m'aviez juré de me parler si souvent ?

Ayant accompagné mademoiselle de Vieville dans une brillante réunion, j'y ai vu une femme bien remarquable par son talent littéraire ; c'est lady Morgan, dont on nous a permis de lire plusieurs jolis ouvrages. J'étais étonnée de l'espèce de froideur que mettait mademoiselle de Vieville à louer un mérite reconnu, et de n'avoir pas vu chez elle, qui aime tous les gens de mérite, une personne aussi distinguée. Habituée à communiquer tout ce que je pense, je demandai à mademoiselle de Vieville ce qui la rendait dans cette circonstance si différente

d'elle-même. « C'est, me répondit-elle, que je
« n'aime pas les ingrats.

« Lady Morgan, devancée par la plus bril-
« lante réputation, fut reçue avec enthousiasme,
« à son premier voyage à Paris, par les savans,
« les gens de lettres et l'élite de la société. On
« cherchait toutes les occasions de lui être agréa-
« ble, de lui procurer les renseignemens qu'elle
« demandait pour un ouvrage commencé; enfin
« son séjour fut pour elle une suite de fêtes
« continuelles. Peu de temps après son départ,
« son ouvrage parut, et je fus indignée d'y
« trouver d'un bout à l'autre des récits menson-
« gers sur Paris, des plaisanteries outrées, et
« les moqueries les plus piquantes sur nos usa-
« ges. Blâmant tout, lady Morgan n'a rien vu
« chez nous qui mérite d'être loué. Il est sans
« doute naturel de préférer son pays à tout au-
« tre; mais pour le faire valoir on ne doit pas
« inventer ou dénaturer les faits, afin de rabais-
« ser un peuple, rival en plusieurs points de celui
« que l'on veut exalter, et qui lui est supérieur
« dans beaucoup de choses; je ne pense pas
« que rien puisse excuser l'écrivain qui paye
« la plus aimable hospitalité par une ingratitude
« aussi révoltante.

« Aussi je me contenterai de lire avec plaisir ses
« productions lorsqu'elles seront bonnes, mais
« je ne rechercherai jamais sa personne de
« peur de trouver le nom de mes amis ou le
« mien inscrit d'une manière désagréable dans
« un de ses ouvrages, et j'accorderai toujours
« plus de mérite à la noble impartialité de
« M. Pichot qu'au patriotisme exagéré des au-
« teurs anglais. »

Je n'eus rien à répondre à cette boutade de la personne du monde ordinairement la plus indulgente.

C'est un événement pour une jeune personne que la vue d'une femme célèbre, j'étais presque fière de me trouver dans le même salon que lady Morgan ; mais maintenant je ne suis plus si enchantée de l'avoir rencontrée, et j'aurais préféré conserver sur son caractère l'opinion que m'en avaient donnée ses écrits. Je ne conçois pas trop après ce qu'elle a fait, que tous les Français s'empressent de nouveau autour d'elle. C'est peut-être lui fournir de nouvelles armes contre eux ; au lieu d'admirer la générosité qui lui pardonne son ingratitude, elle se moquera sans doute de notre peu de rancune. Il est certain que les Anglais ne traiteraient plus bien ceux qui, reçus parfaitement chez eux, s'aviseraient ensuite de blâmer tout ce qui mérite d'y être admiré.

Adieu, chère Zoé. Voilà une lettre qui vous est presque étrangère. Vous avez exigé que je vous misse au courant de toutes mes impressions; je tiens parole, ce que vous ne faites pas. Cependant je ne veux pas croire que vous m'aimiez moins que je ne vous aime; dites-moi vite que j'ai raison de penser qu'entre nous tout est égal. Embrassez pour moi tendrement votre mère.

ALICIE.

LETTRE XLIV.

LE COMTE DE PAHREN AU MARQUIS DE BLIGNY.

Reconnaissance des habitans de Gavernie pour Madame de Roseville. — Le comte de* — Le marquis de*... — Ses torts envers une femme qu'il aimait. — M. de M..... fait un mariage d'argent. — Il se conduit mal pour sa femme. — Considération accordée à la fortune et aux dignités.

Bagnères de Bigorre.

Au retour à Saint-Sauveur d'une course de quelques jours dans les environs de Gavernie, j'ai reçu, mon ami, votre lettre m'annonçant que Sophia est dans ce pays, et qu'elle est, comme j'en étais sûr, toujours digne du tendre attachement que j'ai pour elle. Je suis, malgré cette nouvelle, encore poursuivi par le malheur, car j'ai habité la même maison qu'elle pendant quelques heures, sans deviner qu'un simple mur me séparait de la femme de laquelle dépend tout mon avenir.

J'étais parti seul de Saint-Sauveur pour me rendre à Gavernie. J'établis mon quartier général dans une assez mauvaise auberge; et emmenant un guide, je résolus de parcourir les montagnes agrestes environnant le village, afin de continuer à dessiner sur mon *Album* les vues des pays que je visite. J'annonçai à l'aubergiste que je serais absent plusieurs jours, et j'emportai la clef de ma chambre, dont je ne voulais pas que l'on disposât. Mon guide le surlendemain prit la fièvre ; ne voulant pas risquer de le voir plus malade dans des lieux éloignés de secours, je revins le soir assez tard à Gavernie. Je trouvai la maison bouleversée; les servantes montaient et descendaient l'escalier avec précipitation ; les portes s'ouvraient et se fermaient avec fracas; l'hôte affairé allait, venait et ne daignait pas me répondre quand je le questionnais ; un feu énorme était allumé dans la cuisine, plusieurs casseroles bouillonnaient sur les fourneaux, et sans un garçon d'écurie qui prit pitié de mon air étonné, je n'aurais pu apprendre la cause de tout ce mouvement si extraordinaire dans ce lieu paisible. Il voulut bien quitter un moment deux valets à livrée pour m'apprendre que, depuis la veille, une jeune et jolie dame, accompagnée de *sa sœur*, était installée à l'auberge ; qu'elle avait sauvé miraculeusement la vie à un enfant du village; qu'elle avait reçu et donné une espèce de fête, les paysans étant venus en masse lui témoigner la reconnaissance qu'inspirait à tous le service rendu à l'un d'eux. Je sus que cette charmante personne s'appelait la comtesse de Roseville, mais il me fut impossible d'obtenir d'autres détails, le garçon d'écurie me quittant à mon tour pour aller faire les honneurs de la grange aux gens de madame la comtesse.

La belle étrangère devant partir au point du jour, je me promis de guêter le moment où elle monterait à cheval, pour apercevoir celle qui laissait après elle de si doux souvenirs ; mais fatigué de mes courses je m'endormis profondément dans mon fauteuil, au coin de mon feu ; j'avais voulu y rester pour être sûr de ne pas manquer l'occasion d'admirer la beauté unie à la plus touchante bienfaisance. Ceci n'a rien de romanesque et vous indignera, car vous auriez été tout autrement à ma place ; aussi est-ce une confession bien humble que je vous fais. Je dormis donc si parfaitement, que le bruit qui se faisait dans la maison, pour préparer tout ce qui était nécessaire à madame de Roseville, ne m'éveilla pas. Lorsque je me levai en me frottant les yeux et en étendant les bras, il était dix heures, et depuis cinq, toute la cavalcade était partie. N'ayant aucun intérêt à la suivre, et ne voulant pas quitter mon guide avant qu'il ne fût rétabli, je restai à Gavernie encore huit jours, sans me douter que ma compassion me ravissait plusieurs heures de bonheur.

Revenu à Saint-Sauveur, je m'informai de madame de Roseville ; elle avait quitté la ville la veille ; tout le monde parlait d'elle avec enthousiasme, et ses bienfaits faisaient oublier presque sa beauté, qui n'était qu'un accessoire pour les malheureux qu'elle avait secourus. J'appris que la jeune personne qui était avec elle n'était point sa sœur, qu'elle était belle, en deuil, et s'appelait *Sophia*. Ce nom me causa une émotion extraordinaire, mais j'avoue que je n'eus pas l'idée que ce pût être celle que je cherchais depuis si long-temps; et dans cette occasion, comme dans beaucoup d'autres, je manquai à ce que doit éprouver tout amant bien épris; point de pressentiment qui me fît partir sur-le-champ, pas d'évanouissement, pas même le plus petit éblouissement. Ainsi vous voyez, mon cher marquis, que je suis loin d'éprouver ce que vous imaginez, et ce que vous avez senti cent fois avec la même ardeur.

J'entrai chez madame de Gontaut, espérant qu'elle pourrait me donner quelques détails sur madame de Roseville, dont la conduite me causait une véritable admiration; mais elle n'avait fait aucune visite, et je n'appris rien de nouveau relativement à elle, jusqu'au soir où je reçus votre lettre. En la lisant j'étais hors de moi et me désespérais quand je n'avais qu'à me réjouir; pour être ajourné mon bonheur n'en était pas moins certain; mais j'avais perdu huit jours heureux, et c'est beaucoup dans la vie! Aussi je les regrettai amèrement. J'appelai mon valet de chambre, je lui ordonnai de tout préparer pour mon départ, voulant qu'il eût lieu aux premiers rayons de soleil, en lui apprenant la cause de l'agitation qu'il remarquait en moi, j'avais besoin de parler de ma joie ; je fus presque en colère de ne pas la voir partagée par mon vieux compagnon. Je crus, tant mon imagination était frappée, remarquer sur sa figure une teinte de mécontentement, et je trouvai qu'il exécutait mes ordres avec plus de lenteur qu'à l'ordinaire. Pour la première fois je le brusquai, ce dont je me repentis ; et pour me remettre je descendis chez madame de Gontaut, pour lui faire part du changement survenu dans ma position. Je fus vivement touché de la manière dont elle m'exprima le plaisir qu'elle éprouvait à me voir heureux. « Votre bonheur pouvait seul me consoler de votre départ, » me dit-elle. Je lui promis de lui écrire aussitôt que j'aurais rejoint ces dames, et de lui donner des détails sur le motif qui a pu déterminer Sophia à me fuir.

Je partis pénétré des bontés de madame de Gontant, et me hâtai d'arriver à Bagnères par le chemin le plus court. Madame de Roseville en a pris un autre, et n'est point encore de retour ; mais elle est attendue ce soir ; ainsi, dans quelques heures, je serai le plus heureux des hommes, et il ne me manquera plus que vous. Apprenant qu'une tante de madame de Roseville était restée ici, je lui ai écrit pour lui demander un moment d'entretien, qui m'a été accordé sur-le-champ.

J'ai trouvé une bonne vieille dame, ayant toute la politesse cérémonieuse de l'ancienne cour, mais sachant écouter, chose rare dans un âge où on croit n'avoir qu'à instruire les autres, ou à les intéresser par le récit du passé, que les vieillards jugent toujours être plus parfait que le présent. J'ai conté mon histoire; elle a excité des transports de joie très-vifs, et j'ai eu lieu d'être satisfait de tout ce qui m'a été dit de Sophia. Elle n'a jamais parlé de moi, ainsi je ne puis encore concevoir son départ précipité. Il est convenu qu'avant de lui annoncer mon arrivée je me concerterai avec madame de Roseville, afin d'éviter une émotion trop forte.

Le souvenir de l'heureux temps de notre séjour dans le pays de Galles rendra plus amer celui d'une mère ravie à l'amour le plus tendre; et peut-être cette sensation douloureuse atténuera-t-elle le plaisir qu'éprouvera Sophia à retrouver un ami plus dévoué que jamais. Je ne suis pas sans inquiétude sur mon entrevue avec elle; car enfin, avec un caractère aussi réfléchi, aussi raisonnable que le sien, on ne renonce pas à l'homme que l'on préfère sans un motif puissant; et alors ne dois-je pas craindre qu'il ne soit un obstacle à mon bonheur? N'importe, il faut sortir de l'incertitude dans laquelle je me trouve, et connaître mon sort.

Madame de Granville m'a fait un éloge de sa nièce, qui me paraîtrait exagéré, si je ne savais par des étrangers qu'il est parfaitement juste. J'ai un extrême désir de connaître une femme si occupée des autres, et si peu d'elle-même. J'en serai, dit-on, fort bien reçu, parce que je ressemble d'une manière frappante à l'époux qu'elle a perdu. Maintenant que je vous ai longuement entretenu de ce qui m'intéresse, parlons un peu de vous, mon ami. Vous pardonnerez à l'homme que vous supposez amoureux d'avoir l'égoïsme de son état d'amant; je ne vous fais nulle excuse d'avoir commencé par ce qui me concerne, étant persuadé que vous y prenez une part égale à celle que je prends à la réussite de vos projets.

Cette fois, en effet, je les approuverai probablement. Vous savez combien je condamne ce que l'on nomme si improprement dans le monde des mariages de convenances; ainsi je serai charmée de vous en voir contracter un avec une personne bien élevée, pleine de vertus et de talens, et pouvant conséquemment vous faire aimer votre intérieur. Un caractère aimable, des qualités solides, une famille estimable, voilà les *seules convenances* qui me paraissent devoir être consultées par la raison, et je pense que votre Alicie les réunit toutes. Madame de Granville la connaît assez pour m'avoir confirmé ce que vous m'en avez mandé; elle m'a de plus montré plusieurs lettres dans lesquelles on ne cesse de louer mademoiselle Dorcy et sa mère ; ainsi, mon cher marquis, continuez à la bien étudier, et aussitôt que madame de Roseville m'aura donné de nouveaux renseignemens, je vous les écrirai avec franchise, et vous agirez d'après eux.

Je suis absolument de votre avis relativement à mesdames C..., d'O... et de Saint-D...; les exemples de ce genre pourraient être fort multipliés; mais dans tous les pays civilisés, la fortune ou un grand nom font excuser des fautes semblables, et de plus graves encore, même dans notre sexe, qui, étant le plus fort, devrait être plus irréprochable. Par exemple, êtes-vous moins révolté de voir bien accueillir dans la société M. le comte de..... affichant un luxe effréné, que ne peut lui permettre le modeste héritage de son grand-père, et qui charge une actrice de payer des dettes contractées avec d'autres femmes avilies?

Trouvez-vous simple l'espèce de considération dont jouit le marquis de..., qui, après avoir eu une longue liaison avec une femme dont il paraissait fort amoureux, l'abandonne au moment où cette infortunée va le rendre père, sans s'occuper le moins du monde du sort de son enfant? Devenu riche, il n'a plus besoin de celle, qui, pour l'obliger lorsqu'il était pauvre, vendit son argenterie et des bijoux; aussi s'inquiète-t-il fort peu de ce qu'elle peut devenir désormais.

La veille du jour d'une rupture que rien dans ce moment ne pouvait faire prévoir à sa victime, il accepte d'elle plusieurs choses d'une valeur assez considérable; et, le lendemain, il la quitte pour toujours!... Vous n'en faites pas votre ami, je le sais ; mais enfin vous lui parlez quand vous le rencontrez; vous ne lui témoignez pas le mépris que doit inspirer sa conduite. Cela est tout simple, il est pair de France!....

M. le marquis de... ayant épousé pour son argent la fille naturelle d'une duchesse, et se séparant aussitôt que la dot est mangée, est-il estimable? Non, sans doute ; cependant il est reçu partout, et vous ne lui tournez pas le dos lorsqu'il vous adresse la parole.

Puisque la démoralisation est portée au point de ne plus remarquer de pareils torts, il faut se résigner à ne pas les blâmer ouvertement, car on se ferait beaucoup d'ennemis, sans changer rien à la marche des choses; il ne faut pas non plus que votre esprit de corps tolère de pareils vices dans les hommes, et vous fasse accabler les femmes pour ceux qu'elles peuvent avoir à se reprocher. L'espèce humaine est mauvaise ; mais en vérité, nous ne sommes pas meilleurs que ces dames; et leur faiblesse est une excuse que nous ne pouvons alléguer en notre faveur. Défendons-les donc, au lieu d'aggraver leur malheur par des critiques amères qui pourraient nous être rendues.

Je vous quitte pour retourner causer avec madame de Granville, chez laquelle je dîne. J'éprouve une agitation qui m'empêche de me trouver bien nulle part; cependant, je crois que je me plairai près de la personne qui écoutera avec intérêt tout ce que je lui dirai de Sophia, qui consentira à répondre à toutes mes questions, et qui me donnera l'assurance que votre choix assurera votre bonheur. Adieu donc, mon ami, bientôt j'espère, nous serons réunis, pour ne plus nous quitter. Quelle délicieuse idée que celle de voir *nos femmes* liées ensemble comme nous le sommes! Adieu, adieu.

Comte DE PAHREN.

LETTRE XLV.

LA C˙ʳᵉ DE ROSEVILLE A M˙ˡˡᵉ DE VIEVILLE.

Lourdes. — Grottes des environs. — Chute grave. — Soins donnés dans une chaumière. — Bon ton du propriétaire. — Il a été militaire et a obtenu la croix a la bataille de la Moskowa. — Sa rencontre dans le fond des Pyrénées avec le marquis de *...., fils du maréchal, son bienfaiteur. — Belle réponse d'un très-jeune officier le jour d'une bataille.

Lourdes.

Je devrais être à Bagnères depuis six jours, ma chère tante, mais un petit accident m'a forcée de rester ici. Pour ne pas inquiéter madame de Granville, je lui ai écrit qu'elle ne fût pas étonnée de ce retard, parce que j'allais faire une course dans les environs de cette jolie ville ; que je ne lui écrirais même plus, et ne pouvais préciser le moment de mon retour. Voici ce qui m'est arrivé ; puisque je vous en parle, c'est vous prouver que tout danger est passé.

Mon étourderie ordinaire, dont l'âge ne me corrige pas, m'a fait vouloir grimper à cheval une montagne que mes gardes me conseillaient de gravir à pied; m'étant fort bien tirée de toutes mes excursions, et n'ayant pas jusqu'ici eu à me repentir de mon entêtement à n'écouter que ma mauvaise tête, je suis partie, montée sur mon palefroi, et, avec le courage d'une nouvelle *Bradamante*, j'ai annoncé l'intention de braver tous les périls. Sophia et le marquis, tout en murmurant, suivaient; mais leur hésitation m'impatientant, je mis mon coursier au galop, et laissai mes timides compagnons assez loin de moi. Passant devant des grottes creusées dans une montagne calcaire, je voulus les visiter, et sans attendre personne, je sautai à bas de mon cheval et entrai dans ces sombres cavernes, dans lesquelles on ne pénètre jamais qu'avec des flambeaux. Je trouvais beau de faire autrement que les autres, et me voilà dans ces ténèbres, riant des nouveaux sermons qui allaient m'être adressés sur une imprudence qui me paraissait très amusante; mais l'entrée de ces grottes est étroite et difficile, et je fus punie de ma ridicule témerité, en recevant à la tête un coup si violent que je tombai sans connaissance à la renverse. En revenant à moi, je me trouvai dans un bon lit de paysan, entourée de mes amis, de mes guides et d'une nombreuse famille de montagnards ; tous firent un cri de joie en me voyant ouvrir les yeux ; je voulus parler ; un grand homme qui me tenait le bras me conjura de ne pas dire un mot, et força tout le monde à se retirer, excepté ma bonne Sophia qui, noyée de larmes, déclara qu'elle ne me quitterait pas. Ce que je pus savoir en ce moment, fut que je venais d'être saignée, et qu'un médecin de Lourdes répondait que cette chute n'aurait aucune suite fâcheuse. Il me recommanda le repos le plus absolu, et me fit boire une potion calmante qui me fit dormir plusieurs heures de suite.

A mon réveil, je me trouvai assez bien, mais horriblement courbaturée, et dans l'impossibilité de me lever. Sophia me raconta que m'ayant vu entrer dans ces grottes, un des guides effrayé s'était promptement détaché pour aller chercher des flambeaux de résine qu'il jugeait indispensables pour éviter les accidens, et que les autres membres de notre cavalcade étaient venus à toute bride pour m'empêcher de pénétrer plus avant. On me trouva étendue et couverte de sang, une pointe de roche m'ayant fait à la tête une blessure assez profonde. On fit à la hâte un brancard de branches, sur lequel je fus doucement portée dans une chaumière voisine. Un chirurgien que le marquis avait été chercher arriva peu de temps après, et jugea la saignée indispensable. Sophia ne me fit pas un reproche, mais le changement de sa figure en était un bien cruel; et, pour calmer ma conscience bourrelée d'avoir inquiété une amie si parfaite, je promis de suivre exactement tout ce qui me serait prescrit. C'était bien le moins que je pusse faire; mais j'avoue que j'étais bien impatientée d'être ainsi arrêtée au moment où j'allais revoir ma bonne tante Granville, après une longue absence.

Le marquis vint me voir le lendemain, et commençait déjà une suite de représentations sur les conséquences de mon obstination ; Sophia ne lui donna pas le temps de les achever, et plaçant sa jolie main sur la bouche de l'éloquent prédicateur : « Madame de Roseville souffre, lui dit-elle, comment songer à autre chose qu'à la soulager ? » Le caractère de cette angélique créature est tout entier dans cette phrase. Elle oublie toujours ce qui l'afflige, pour ne penser qu'à consoler les autres.

Je suis restée trois jours dans cette chaumière, où tous les soins m'ont été prodigués avec un empressement auquel l'hospitalité des montagnards m'avait habituée ; mais je remarquai chez mes hôtes plus de zèle encore ; la femme jeune et jolie ne me quittait pas. Son mari s'était chargé de surveiller leur quatre enfans ; sa haute taille, une figure martiale et le ruban rouge qu'il portait à sa boutonnière, rendaient plus frappant et plus touchant l'emploi qui semblait en opposition avec ses habitudes et dont il s'acquittait avec une patience et une douceur admirables.

Je lui demandai depuis quand il était retiré

dans ces montagnes, et s'il s'y trouvait heureux. Il me répondit qu'il avait quitté le service dès que *son temps* avait été fini. « Si on eût
« continué à se battre, ajouta-t-il, je n'aurais
« certainement pas pris mon congé; mais pour
« garder un drapeau qu'il n'y a plus à dé-
« fendre, j'ai pensé qu'il y avait toujours assez
« de monde. D'ailleurs, qu'est-ce que le mé-
« tier de soldat lorsqu'il n'y a plus de dangers
« à courir? Une épaulette acquise sans gloire
« ne me tentait pas. Ce ruban, dit-il en s'at-
« tendrissant, a été obtenu sur le champ de
« bataille de la Moskowa; après une telle ré-
« compense, mon ambition n'avait plus rien à
« désirer. Mon cœur jadis uniquement pas-
« sionné pour mon chef, avait besoin de repos;
« je revins dans mon pays; j'y vis Marie, je
« l'aimai, elle m'aima; je la demandai, je l'ob-
« tins, et depuis huit ans nous ignorons ce que
« c'est que le chagrin, le plaisir ne nous
« quitte pas, entourés de nos vieux parens et
« de nos jeunes enfans que nous soignons
« tour à tour... J'étais sergent de grenadiers;
« je suis laboureur. Je tâcherai de remplir les
« devoirs de mon état actuel, avec autant

« d'honneur que ceux de l'autre, et laisserai
« après moi une bonne renommée et l'exem-
« ple d'une vie sans reproche. » En achevant
ces mots, ce brave homme releva ses moustaches dont il n'avait pu se séparer, et embrassa tendrement la petite fille qu'il avait sur
ses genoux, pendant qu'un garçon montait à
cheval sur le pied en équilibre de son père, et
qu'un troisième enfant était juché sur le dos de sa
chaise, le tenant par le cou. J'aurais voulu
pouvoir peindre ce petit groupe.

Rien ne nous a manqué dans cette chaumière. Le marché de *Lourdes* est très-bien
approvisionné ; chaque jour, la bonne vieille
mère de notre hôte allait à la ville chercher
tout ce qui pouvait s'y trouver de mieux, et
l'accommodait fort convenablement, dirigée,
dans cette importante fonction, par le marquis,
assez désœuvré dans cette solitude. Il causa
longuement avec le sergent *Etcheverin;* ils
avaient fait les mêmes campagnes, et ils éprouvaient mutuellement une grande satisfaction à
se rappeler les plus petites circonstances des
victoires auxquels ils avaient pris part. Le marquis s'étonna plusieurs fois du langage de son

compagnon d'armes, toujours concis, clair et quelquefois élégant. Il lui fit quelques questions sur l'éducation qu'il avait reçue ; et il sut qu'entré fort jeune au service, Etcheverin avait eu le bonheur d'être utile à l'un de nos maréchaux, qui, pour lui prouver sa reconnaissance, s'était chargé de payer un maître de lecture, d'écriture et de calcul ; qu'ayant pris le goût de l'étude, son bienfaiteur lui avait prêté quelques livres, et lui avait recommandé d'éviter de se lier avec *les farceurs* du régiment, mais de rechercher au contraire les hommes qui préféraient les plaisirs tranquilles aux bruyantes joies des cabarets. Etcheverin avait suivi ces conseils et s'en trouvait bien. Il montra au marquis plusieurs ouvrages classés avec ordre sur des planches de sapin, qu'il nommait sa bibliothèque. Il faut convenir que mon bonheur ordinaire ne m'avait point abandonnée, malgré mon imprudence ; être recueillie dans une maison si heureuse était un hasard dont je me félicitai.

Le marquis allait chaque soir coucher à Lourdes. Il s'y trouvait si parfaitement qu'après trois jours je voulus m'y rendre aussi, afin de faire cesser l'embarras que nous devions causer dans une cabane assez petite. Mes hôtes me pressèrent de rester; ils finirent par céder pensant que je serais mieux que chez eux. Ils me demandèrent seulement la permission de venir me voir tous les jours, ce que j'accordai avec empressement, ces bonnes gens m'inspirant une véritable admiration par tout ce que j'avais vu de leur activité et de l'union de leurs familles réunies, et n'en formant plus qu'une seule,

Lorsque nous les quittâmes, ils nous remirent la carte de notre dépense, que nous avions demandée, nous la trouvâmes si inconcevablement modérée que nous voulumes y ajouter; mais il nous fut impossible de leur faire rien accepter de plus ; je donnai quelques bagatelles aux enfans ; les parens m'en remercièrent en me disant qu'ils seraient fiers de léguer ces souvenirs à leurs descendans.

Je suis aujourd'hui si parfaitement bien que je partirai demain pour Bagnères, et après un court séjour, nous nous rendrons tous à B..., et de là à Toulouse où je vous donnerai de mes nouvelles. Adieu, ma bonne tante. Dans un mois je serai près de vous, et vous me verrez grasse, fraîche, et beaucoup plus gaie. Ce voyage m'a été salutaire au dernier point, et je m'applaudis de l'avoir entrepris, quoiqu'il m'ait éloignée de vous; au-moins, quand je vous retrouverai, je ne vous affligerai plus par une mélancolie qu'il m'était impossible de surmonter.

Comtesse DE ROSEVILLE.

Je rouvre ma lettre pour vous donner quelques détails sur cet *Etcheverin* qui, m'intéressant beaucoup, ne vous sera pas indifférent. Figurez-vous que le maréchal, son bienfaiteur, était précisément le père du marquis, et que c'est à sa reconnaissance que nous avons dû d'être si parfaitement chez lui.

Il a fait la campagne de Russie sous les ordres du marquis dont il a conté un beau trait que j'ignorais. Le voici :

Le jour de la bataille de la Moskowa, le marquis était malade assez gravement, pour que le roi de Naples, dont il était aide-de-camp, lui défendît positivement de se lever. Le premier coup de canon se fait entendre ; le jeune capitaine, malgré sa faiblesse, fait seller son cheval et joint ses camarades, il se distingue au point d'obtenir la croix de la Légion-d'Honneur sur le champ de bataille.

Après la victoire, le roi s'étant fait nommer les officiers qui s'étaient le plus exposés, fut surpris d'entendre citer le marquis ; il alla le voir dans sa tente, où il le trouva beaucoup plus mal que la veille. « Mon ami, lui dit dou« cement le roi, ne vous avais-je pas ordonné « de rester dans votre lit ? Lorsqu'on est malade « on ne se bat point. — Oh ! sire, quand on se « bat près de lui pour son pays, un Français « n'est plus malade *. »

Etcheverin, au moment où nous partions pour Lourdes, a raconté tout cela à Louis, le

---

* Cette réponse a été inserée dans un des bulletins de la grande armée. L'officier qui la fit n'avait que dix-sept ans ! Son imprudente bravoure pensa lui coûter la vie, la maladie ayant pris un caractère fort dangereux dont sa jeunesse parvint à triompher. Il est aujourd'hui pair de France (1).

(1) Il ne l'est plus, ayant refusé de prêter le serment au nouveau gouvernement

valet de chambre du marquis, qui l'a redit à son maître.

Ne trouvez-vous pas singulier cette rencontre de deux braves s'étant vus à Naples, à la Moskowa, et se retrouvant dans une chaumière au fond des Pyrénées ?

Vous voyez que la mémoire du maréchal est honorée par son fils de la manière la plus digne de son noble caractère.

Adieu encore, ma bonne tante, je monte à cheval et serai à Bagnères dans peu d'heures ; j'y trouverai sûrement de vos lettres, ce qui me fait désirer ardemment d'y arriver.

LETTRE XLVI.

Mlle DERCOURT A Mlle DORCY.

Un mariage. — Un médecin de province. — Piété filiale. MM. De Laigle. — Leur respect pour leur mère. — Leur tendresse mutuelle.

Vous allez être bien étonnée, ma chère Alicie, d'apprendre un événement qui me surprend moi-même : Je me marie !..... et j'épouse non pas un jeune homme beau comme Apollon, d'une grande naissance, *charmant, traînant tous les cœurs après soi;* mais un médecin âgé de trente-six ans, habitant une petite ville.

N'allez pas vous le figurer comme nos Esculapes de campagne, monté gauchement sur un maigre cheval gris, qui ne peut rendre une allure plus vive que le modeste petit trot; surchargé péniblement, comme l'est cette misérable bête, du poids de son maître et de celui de la *trousse* de cuir roulée dans un mince porte-manteau. C'est dans un bon cabriolet un peu gothique, mais large et commode, que M. Durand se rend où il est appelé. Lorsque les chemins sont trop mauvais, une cariole d'osier remplace l'équipage plus élégant, qui ne supporterait pas les secousses d'ornières où il disparaîtrait presque. Les coffres contiennent toujours de la charpie, des sangsues, et autres choses nécessaires aux gens que va soigner M. Durand, sans jamais calculer si ses visites lui seront bien ou mal payées. Vous voyez qu'il se distingue en tout de ses confrères.

Il a été élevé jusqu'à l'âge de treize ans par un père instruit; il a fini ses études à Paris. Reçu dans la société des médecins les plus habiles, il a contracté un ton excellent et des manières fort différentes de celles de la province. Sans être riche, il est assez heureux pour pouvoir exercer sa profession sans imposer aux indigens des sommes qu'ils ne pourraient payer. Son esprit, sa bonté et ses connaissances réelles le font rechercher par tous les propriétaires des châteaux voisins ; grâce à leur bienveillance et à la confiance qu'on lui témoigne, il est à même d'obtenir de nombreuses charités pour les habitans frappés de quelque malheur imprévu.

Vous croirez, d'après toutes les folles idées que je vous communiquais autrefois, sur l'époux que je choisirais, que celui-ci, loin de ressembler à mon héros idéal, m'a été imposé, et que je l'accepte uniquement par obéissance. Eh bien, vous êtes dans l'erreur; ce mariage me plaît; c'est moi qui ai pressé ma mère d'y consentir, et je sens qu'il fera mon bonheur.

M. Durand, fixé depuis quinze ans à Amboise, y est aimé et estimé ; on cite de lui mille traits de bienfaisance touchante ; son vieux père tout-à-fait impotent depuis long-temps, est soigné par lui avec une patience et une douceur sans égale. Son fils ne sort jamais le soir, afin de tenir compagnie à ce cher malade, auquel il fait la lecture des ouvrages nouveaux qui peuvent l'intéresser ; * enfin on ne connaît à M. Durand

---

* Il est trop peu fréquent de rencontrer dans le grand monde un tel dévouement dans des jeunes gens, pour

d'autre défaut que celui d'une trop grande défiance de lui-même.

Il n'était point à Amboise lorsque nous y arrivâmes ; il y revint au moment où nous partions pour Chenonceaux, et peut-être sa présence contribua-t-elle à me faire trouver cette course charmante. Je remarquai qu'il avait avec moi un ton plus affectueux qu'avec les autres personnes; qu'uniquement occupé de ma mère, il l'amusait par une conversation gaie et spirituelle : je lui sus gré de faire naître souvent le rire sur un visage portant habituellement une

que je ne cite pas avec empressement celui de deux hommes remarqués pendant long-temps pour l'élégance de leur toilette, la politesse de leur ton et l'agrément de leurs manières ; MM. de Laigle, dont l'extérieur recherché annonçait toute la frivolité de l'ancienne cour, avaient dans le caractère une sensibilité fort rare et cachaient, sous l'apparence de la légèreté, les plus nobles sentimens.

Elevés avec soin par une mère infirme et âgée, ils ne profitèrent jamais de la liberté qu'elle leur accordait que pour la lui sacrifier. Aucune fête, aucun plaisir ne pouvaient les engager à sortir tous deux le soir. Ils alternaient pour lui tenir compagnie; celui chargé du soin d'abréger pour elle les longues soirées d'hiver par

si profonde expression de tristesse, et je m'appliquai à être aimable avec lui, pour lui témoigner ma reconnaissance filiale. Elle le touchait beaucoup, car lorsqu'il était question de notre retour à M**, une mélancolie extrême se peignait sur sa mobile physionomie.

Ma mère, fatiguée de notre voyage et bien aise, je crois, de me faire mieux connaître M. Durand, céda aux pressantes sollicitations de ses amis, et consentit à rester quelques jours de plus à Amboise : loin de chercher à m'y opposer, je joignis mes prières à celles de la so-

la lecture de quelque ouvrage intéressant, se trouvait le mieux partagé et regrettait le lendemain d'être ailleurs qu'auprès de sa digne mère. Celle-ci, justement fière de ses enfans, exigeait qu'ils fussent dans le monde; sans son ordre ils eussent passé leur vie avec elle.

MM. de Laigle sont aussi bons frères qu'ils ont été excellens fils. Jusqu'à leur mariage ils n'eurent point l'idée d'un partage de fortune, chacun prenait à la masse ce qui lui était particulièrement nécessaire sans que jamais il y ait eu entre eux la moindre discussion. Ils sont aimés comme ils méritent de l'être par nos princes, appréciateurs éclairés de toutes les vertus, estimés de leurs contemporains, et chéris dans une belle terre où ils répandent de nombreux bienfaits.

ciété; ce dont je fus recompensée par l'air heureux de ma bonne mère. Nous fûmes engagées à dîner chez M. Durand. « Mon père » serait, nous dit-il, trop malheureux de ne » pas vous connaître, vous ne refuserez pas de » lui éviter ce chagrin. »

Nous acceptâmes, et je ne sais trop pourquoi je soignai un peu ma toilette. Ma mère souriait en me voyant faire mes apprêts, et me plaisantait fort sur ma coquetterie, qui avait, disait-elle, pour but de troubler la paix d'un pauvre moribond.

Nous partîmes gaiement, et fûmes reçues avec la plus aimable bienveillance par M. Durand le père. Sa tête entièrement blanche et ses traits nobles et réguliers, m'inspirèrent un véritable respect. Il m'adressa quelques complimens d'un ton paternel qui me fit venir les larmes aux yeux; je les préférais à tous ceux qui m'avaient été prodigués. Je sentis alors que les louanges des jeunes gens flattent l'amour-propre, mais que l'approbation d'un vieillard respectable est une jouissance réelle. Il n'a aucun intérêt à nous égarer par de fausses paroles; il a beaucoup vu, il peut comparer, et dès lors ses éloges plaisent d'autant plus que l'on doit les supposer sincères. Eprouvant pour celui-ci un attrait irrésistible, je m'assis près de sa chaise longue, et j'y restai. Je me persuadai que le souvenir de mon père qui eût été du même âge, m'attachait uniquement à M. Durand; maintenant je vois que c'est parce qu'il était le père d'*un autre* qu'il m'était cher.

Son fils fut plus aimable encore que les jours précédens; il fit avec aisance les honneurs de sa maison. Elle est petite, mais tout y est propre, commode, et annonce l'ordre parfait du maître. Un joli jardin assez étendu est en très-grande partie consacré à l'utile; on n'y remarque aucune fabrique, on n'y trouve point d'arbres rares, on y chercherait en vain des fleurs exotiques; mais en revanche on y voit un grand carré rempli de plantes médicinales, cultivées pour être distribuées aux indigens; un beau verger, des treilles, et un potager très-vaste, dans lesquels les pauvres trouvent des alimens lors de leur convalescence. Le rez-de-chaussée de la maison est composé d'une salle de bain, d'une apothicairerie, d'une immense chambre contenant quatre lits consacrés aux malades les plus indigens; auprès de cette pièce est la cuisine. Au premier est l'appartement de ces messieurs, le salon, la salle à manger et une chambre vide depuis la mort de madame Durand. Au second il s'en trouve deux d'amis, et un grenier, joignez à cela une basse cour, et vous aurez une idée exacte du royaume où je vais déployer mon autorité. J'ai voulu ne pas vous faire grâce d'une laitue, et pour vous tracer le plan de mes future propriétés, j'ai interverti l'ordre que j'aurais dû mettre dans cette lettre. Je reprends mon récit.

M mère me demanda en sortant de chez M. Durand ce que je pensais de lui. Je lui répondis qu'il me paraissait le meilleur et le plus heureux des hommes, puisqu'il pouvait être utile à ses semblables, et que ce plaisir me semblait pour lui le plus grand de tous. « Sans doute, me dit ma mère, mais forcé par
« son état de quitter souvent son père, il man-
« que quelque chose à sa félicité : c'est une
« femme qui le remplace lorsqu'il est obligé
« de s'éloigner — J'en connais une qui lui
« conviendrait parfaitement. — Et moi, aussi.

« — Oh ! nous avons la même idée, maman ; c'est Alicie, n'est-ce pas ? — Non. — Comment, non ? Alicie est bienfaisante, douce, instruite, ne serait-elle pas heureuse avec M. Durand, si bon, si compatissant, si aimable ?... — Oh ! quel éloge tu en fais, Zoé ! sais-tu qu'il a trente-six ans, et que ton amie n'en a que dix-huit ? — A moins d'être une folle, ce ne serait pas un obstacle à ce mariage, car M. Durand est fort bien, et il a l'air jeune. — Oui, mais Alicie est à Paris. Elle doit y rester long-temps, et lorsqu'elle reviendra, elle aura peut-être des goûts qui lui feraient trouver pénible de vivre dans une petite ville. — Qui donc, maman, conviendrait à M. Durand ? — Tu ne le devines pas ? — Mais, non... — Veux-tu que je te le dise ? c'est toi. — Moi, si étourdie, si irréfléchie, être la compagne d'un homme si parfait ? il ne le voudrait pas. — Au contraire, il le désire. — Il vous l'a dit, maman ? — Oui, ma fille, et j'avoue que cette union comblerait tous mes vœux. — Oh ! alors elle est l'objet de tous les miens, m'écriai-je en me précipitant dans les bras de ma mère attendrie. »

Cette conversation, rapportée mot à mot à M. Durand, lui causa une joie qu'il m'exprima avec une vérité qui me toucha. Je lui renouvelai l'assurance que lui seul pouvait me plaire, je le répétai à son bon père, qui m'a bénie de rendre à son fils le bonheur qu'il en reçoit; bref, je me marie dans un mois. Nous sommes revenues ici pour vendre notre maisonnette, et mettre en ordre les affaires de ma mère; ensuite où nous irons nous fixer à Amboise, nous y logerons tous ensemble.

Depuis que tout est arrêté, ma mère est singulièrement mieux. Elle a retrouvé son activité pour s'occuper de mon trousseau, qui, comme vous pensez bien, sera très-modeste. Je ne veux rien qui puisse ressembler au luxe, et puisque M. Durand m'a aimée avec ma petite robe d'indienne, je n'en ambitionne pas d'autres. Nous ne ferons pas de noce, et nous bornerons à faire partager notre satisfaction à la sœur de lait de M. Durand, que nous marions à l'homme qu'elle aime depuis long-temps; pour présent, j'ai demandé sa dot à mon excellent Charles; cette idée lui a plu, ainsi qu'à son père. Quelle parure vaudrait pour moi l'assentiment de ces ersonnes si chères!

Je reçois à l'instant votre lettre, chère amie, et ce que je viens de vous dire me justifiera du reproche que vous me faites d'avoir été longtemps sans vous donner de mes nouvelles. J'ai été si bouleversée, si affairée, que j'étais incapable d'avoir une idée fixe, et encore moins de l'écrire. D'ailleurs je ne voulais vous mander la *grande nouvelle* que lorsqu'elle serait positive, car si ce mariage eût manqué, vous vous seriez affligée, et c'est ce que je désirais éviter. Rien ne peut maintenant s'y opposer, et je suis doublement heureuse, étant certaine que vous le serez aussi en apprenant que mon avenir est fixé de la manière la plus désirable.

J'avais besoin de trouver un guide dans mon mari; mais je voulais qu'il me traitât aussi doucement que vous le faisiez. Pour me faire aimer les remontrances qui me sont nécessaires, il fallait absolument rencontrer un prédicateur aussi aimable que vous. C'est un miracle que la Providence a bien voulu faire en ma faveur. La preuve la meilleure que je puisse vous donner de la perfection du caractère de Charles, c'est que je le croyais digne d'être associé au vôtre. Je sens toute mon infériorité, ce qui me rendra l'épouse la plus soumise, comme la plus heureuse. Pour justifier le choix de M. Durand, j'aurai la force de veiller continuellement sur les nombreux défauts que vous me reprochiez, et le désir de conserver la tendresse de mon mari me les fera surmonter. Je l'ai prévenu de tout ce que j'ai de mauvais; la litanie était assez longue pour l'effrayer, il a été assez brave pour ne pas changer d'avis.

Savez-vous, chère Alicie, que je serais presque en droit de vous sermonner à mon tour? Comment vous, si grave, si raisonnable, vous m'écrivez pour ne me parler que d'un homme ayant la réputation d'être un mauvais sujet! Vous doutez qu'il la mérite, parce qu'il cause bien, qu'il a une figure noble, et qu'il est attentif pour mademoiselle de Vieville? En vérité, je ne jugerais pas autrement, et mon étourderie ne serait pas plus aisée à persuader que votre raison. Je vais vous scandaliser; mais je vous avoue que la partialité me paraît tout à fait de votre côté, et nullement de celui de ce pauvre comte de R.... qui vous déplaît tant, seulement depuis qu'il n'aime pas M. de Bligny; il a, pour blâmer ce dernier, des *faits* à avancer pour preuves, et vous n'avez pour sa justification que vos suppositions à alléguer; l'histoire de sa conduite envers la vieille grand'mère n'est qu'un moyen adroit de vous plaire. Il a de l'esprit, et il aura vu sur-le-champ que pour réussir près de vous il ne fallait pas avoir recours à une galanterie ordinaire. Il aura saisi avec empressement une occasion d'afficher une bienfaisance, peut-être fort éloignée de son âme, mais qui devait vous séduire; il a été prodigue, ce qui ne veut pas dire qu'il soit généreux. Vous allez vous écrier que vous ne m'avez pas écrit qu'il fût amoureux de vous; j'ai peu d'habitude du monde, cependant je ne croirai qu'à la dernière extrémité qu'un homme léger comme M. de Bligny puisse s'astreindre à aller, *tous les soirs*, dans une maison dans laquelle on ne donne ni bals ni concerts, à moins qu'il n'y soit poussé par quelque motif impérieux; et certainement vous ne lui croirez une passion ni pour mademoiselle de Vieville, ni pour vos pupilles. Prenez-y garde, mon Alicie, ce mauvais sujet pourrait fort bien se faire aimer; mon amitié me rend clairvoyante, et j'ai le pressentiment que le comte de R..... s'aperçoit de projets qu'il veut déjouer par intérêt pour vous. Il serait plaisant que j'eusse été sensible à tout ce qui devait plaire à une personne comme vous, et que vous le fussiez à ce qui ne devrait tourner la tête qu'à une folle comme moi. Réfléchissez à votre tour, chère amie, et rassurez-moi promptement sur les dangers que je redoute pour vous. Ce sont désormais les seuls que je puisse craindre. Je sens qu'ils empoisonneraient toute la douceur de mon avenir. Ecrivez-moi promptement une lettre où il ne soit question que de vous; celle qui vient d'arriver ne me parle que des autres; je m'en soucie fort peu, s'ils ne vous intéressent vivement.

Ma mère écrit à la vôtre, ainsi je ne vous charge de rien pour elle, si ce n'est de l'assurer que sa seconde fille sera un jour digne de ce titre si cher.

Zoé Delcourt.

P. S. Ma mère ayant témoigné le désir que je fusse mariée dans la maison paternelle, mon excellent beau-père a bien voulu consentir à être transporté ici. Ainsi je recevrai la bénédiction nuptiale dans l'église où je fus baptisée, qui me vit humble et repentante au tribunal de la pénitence, plus tard pure et heureuse le jour de ma première communion ! Hélas ! ce fut aussi dans cette église que je priai sur le cercueil de mon père !.... Que de souvenirs doux et pénibles viendront me disposer à l'attendrissement en prononçant un serment sacré !...

LETTRE XLVII.

LE Cte DE PAHREN AU Mis DE BLIGNY.

EXPLICATION DE LA CONDUITE DE MISS SOPHIA. — ZÈLE INDISCRET D'UN VIEUX SERVITEUR. — RESSEMBLANCE FRAPPANTE.

BAGNÈRES DE BIGORRE.

Tout est expliqué, mon ami. Sophia est un ange; elle sacrifiait son bonheur au mien, et tout le chagrin que j'ai éprouvé a été causé par l'attachement malentendu de mon vieux valet. Pour le punir des tourmens qu'il a fait souffrir, je voulais le renvoyer immédiatement en Pologne. Sophia a parlé et il est resté, car chacune des paroles de cette fille adorable est un bienfait. Je suis au comble de mes vœux, vous seul me manquez ici; mais bientôt nous serons réunis, et alors aucun mortel ne pourra m'inspirer la moindre envie. Je posséderai tout ce qui compose la félicité de ce monde. Je vous dois des détails sur ce qui s est passé, et je vais tâcher d'avoir assez d'ordre dans mes pensées pour vous mettre au courant des scènes qui ont précédé le dénouement de mon roman.

Madame de Roseville, instruite par sa tante, me fit prier, aussitôt son arrivée, de passer chez elle, afin de concerter avec moi les moyens de préparer Sophia à un événement qu'elle présumait être le but de ses désirs les plus chers. Je m'empressai de me rendre à *Frascati*, et trouvai la comtesse avec sa tante. A peine la première m'eut-elle aperçu, qu'elle s'écria : « Grand Dieu ! c'est Édouard ! » Et elle s'évanouit. Madame de Granville et moi, effrayés de l'effet que produisait ma présence, tirâmes les sonnettes avec tant de force, que plusieurs domestiques arrivèrent à la fois ; adorant leur maîtresse, ils se précipitèrent sur l'escalier pour chercher du secours, en répétant avec effroi, « *Madame la comtesse se meurt.* » Un cri douloureux parti de la pièce voisine me fit reconnaître Sophia, qui entra brusquement et tomba sans connaissance en me voyant, ce qui acheva de mettre toute la maison en alarmes. Les gens de la comtesse sortaient, entraient, se donnaient un mouvement incroyable pour ne rien faire de bon; ceux de l'hôtel se joignant à eux causaient plus de désordre encore. Les voyageurs logés dans la maison, attirés par le bruit, arrivèrent aussi; chacun indiquait un remède, tout le monde parlait à la fois, personne ne s'entendait; et ce fatigant tumulte était loin de convenir à nos malades. J'étais dans l'embarras le plus cruel. J'allais de l'une à l'autre de ces dames, essayant de réparer le mal involontaire que je venais de faire; j'avoue que mes soins les plus empressés furent pour ma chère Sophia : je la retrouvais pâle, maigrie, mais à mes yeux dix fois plus belle que jamais, puisque cette preuve de douleur m'apprenait que j'étais encore aimé.

Le médecin, survenu bien à propos, ordonna aux indifférens de se retirer, ce que je n'avais pu obtenir. Après quelques minutes de la plus pénible inquiétude, la comtesse et Sophia reprirent connaissance, et le calme succéda à l'orage.

Madame de Roseville ne prenait aucune part à ce qui se passait autour d'elle. Ses yeux, toujours fixés sur moi, étaient inondés de larmes qui coulaient lentement sur un joli visage, qu'elles ne parvenaient pas à enlaidir. La comtesse n'interrompit l'examen muet qu'elle me faisait subir que pour dire à sa tante : « Vous « ne m'aviez pas assez répété combien monsieur « le comte ressemblait à Edouard. Si j'eusse « pu prévoir que la nature eût créé deux êtres « si semblables, je ne me serais pas exposée à « renouveler tous mes regrets, en contemplant « des traits pareils à ceux que je ne croyais « plus retrouver que dans mon cœur. Ah! ma « tante, que je suis malheureuse!... Pardon, « monsieur, continua-t-elle en s'adressant à « moi. Excusez la manière impolie dont je « vous considère ; hélas! ce n'est pas vous que « je regarde.... Je sens que je trouble une « réunion délicieuse, je me retire ; demain je « serai remise de l'émotion trop vive dont je « n'ai point été maîtresse, et je partagerai la « joie de ma fille Sophia et la vôtre. Ma tante

« me remplacera ce soir; vous ne devez plus
« nous quitter, et c'est moi qui servirai de
« mère à celle qui m'en inspire tous les senti-
« mens. » Madame de Roseville se retira, et c'est
alors que je reçus les explications suivantes.

Sophia me conta qu'heureuse et fière de mon
choix, elle parlait de moi avec enthousiasme
à tous ceux qu'elle voyait dans le pays de
Galles. Elle remarqua qu'au lieu d'applaudir
à ce qu'elle disait, le vieux Tchikoff soupirait profondément, chaque fois qu'elle pro-
nonçait mon nom, levait les yeux au ciel d'un
air peiné, et la quittait avec toute l'apparence
du chagrin. Surprise d'une telle conduite dans
un homme dont je lui vantais souvent l'attachement, elle le questionna sur ce silence obs-
tiné, et n'en reçut point de réponse satisfai-
sante.

Les préparatifs de notre mariage se pour-
suivaient, et la tristesse de Tchikoff devenait de plus en plus marquée. Lassée de voir
cette figure sombre en opposition avec toutes
les autres, Sophia résolut d'éclaircir le motif
qui produisait un sentiment si différent de la
joie générale. Elle chercha à rencontrer seul

ce vieux frondeur, mais il l'évitait avec autant de soin qu'elle en mettait à le trouver. Bref, nous partions le lendemain, et Sophia n'avait rien appris de ce qu'elle voulait savoir. Elle le guêta si bien, qu'elle surprit Tchikoff faisant descendre ma malle ; et le forçant à entrer dans le parloir, elle lui demanda instamment de lui dire pourquoi il semblait s'affliger d'un événement qui réjouissait tout le canton, et qui assurait le bonheur de son maître. Ce brave homme, égaré par un zèle mal entendu, lui avoua que ce mariage ne convenait point à mon oncle, et qu'il avait juré de me déshériter si je ne retournais libre en Pologne. — Mais, demanda la tremblante Sophia, je croyais monsieur de Parhen indépendant, et je ne pensais pas que sa fortune pût être compromise par une union sollicitée par lui avec tant d'ardeur. — Sans doute, mademoiselle, monsieur le comte est fort riche ; cependant six cent mille livres de rente de moins sont quelque chose, et quoique vous soyez belle et bonne, il me semble qu'il devrait y regarder à deux fois avant de vous épouser, car il les perdra alors et sera forcé de renoncer à sa patrie ; il serait généralement vu avec froideur, ayant pour femme une personne d'une naissance obscure. Nous sommes fiers en Pologne, mademoiselle; les talens, les vertus, la figure, c'est beaucoup sûrement, mais la comtesse Zuliska possède tout cela, et de plus un beau nom et d'immenses propriétés. — Êtes-vous certain que l'oncle du comte ne lui pardonnera pas sa désobéissance. — Oui, mademoiselle, j'ai reçu de lui une lettre qui m'ordonne de faire tout ce qui dépendra de moi pour empêcher un ridicule mariage (pardon, mademoiselle, c'est monseigneur qui parle); j'aurais voulu en effet y réussir; mais j'ai élevé mon jeune maître, il vous aime tendrement, et je n'ai rien entrepris contre l'accomplissement de ses désirs, ce qui ne m'empêche pas de regretter pour lui le sort brillant qu'il refuse — Vous avez raison. Avez-vous la lettre du prince? — Tenez, la voilà, elle ne m'a pas quittée ; je tâchais d'y puiser le courage de faire à monsieur le comte des représentations, et de tout dire à monsieur de Bligny, qui eût travaillé de concert avec moi. Mon affection l'a emporté, je me suis tu. Mademoiselle veut-elle lire cette lettre? — Oui, donnez.

Sophia lut la conviction de tout ce qui venait de lui être dit ; pas une larme ne vint soulager son âme, qui déjà avait pris une résolution inébranlable. Elle rendit ce fatal écrit avec une apparence de tranquillité, qui ne laissa rien supposer à Tchikoff, lui recommanda le plus grand secret sur leur conversation, et promit, au retour, de ne pas dire un mot des confidences qui venaient de lui être faites ; vous savez en effet, mon ami, avec quelle force de caractère cette douce créature a su renfermer tant de chagrins ; celui de me quitter justifiait l'expansion que nous remarquâmes en elle ; mais il était impossible d'y voir assez de douleur pour imaginer qu'elle allait se séparer pour toujours de l'homme qu'elle préférait. Nous partîmes !....

Sophia instruisit sa mère de tout ce qu'elle venait d'apprendre, et cette respectable femme, partageant la délicatesse qui suggérait à sa fille le plus grand sacrifice, fut la première à conseiller l'éloignement qui devait me désespérer. Ces dames prirent toutes les précautions pour que nous ne pussions suivre leurs traces. Vous savez le reste de leur histoire, mademoiselle de

Vieville vous ayant raconté tout ce qui avait rapport à Sophia depuis notre séparation.

Après les éclaircissemens que je viens de vous communiquer, nous nous entretînmes longuement, Sophia et moi, de la perte irréparable qu'elle a faite. Le plus bel éloge qu'elle ait pu me faire de madame de Roseville a été de me dire qu'elle éprouvait pour elle une partie de la tendresse qu'elle avait pour sa mère, car ce n'est pas légèrement qu'elle accorde son affection !

Il est, je pense, inutile de vous apprendre que j'ai levé les scrupules de Sophia, en lui prouvant que, quand même elle me refuserait sa main, je n'en accepterais pas plus celle de Zuliska, et que j'étais déterminé à vivre éloigné d'un parent qui voudrait me faire vendre si chèrement ma liberté. Vos lettres lui ont prouvé que mon projet était arrêté avant même de la retrouver ; elle a cédé, après quelques observations, qu'il m'a été facile de détruire. Elle m'a donné sa parole de ne plus avoir d'autre volonté que la mienne.

Pour finir de vous entretenir de ce qui me concerne, je vous dirai que j'ai revu madame de

Roseville ; elle a moins pleuré le lendemain, et maintenant ses yeux sont secs ; mais son changement prouve que, pour être cachée, sa douleur n'en est pas moins profonde. Lorsqu'elle me parle, et surtout lorsqu'elle m'écoute, sa voix est tremblante ; elle prétend que la mienne a du rapport avec celle de son époux, ce que sa tante nie. Elle attribue à une imagination frappée l'illusion de sa nièce à ce sujet. Il est convenu que nous quitterons tous Bagnères dans trois jours; madame de Roseville, voulant marier Sophia dans sa terre, abrégera son voyage ; ainsi nous serons à Paris dans un mois, passant par le midi ; et ne pouvant faire de longues journées, de peur de fatiguer madame de Granville, je ferai la route avec les dames, mais ma calèche suivra la voiture. N'est-ce déjà pas être heureux en comparaison de ce que j'étais il y a peu de temps?

Quant à vous, mon ami, vos projets ont l'assentiment de tout ce qui connaît votre Alicie. Madame de Roseville a pour elle l'attachement le plus tendre. Sa tante prétend ne pas avoir pu lui découvrir un défaut, et Sophia, dont le jugement est si parfait, est du même avis ; ainsi, si vous obtenez le consentement de celle que vous aimez, nous célébrerons deux noces à la fois ; c'est ce qui me fait désirer encore plus vivement d'être près de vous.

Madame de Roseville assure que madame Dorcy et sa fille ne trouveront pas une fortune considérable et un beau nom des choses suffisantes pour les décider. Elles voudront rencontrer dans leur gendre et leur époux les qualités qui peuvent faire le bonheur d'une femme, et nous redoutons pour vous les informations que l'on pourra prendre sur votre compte. Entre nous il y a peu d'années que votre réputation était celle d'un joueur et d'un libertin. Beaucoup de gens s'en souviennent encore, et, vous ayant perdu de vue, ils s'obstineront à douter d'un changement que je crois sincère; ils diront peut-être ce qu'ils croiront être la vérité, et vous aurez de la peine à surmonter cet obstacle ; mais nous arriverons, et je saurai le lever. Courage donc, mon ami ; persévérez dans votre manière d'agir, et tout ira aussi bien pour vous que pour moi. Notre correspondance a été lue par madame de Roseville ; elle vous juge comme un étourdi ayant un bon cœur, fort capable de ne plus retomber dans des erreurs qui feraient le malheur de votre ménage. Elle plaidera votre cause aussi chaudement que moi, et le désir de voir l'avenir de son Alicie assuré d'une manière brillante rendra la comtesse éloquente.

Adieu, mon cher marquis. Toutes nos peines sont finies, et notre bonheur commence.

Comte DE Parhen.

LETTRE XLVIII.

Mlle DORCY A Mlle DERCOURT.

Vous devez être excédée de tous les complimens des indifférens, ma chère Zoé; aussi mon attachement vous épargnera des phrases banales, inutiles entre nous. Vous savez tout ce que vous m'inspirez; vous ne doutez pas qu'un mariage convenable pour vous, sous tous les rapports, ne soit pour moi l'événement le plus heureux; ainsi je ne m'étendrai pas davantage sur le bonheur qu'il me cause. Vous le devinez mieux que je ne pourrais vous le dire.

Je suis toute fière de vous avoir connue assez pour certifier toujours que vous n'hésiteriez jamais à regarder les vœux de votre excellente mère comme un ordre à suivre. Elle redoutait cette étourderie qui vous portait à mille projets d'avenir, difficiles à réaliser, et elle accusait mon affection d'indulgence, quand j'assurais que ces châteaux en Espagne étaient plutôt un jeu de votre esprit que l'expression de vos désirs; votre cœur si parfait ne pouvait s'égarer, et il vient de justifier tout ce que j'en attendais. Recevez donc mes remercîmens d'avoir donné une preuve de ma sagacité.

J'aurais une envie extrême de me rendre à M*** pour assister à votre noce, mais il n'est pas possible de laisser seules mademoiselle de Vieville et ses jeunes nièces, que nous avons promis de ne pas quitter. Renoncer à vous voir est un grand sacrifice que je fais à la reconnaissance ; j'en serai, j'espère, dédommagée en obtenant de madame de Roseville la permission d'aller passer un mois à Amboise, aussitôt son retour. Quel plaisir j'éprouverai à me trouver *chez vous*, à vous aider dans les petits travaux de votre ménage, à ne pas vous quitter un instant, et à vous disputer l'attachement de ce bon vieux M. Durand que j'aime déjà, puisqu'il a su vous désirer pour belle-fille! Pendant que vous vous occuperez de votre mari, je soignerai son père, et bien certainement ce sera avec zèle.

Paris m'est désagréable depuis quelque temps; je voudrais le quitter, quand même ce ne serait pas pour aller vous joindre. Ma curiosité satisfaite, cette ville ne me paraît plus ce qu'elle était lorsque j'arrivai. Avide d'admirer ses monumens, d'y applaudir aux talens de tous genres qui s'y trouvent réunis, je n'examinais pas ce qui se passait dans la société; séduite par la politesse qu'on s'y témoigne, dupe de protestations que je croyais sincères, j'étais contente de tout; mais à présent que j'ai plus de sang-froid et de temps pour observer, je ne suis plus frappée que de la fausseté de toutes ces personnes cherchant à se tromper mutuellement, et je prends en déplaisance tout ce qui m'entoure. Le comte de R.. se trouve enveloppé dans la disgrâce commune, et son antipathie pour monsieur le marquis de Bligny n'entre pour rien dans ce qu'il m'inspire. Je lui reconnais de l'esprit, de l'instruction; mais sa causticité gâte ces dons heureux : je préfèrerais un homme plus ignorant et plus disposé à la bienveillance dans notre intimité.

Vous avez vu dans ma lettre ce qui bien sûrement n'y est pas. Je suis aujourd'hui aussi parfaitement libre que je l'étais à M***; et si je vous ai parlé longuement de M. de Bligny, c'est que c'était un personnage nouveau, je ne le vois pas avec plus de plaisir qu'un autre. Au contraire, il a, depuis quelques jours un air sérieux qui l'a privé de son plus grand agrément, celui de la gaieté la plus communicative. Ma mère, d'ailleurs, le traite avec froideur, ce qui suffirait pour m'empêcher de le trouver aimable. Elle a un caractère si incapable de partialité qu'il faut quelque raison puissante pour l'empêcher d'être avec quelqu'un indulgente et bonne comme à son ordinaire. Elle a certainement appris sur M. de Bligny, de quoi justifier l'éloignement qu'elle lui témoigne, et je me repens fort d'avoir pu l'accuser un moment d'injustice à son égard. Rassurez-vous donc, ma sage et prévoyante Zoé; je ne ferai jamais la folie de choisir un époux. Lorsqu'on a comme moi le bonheur d'avoir le mentor le plus éclairé et le plus tendre; il faut le laisser agir, et c'est ce que je ferai. Dans toutes les circonstances de ma vie, ma mère dirigera toutes mes pensées, tous mes sentimens, toutes mes démarches, ce sera le meilleur moyen de ne rien faire que de bien. Brûlez la lettre qui vous a donné de moi une idée si opposée à la vérité, et oubliez que, séduite par une amabilité peut-être factice, j'ai osé louer celui que ma mère blâme. Pour éviter une pareille faute à l'avenir je veux voir moins de monde, je resterai beaucoup plus dans ma chambre que dans le commencement de mon séjour. Je m'y plais, et là du moins je puis admirer sans craindre de me tromper; j'y suis entourée de Fénelon, Bossuet, Racine, Molière, etc.

J'ai commencé un tableau que je vous destine. Vous le recevrez le jour de votre mariage. Je veux ne pas être étrangère à tout ce que vous éprouverez dans cette journée; ne pouvant être près de vous, je vous envoie mon portrait. L'esquisse est, dit-on, ressemblante; ainsi j'ai l'espoir de réussir, et j'ai l'amour-propre de croire que ce présent vous plaira plus que tout autre.

Adieu, mon amie. Soyez heureuse, vous le méritez par le choix que vous avez fait. Rien, en effet, ne doit être préféré à une réputation toujours pure et à des vertus solides.

ALICIE.

LETTRE XLIX.

LA COMTESSE DE ROSEVILLE A Mme DORCY.

Départ de Bagnères. — Arrangemens relatifs au mariage d'Alicie.

Je pars dans une heure, ma chère amie, mais je ne veux pas tarder à répondre à votre lettre si maternelle; et comme, mieux que personne, je puis apprécier votre tendresse pour notre enfant, je dois vous éviter, s'il est possible, une seconde de l'inquiétude que vous cause M. de Bligny.

Sophia ayant écrit à ma tante tous les détails de sa réunion avec M. de Parhen, je ne crois pas nécessaire de vous parler longuement de lui. Je ne me suis pas senti la force de revenir sur un des momens les plus pénibles de ma vie, et il me serait encore difficile de m'entretenir de l'homme dont l'inconcevable ressemblance a rouvert une blessure à peine fermée. C'est une cruelle destinée que celle qui me force à le voir pendant quelque temps ; sa présence me fait un mal horrible, et loin de m'y habituer chaque jour augmente le chagrin qu'elle me cause. Plus je connais M. de Parhen, plus je retrouve Edouard. Non seulement il a sa noble figure et sa voix ; mais il possède cette fermeté de caractère, qui n'est point de l'entêtement puisqu'elle cède à la raison. Il a son esprit naturel, cultivé et dépourvu de pédantisme, et surtout il réunit toutes les qualités qui faisaient chérir mon époux. Combien je comprends maintenant la tristesse de Sophia, qui me paraissait une singularité ! et qu'il lui a fallu de courage pour renoncer à son mariage avec M. de Parhen, si digne d'être aimé ! Vous le verrez, mon amie, et vous jugerez si j'ai dû être frappée d'une similitude qui me reporte au temps de mon bonheur perdu sans retour ! Sans l'espoir de voir Sophia heureuse je maudirais mon voyage ici ; il m'a rendu toutes mes douleurs avec plus de violence que jamais, et je sens que rien au monde ne pourra les adoucir maintenant... Au reste je vais faire tous mes efforts pour ne m'occuper que des autres, afin de m'oublier; c'est le seul moyen de supporter une existence à jamais pénible. Je ne voulais pas vous parler du comte de Pahren, et jusqu'ici il n'est question que de lui dans ma lettre; que voulez-vous? j'ai cru ne m'entretenir que d'Édouard, maintenant toute la journée devant mes yeux, et dont les actions bienfaisantes se renouvellent ici : Je ne pourrai plus séparer dans mon imagination ces deux hommes étrangers l'un à l'autre, et cependant celui qui semble être jeté sur mon passage pour me désespérer m'est presque aussi odieux que l'autre m'était cher. Je lui sais mauvais gré de m'avoir prouvé que je n'ai pas aimé un être unique dans la nature! Ma tête n'est pas assez bonne pour supporter le coup que je viens de recevoir, et je crains quelquefois d'y succomber; je déteste la vie, et pourtant je veux la conserver. Ah! mon amie, je suis mère!.... c'est presque un malheur puisque je ne puis désirer de rejoindre le père de mes enfans; enfin je ne sais ni ce que je crains, ni ce que je souhaite, et suis la plus à plaindre des femmes.

Pardon de vous affliger de mes peines; à qui les confierais-je si ce n'était à ma meilleure amie, à celle qui m'a prodigué les plus tendres consolations, et qui peut-être par son amitié trouvera le moyen de calmer mon âme agitée? Parlons de ce qui aurait dû être le sujet principal de cette lettre, et qui, par une impulsion indépendante de ma volonté, n'en est qu'un accessoire.

J'ai dit franchement à M. de Pahren les motifs que j'avais de vouloir connaître son opinion tout entière sur M. de Bligny. Le titre de son ami était une présomption forte à mes yeux en faveur de ce dernier; malgré l'espèce d'éloignement que me cause M. de Pahren, je rends justice à son caractère, et je suis convaincue qu'il ne saurait être lié qu'avec un être estimable; mais ce n'était point assez, j'ai exigé les détails les plus minutieux sur tout ce qui a rapport au cœur de l'homme appelé probablement à être l'arbitre du sort de votre Alicie; il pouvait avoir des qualités faites pour attacher M. de Pahren, sans posséder toutes celles nécessaires pour assurer le bonheur d'une femme, et c'est sur ce point que je voulais être instruite. J'étais donc obligée de communiquer votre lettre, afin de justifier la multiplicité de mes questions qui en tout autre cas eussent été indiscrètes et inconvenantes. La délicatesse et la sincérité du comte m'assuraient de sa discrétion et de la loyauté de ses réponses.

Sans me donner le temps de lui expliquer mes motifs, il me dit qu'il n'était point étonné de me voir m'intéresser à son ami que je ne connaissais pas; que lui aussi désirait m'entretenir d'une personne qui m'était chère et qu'il n'avait jamais vue, et qu'il croyait que notre conversation était indispensable pour nous fixer mutuellement sur ce que nous allions écrire immédiatement à Paris.

Ce début me charma; il me prouva que M. de Bligny avait non-seulement remarqué Alicie, mais qu'il avait sur elle des vues pouvant satisfaire tous nos vœux. Après avoir lu votre lettre, M. de Parhen me montra celle qu'il venait de recevoir de son ami; elle n'est pas, à beaucoup près, aussi raisonnable; mais elle annonce un sentiment passionné et le désintéressement le plus complet. Au travers une grande étourderie, il y a dans cette lettre un fond de raison, qui me persuade que M. de Bligny a renoncé à sa légèreté passée. Elle n'est plus que dans ses discours ; c'est une vieille habitude difficile à perdre que celle de rire des choses les plus graves, et ce serait une folie à nous de l'exiger d'un jeune homme élevé avec négligence, entraîné par sa position dans une dissipation continuelle, et corrigé seulement par les conseils d'un ami, qui n'a cherché qu'à déraciner les choses blâmables, sans s'occuper des formes. M. de Pahren m'a assuré sur son honneur qu'il ne connaissait pas un vice à M. de Bligny, et que, doué de qualités réelles, il avait pu être égaré sans être corrompu. Il n'a jamais eu à se reprocher que des erreurs de jeunesse, mais il n'a point sur la conscience une de ces actions que l'on pardonne dans le monde, quoiqu'elles soient inexcusables. Léger, infidèle avec des femmes peu estimables, il a constamment respecté les autres ; dérangé, prodigue, il a fait des dettes, qui toutes sont payées ; et, depuis deux ans, il n'en n'a point contracté de nouvelles. Il est bon, obligeant, brave, et revenu des ses folies, M. de Pahren est convaincu qu'il doit rendre une femme très-heureuse.

J'ai à mon tour été questionnée sur votre fille, et vous savez déjà tout ce que j'en ai dit. Nous nous sommes félicités des informations que nous venions de donner et de recevoir; et nous avons presque décidé, qu'aussitôt notre retour (fort prochain), nous ferions les deux noces. J'ai voulu parler de la dot d'Alicie ; mais M. de Pahren m'a dit qu'il était certain que M. de Bligny ne consentirait pas à en accepter. Je l'ai prié de le faire changer de résolution, car je veux assurer à la filleule de mon mari et à la fille de mon amie une pension indépendante de son mari. Je la connais trop pour ne pas être persuadée que ses *fantaisies* seront de venir au secours des malheureux ; il est des bienfaits que l'on aime à répandre sans mettre personne dans sa confidence ; ce que je lui donnerai servira à cet emploi, et la dispensera d'avoir recours à son mari dans de telles occasions. Quant à vous, chère Caroline, vous vivrez avec vos enfans, et conserverez pour vous les trois mille francs assurés par Édouard. Voilà une affaire conclue dont nous ne parlerons plus, je vous en conjure.

Ma tante de Granville, qui chérissait Édouard, a pris une véritable passion pour le comte de Pahren ; elle a dérangé le projet que nous avions formé de voyager chacun dans notre voiture. Elle prétend que ce serait une sottise de s'ennuyer séparément, lorsque réunis on peut faire un long voyage de la manière la plus agréable. J'ai voulu essayer de combattre une idée qui contrarie les miennes ; j'ai vu que j'affligeais ma tante et Sophia, et j'ai cédé. Ainsi nos gens seront dans la calèche du comte, et nous voyagerons dans ma berline. Cet arrangement me déplaît au dernier point. Je ne serai plus libre de me livrer à mes réflexions ; il faudra causer, souffrir que l'on s'occupe de moi, lorsque je voudrais être seule au monde ; enfin, je verrai du matin au soir l'homme qui me reporte au premier jour de mon veuvage ! Je suis loin assurément de porter envie au bonheur de Sophia, que j'aime tendrement ; mais la vue de l'amour heureux sera, pour celui que je conserve dans mon cœur, un supplice véritable. Ne parlez pas de tout ce que je viens de vous dire à ceux qui s'intéressent à moi : ce serait les affliger inutilement; j'espère, à mon arrivée à Paris, avoir pris assez d'empire sur ma faiblesse pour que l'on ne s'en aperçoive pas, et ce ne sera qu'avec vous, ma douce Caroline, que je pleurerai Édouard avec une nouvelle amertume.

Veuillez passer chez ma lingère pour vous faire voir ce que je commande par ce courrier pour le trousseau de Sophia. Je le veux, non magnifique, mais nombreux et de bon goût. Quand M. de Bligny demandera la main de notre enfant, mes intentions à cet égard auront été données d'avance. Au lieu de chercher à me détourner de ce que je veux faire dans cette circonstance, ce qui d'ailleurs ne me ferait pas varier dans mes volontés, donnez-moi beaucoup de détails sur toutes ces minuties. Pendant que je m'en occuperai, je ne songerai pas à autre chose, ce n'est qu'en m'étourdissant que je parviendrai à surmonter mes chagrins; ce serait y ajouter que de me contrarier dans le plaisir que j'ai à servir de mère à mes enfans d'adoption.

Adieu, chère amie. J'avais presque envie

de recommencer cette lettre, qui, quoique triste, est encore loin de peindre tout ce qui déchire mon cœur ; mais qu'y gagnerais-je ? Je ne réussirais pas mieux dans une autre à vous dissimuler ce que j'éprouve.

LETTRE L.

LE COMTE DE PAHREN AU MARQUIS DE BLIGNY.

Humeur de madame de Roseville. — M. le comte B..... de C..... — Ses infirmités. — Gout singulier des femmes. — Les Anglais a Toulouse. — Empressement des dames a les accueillir. — Pitié pour les Grecs. — Le comte de Fumel. — Réponse spirituelle de S. M. Louis XVIII.

Toulouse.

Pendant que mes aimables compagnes de voyage sont allées visiter une terre que possède près de cette ville madame de Roseville, je veux, mon cher marquis, causer un peu avec vous, pour me distraire du vide que j'éprouve depuis hier que Sophia est partie avec sa bienfaitrice. Je crois en vérité que vous m'avez communiqué une partie de cette exaltation de tête que vous nommez amour ; car je sens plusieurs des symptômes dépeints par vous comme des accessoires indispensables de ce sentiment. Il y a si long-temps que je n'en avais été atteint que je les aurais oubliés, sans les descriptions éloquentes que vous m'en faisiez, et vos actions toujours d'accord avec vos paroles.

Plus je compare Sophia aux autres femmes, plus je me livre aveuglément à ce qu'elle m'inspire, ou, pour mieux dire, plus je trouve que j'ai raison de l'aimer ; je n'ai pu lui découvrir une imperfection, mais en revanche je lui connais encore de nouvelles qualités bien rares. Ne la quittant pas une minute de la journée, je puis l'observer tout à mon aise, et j'avoue que telle opinion que j'eusse de la perfection de son caractère, j'étais encore loin de me le figurer ce qu'il est. Après tant d'inquiétudes et de chagrins, je sens plus encore le bonheur qui m'est réservé ; il est au-dessus même de l'idée que je m'en étais formé.

Je voulais accompagner ces dames à B...; mais madame de Roseville m'a refusé avec une sécheresse qui ne m'a pas permis d'insister ; en me disant qu'elle allait chez elle pour des affaires ennuyeuses, dont elle ne voulait pas me fatiguer. Depuis que nous avons quitté Bagnères elle est devenue sérieuse et inégale. Il est difficile d'obtenir d'elle quelques mots. Pendant le voyage, elle s'est constamment tenue enfoncée dans le coin de la voiture, la tête enveloppée de sa pelisse, se plaignant du froid. Le temps étant fort doux, sa tante s'inquiétait la croyant malade, et voulait s'arrêter à la première petite ville pour lui faire prendre du repos; mais elle a témoigné tant d'humeur de ce que l'on s'occupait d'elle que nous avons tous cessé de lui adresser aucune question.

C'est, lorsqu'elle le veut, une aimable femme que cette petite comtesse; mais je la crois tellement accoutumée à être louée qu'elle ne peut se passer de cet encens perpétuel qu'on lui prodigue, et qui m'est absolument étranger. Il me semble que c'est traiter une femme en enfant gâté que de ne lui parler que pour lui adresser de fades complimens, et de se soumettre à tous ses caprices; suivant moi, le vrai moyen de lui plaire doit être de lui prouver qu'on la croit capable d'écouter autre chose que de sottes phrases sur sa figure ou le bon goût de sa toilette.

Madame de Roseville a de l'esprit, un cœur excellent, de l'instruction, mais elle ne sait s'amuser qu'où elle est adulée, et je l'en plains sincèrement; peut-être cependant sa tristesse actuelle est-elle causée par sa séparation d'avec le marquis de...., qui en paraissait fort occupé; cette conjecture que rien ne justifie me plairait plus que l'autre, du moins je n'aurais rien à blâmer dans une personne à laquelle je devrai ma félicité.

Je n'ai point osé questionner Sophia à ce sujet; sa reconnaissance l'eût emporté sur son attachement pour moi, et la crainte de trahir le secret de son amie eût été plus forte que le désir de me satisfaire à cet égard. Elle s'aperçoit aussi du changement de caractère de la comtesse; elle a redoublé pour elle de soins, qui sont reçus avec une froideur qui a lieu de me surprendre, après tout ce que madame de Roseville m'a dit de son amitié pour Sophia. Les femmes sont inexplicables.

J'étais engagé à dîner aujourd'hui chez un

ami de madame de Roseville, mais loin de celle qui absorbe toutes mes pensées, je n'ai pas trouvé de meilleur moyen d'abréger le temps que de m'entretenir d'elle, et voilà pourquoi je suis resté à l'auberge et me suis mis à vous écrire; je vous ai parlé si souvent de vous, qu'il est juste que je vous entretienne un peu de moi; cependant comme je ne veux pas abuser de la permission que prennent les amoureux d'être extrêmement ennuyeux pour les autres, je tâcherai de vous dire quelque chose de la ville dans laquelle je me trouve, et de sa société, qui paraît aimable.

Ne pouvant, sans encourir l'humeur de madame de Roseville, refuser entièrement une politesse qui m'était adressée à cause d'elle; je me suis fait excuser pour le dîner seulement, et je me suis rendu à la soirée qui le suivait. J'y ai vu réuni tout ce que la ville de Toulouse a de mieux; ce qui m'a le plus frappé dans ce cercle, où brillaient tant de jolies femmes et de jeunes gens agréables, est M. B.... de C.... marchant avec deux béquilles depuis son enfance : une paralysie l'a privé de l'usage total de ses jambes; son corps débile et une santé délabrée devraient lui rendre odieux les plaisirs du monde; je le plaignais donc d'être forcé d'y paraître. Je m'approchai de lui par ce sentiment qui m'entraîne toujours vers ceux qui souffrent.

Jugez de mon étonnement, en apprenant que ce pauvre moribond, qui m'inspirait tant de pitié, était cité comme un homme à bonnes fortunes. C'était bien le cas de crier contre l'inconséquence et la bizarrerie de ce sexe dont nous médisions vous et moi, il y a si peu temps; mais ayant des raisons pour l'aimer maintenant autant que je le détestais jadis, je me suis borné à éprouver de la surprise de la préférence accordée par lui à un estropié; sa figure est assez gracieuse et sa conversation extrêmement piquante. Ses qualités ont autorisé ma subite indulgence sur ce qui, il y a un mois, eût excité mon indignation, et m'eût fait répéter mille lieux communs contre les femmes. Une seule circonstance suffit pour bouleverser nos manières de voir sur le même objet. C'est ce qui m'est arrivé hier.

Une demoiselle fort belle, bien élevée et riche a refusé dernièrement plusieurs jeunes gens qui s'empressaient de lui plaire, pour épouser monsieur B.... de C.... Elle ne le quitte jamais et ne paraît heureuse que lorsqu'il cause avec elle. Il a bien voulu se charger de me mettre au courant de toutes les aventures scandaleuses de cette ville. Je ne vous les répéterai pas. Ce genre de conversation, préféré par M. de C.., est précisément celui que je ne puis souffrir, et c'est bien assez pour moi d'avoir été obligé de les écouter, sans encore avoir l'ennui de raconter de pareilles sottises.

M. de C.... m'a dit que lors de l'arrivée des Anglais à Toulouse toutes les meilleures maisons leur étaient ouvertes avec un empressement inconcevable, tandis que les militaires français étaient consignés. Il eût été de mauvais ton pour les dames de se montrer au spectacle sans être escortées de plusieurs officiers en habit rouge. Elles portaient dans leurs cheveux les cocardes de cette couleur; enfin elles avaient adopté tous les usages de leurs nouveaux adorateurs, et renonçaient sans regret à la galanterie à laquelle elles étaient habituées.

J'ai peine à croire à ces assertions. Elles me paraissent dictées par un reste de dépit de

M. de C..., qui a peut-être été délaissé pour quelque *baronnet*.

Les Françaises ont bien en effet du goût pour tout ce qui vient de loin, mais elles ont trop de tact et de sentiment des convenances pour pousser cette manie au point d'accueillir avec transport les ennemis de leur belle patrie. On peut leur passer de préférer les produits des manufactures anglaises à ceux des vôtres, les gants de Suède à ceux de Grenoble, les schalls turcs aux Ternaux, les magots de la Chine aux beaux vases de Sèvres ou de Dagoty, les chapeaux d'Italie à tous les autres, etc. On conçoit leur pitié et leur générosité pour les Grecs parce qu'ils sont malheureux, tout en regrettant de leur voir prodiguer ces doux sentimens qu'elles refusent quelquefois aux pauvres de leurs domaines ; on excuse même la protection qu'elles accordent aux artistes étrangers, aux dépens de leurs compatriotes ayant autant de talent. Ces torts déjà bien grands, sont les seuls dont je puisse les supposer coupables, et je ne penserai jamais qu'elles veuillent mériter le mépris dont se couvriraient les femmes qui, oubliant ce qu'elles doivent à leur terre natale, afficheraient de prodiguer leurs affections aux hommes venus pour y porter la désolation. Il est fâcheux pour les dames de Toulouse que leur légèreté ait permis de concevoir une telle idée, et je resterai persuadé que quelques femmes tarées ont seules pu accueillir avec joie l'armée de Wellington.

J'ai beaucoup ri d'une réponse faite par le grand oncle d'un homme avec lequel je me suis trouvé à cette soirée ; c'est encore de M. B. de C... que je la tiens. La voici.

M. le comte de Fumel, d'une bonne famille, riche, mais d'un esprit plus que borné, fut présenté à *Monsieur* (depuis Louis XVIII), qui, ne sachant que lui dire d'obligeant qui lui fût personnel, imagina, avec sa grâce ordinaire, de lui faire compliment sur des vers charmans improvisés par madame de Fumel. « Ils m'ont
» enchanté, dit le prince ; ils sont pleins de
» charme et de naturel. Madame de Fumel est
» réellement une *Sapho*. — Non, monseigneur,
» interrompit avec feu M. de Fumel ; elle était
» *Fumel* en son nom. — Ah ! c'est en effet fort dif-
» férent, » répliqua S. A. R. en le quittant, pour rire de cette balourdise. Elle fit, pendant toute

la soirée, les délices de la société du Luxembourg.

Madame de Roseville m'a donné une preuve de la noblesse de son ame, par l'insistance qu'elle mettait à donner à Sophia une dot assez considérable; je lui ai fait entendre que notre mariage ayant été au moment de se conclure, il ne devait rien être changé aux conditions arrêtées dans le pays de Galles, et que ce serait m'ôter une partie de mon bonheur que me priver de celui d'enrichir entièrement ma femme; elle a cédé à condition qu'elle offrirait le trousseau. Il a fallu y consentir, pour lui laisser aussi une jouissance. Quant à Alicie, si vous persistez à l'épouser, il faudra vous résigner à la recevoir avec quatre-vingt mille francs que madame de Roseville lui assure, et dont elle est libre de disposer sans toucher à ce qui appartient à ses enfans. Elle ne s'emploierait pas auprès de madame Dorcy si vous refusiez, et d'ailleurs vous n'avez pas pour cela les mêmes raisons que moi. Je croirais offenser la mémoire de madame Dickson, que d'altérer ce qu'elle avait approuvé.

Ces dames arriveront dans trois jours, et nous nous rendrons immédiatement à Nîmes. Elles sont impatientes d'admirer les monumens élevés par les Romains. N'ayant point été en Italie, elles en seront plus frappées que moi; mais cependant je serai bien aise de voir les *Arênes*, miniature du colossal colisée, et surtout la *maison Carrée*, modèle dans ce genre. Ce que j'ai vu avec ravissement ne m'empêchera pas de trouver beau ce que je verrai bientôt, et je ne serai pas, j'espère, assez fou pour gâter un plaisir nouveau, en le comparant avec un plus vif, qui n'est plus qu'un souvenir. Je jouirai aussi des impressions de Sophia à l'aspect de ce dont elle n'a pu se former qu'une idée très-imparfaite. Admiratrice passionnée de la puissance d'un peuple aussi grand qu'il était libre; elle sera doublement contente des travaux qui lui survivent et perpétuent sa gloire.

Adieu, mon cher marquis; ne sachant comment dépenser les soixante-douze heures qui doivent s'écouler d'ici à ma réunion avec Sophia, j'irai à Sorrèze. Cet établissement est dit-on, fort beau, il attire tous les étrangers qui aiment à voir s'étendre les bornes de notre pauvre esprit, que l'on chercherait vainement à comprimer à l'avenir. Ecrivez-moi à Lyon ce que vous aurez fait près de madame Dorcy, afin que je ne sois pas trop longtemps dans l'incertitude sur ce qui vous touche. Je sais que madame de Roseville a écrit une lettre très-favorable à vos projets. Peut-être, pendant que je m'en inquiète, ont-ils complètement réussi ! Ai-je besoin de vous dire que je le désire ?

Comte de PARHEN.

LETTRE LI.

Mᵐᵉ DORCY A LA COMTESSE DE ROSEVILLE.

M. DE BLIGNY DEMANDE MADEMOISELLE ALICIE EN MARIAGE. — AVEU QU'ELLE FAIT DE SES SENTIMENS. — RÉFLEXIONS SUR L'AMOUR MATERNEL. — SON ÉGOÏSME.

J'étais hier seule dans le salon, ma chère Amélie, votre tante et ma fille étant allées se promener avec les enfans: j'avais fait défendre la porte, et fus conséquemment très-surprise de voir entrer M. de Bligny qui, sans préambule, me dit qu'il ne pouvait plus renfermer dans son cœur les sentimens qui le remplissaient, et que, ne pouvant être heureux que par Alicie, il venait me demander sa main.

Tremblante, indécise, je ne savais que dire; n'ayant pas encore reçu votre réponse, je n'étais pas fixée sur l'opinion que je devais avoir de lui, et j'hésitais, malgré le brillant d'un tel mariage, à accorder mon consentement avant de parler à Alicie. Je voulais être sûre que, si elle l'acceptait, je ne pourrais en avoir de regret. Mon embarras était extrême, et je fusse peut-être restée muette long-temps, si avec une rapidité entraînante, le marquis n'eût répondu d'avance à toutes les objections que je pouvais lui faire. « Je sais, madame, que ma « réputation a été encore plus mauvaise que ma « conduite, ce qui n'est pas peu dire ; je sais « aussi que de bons amis de cour se sont empressés non-seulement de répéter ce qu'ils « avaient appris, mais qu'ils ont poussé l'obligeance jusqu'à inventer plusieurs actions que « je n'ai point à me reprocher, et qu'ils certifient que, devenu plus dissimulé, j'ai conservé mes anciens goûts, et que je suis prêt « à tomber dans de nouvelles erreurs. Eh bien, « madame, ces gens-là se trompent ; éclairé « par l'ami incomparable qui ne s'est point effrayé de devenir le mentor d'un étourdi « comme moi, j'ai abandonné pour toujours le « genre de vie dont la satiété m'avait déjà dégoûté « avant que la raison fût venue m'éclairer sur

« mes torts. Depuis deux ans, je suis devenu tel
« que peut le désirer la mère me destinant sa
« fille. J'adore la vôtre, et si vous daignez me
« nommer votre enfant, me permettre de ne
« vous pas quitter, comment pouvez-vous croire
« que je m'égare de nouveau? Si mademoiselle
« Alicie a de l'éloignement pour moi, je m'exile
« à jamais; mais si sans répugnance elle con-
« sent à me confier son bonheur, je jure sur
« l'honneur, que je n'ai jamais trahi, qu'elle ne
« se repentira point de son choix. Madame, je
« vous en conjure, ajouta-t-il avec une extrême
« émotion en me serrant la main à me faire
« crier, dites que vous ne me repoussez pas
« et je serai bientôt le plus heureux des hom-
« mes. » Dans cet instant la porte s'ouvrit, et
Alicie parut.

Je ne puis vous peindre la rougeur subite
qui couvrit son visage et l'altération de ses
traits; elle fut si frappante que M. de Bligny, effrayé, se précipita à ses pieds en s'é-
criant: « Oh! mademoiselle, votre change-
« ment me prouve que je dois renoncer à l'es-
« poir de vous plaire; mais avant de me voir
« m'éloigner pour toujours, dites-moi que vous

« ne me haïssez pas, je ne survivrais pas à l'idée
« de vous inspirer cet horrible sentiment. —
« Monsieur, dit faiblement Alicie, ma figure
« est donc bien trompeuse? » Aussitôt ces mots
prononcées, elle sentit tout ce qu'ils avaient
de positif, et vint se cacher dans mes bras en
fondant en larmes.

M. de Bligny, ivre de joie, me répétait que
je ne pouvais plus que consentir au bonheur
de *mes enfans*, que je serais une vraie *marâtre*
de m'opposer à une union désirée si ardemment;
enfin il fit si bien que je promis tout ce qu'il
voulut. Il ne me laissa pas le temps de la réflexion, et courut chercher mademoiselle de
Vieville. Elle vint aussitôt, me félicita d'avoir approuvé un projet qui rendait tout le
monde content. Je ne pouvais me dédire; je
pris donc le parti de partager la joie générale. On
retint le marquis à dîner, et il déraisonna toute
la soirée de la manière la plus aimable, remerciant Alicie de l'avoir jugé favorablement avant
la réception de *ses certificats*, moi d'avoir été
obligée d'être complaisante, mademoiselle de
Vieville de l'avoir vanté assez pour détruire de
funestes impressions; bref, il était satisfait de

nous tous; seulement, comme un bonheur ne peut jamais être complet, il dit qu'il craignait d'être forcé de tirer l'épée le lendemain avec le comte de R...., qui sûrement était son rival, ce motif pouvant seul expliquer une malveillance si soutenue. « Je serais très-fâché de le
« tuer, disait-il en riant; mais cela vaudrait en-
« core mieux que de l'être par lui; car depuis
« quelques heures je tiens beaucoup à la vie. Il
« faut la conserver quelques années pour prou-
« ver à madame Dorcy que je sais l'employer
« mieux que jadis. »

Alicie, plus timide encore que de coutume, parlait peu, pâlissait, rougissait à tout instant, et cherchait à cacher son embarras, en paraissant s'appliquer beaucoup à une broderie sur laquelle ses yeux étaient fixés, mais dont la fleur commencée ne s'achevait pas, par la raison toute simple qu'on n'y faisait pas un point. M. de Bligny, assis près d'elle, la questionnait souvent tout bas, et, à son air joyeux, il m'était facile de juger que les réponses à peine articulées lui paraissaient très-agréables.

Lorsque le comte de R... se fit annoncer, il y eut un petit mouvement inaccoutumé dont

il s'aperçut très-bien ; et il demanda avec un peu d'aigreur pourquoi sa présence causait un dérangement singulier. « C'est, monsieur, ré-
« pondit gaiement le marquis, que l'on se pré-
« pare à vous annoncer une grande nouvelle,
« et que l'on balance pour savoir quel sera
« l'orateur dans cette heureuse circonstance.
« — Il n'est pas bien difficile, monsieur, de se
« charger d'une chose aussi simple que de m'ap-
« prendre la prochaine arrivée de madame de
« Roseville. — Sans doute; aussi n'est-ce pas
« là l'événement qui nous occupe, et comme
« personne n'y est plus intéressé que moi, je
« veux éviter à ces dames la peine de composer
« une phrase qui les embarrasse, parce qu'elles
« connaissent votre peu d'amitié pour moi. Je
« dois donc, monsieur le comte, poursuivit-il
« en prenant un air grave, vous déclarer mon
« mariage avec mademoiselle Dorcy; il sera
« célébré dans peu de temps, et j'ose espérer
« que d'anciennes préventions ne vous empê-
« cheront pas de répondre au désir que j'aurai,
« de vous recevoir chez moi. »

Le comte pétrifié, mais touché de la franchise du marquis, répondit moins mal qu'on ne ne s'y attendait. Voyant Alicie satisfaite, il devint peu à peu moins sombre, et finit par être presque aussi gai que le reste de notre petit cercle. Des explications justifièrent monsieur de Bligny sur plusieurs points; et tout ce qui en lui méritait le blâme fut avoué si franchement qu'il fallut lui pardonner de même. Ma fille, fière de voir son choix approuvé, fut plus à son aise, et raconta avec sensibilité plusieurs actions touchantes, apprises par *hasard* sur le compte du marquis.

Voilà, ma chère Amélie, des détails sur tout ce qui s'est passé hier. Je voulais vous l'écrire sur-le-champ, mais nous avons veillé si tard qu'il a fallu attendre à aujourd'hui pour vous les donner. Je ne sais trop ce que j'éprouve. Les manières de M. de Bligny, tout ce qu'en disent plusieurs personnes dignes de confiance, me rendent prête à lui accorder la mienne; mais le passé, se présentant souvent à mon imagination, je reprends toutes mes appréhensions sur l'avenir de mon Alicie.

Quel moment pour nous autres mères que celui de l'établissement de nos filles! Vous saurez un jour que de contradictions remplissent notre cœur; et vous comprendrez que des instans d'une tristesse extrême remplacent ceux d'une joie beaucoup plus naturelle en de pareils instans. Quelle cruelle pensée que celle de n'être plus le premier objet de la tendresse de cet être que rien ne peut remplacer dans notre âme ! Qu'il est pénible de le voir sans cesse occupé d'un *nouveau-venu* qui, quelques mois avant, lui était inconnu ; et qui, sans avoir fait aucun sacrifice, est aimé plus qu'une mère qui depuis vingt ans s'est imposé tant de privations ! On prétend qu'il n'y a pas d'égoïsme dans notre amour pour nos enfans ; je pense tout le contraire. C'est parce qu'il y en a beaucoup que l'on pleure tant le jour de la noce de sa fille. Les larmes sont causées bien plus par le regret de n'être plus tout pour elle que par des craintes sur l'avenir; l'espérance étant le sentiment qui nous quitte le moins, nous devons l'éprouver dans toute sa force lorsqu'il s'agit de la destinée de ce que nous aimons; loin donc de pouvoir imaginer que le malheur puisse l'atteindre, nous devrions croire que rien ne troublera son bonheur, et qu'il sera en proportion des qualités que nous lui trouvons. Toute affection passionnée se ressemble; je suis jalouse d'Alicie, plus peut-être que ne le sera son mari, puisque certainement il ne l'aimera pas autant que je la chéris. A votre tour, vous auriez raison de me gronder ; mais songez que le moment où votre lettre arrivera sera peut-être un de ceux où je m'affligerai; et vous retiendrez des reproches mérités qui achèveraient de me désespérer.

Bientôt je serai accoutumée au changement qui va s'opérer autour de moi. Je surmonterai une sensibilité exagérée, et je jouirai du bienfait que m'accorde la providence; j'ai adressé à Dieu de ferventes prières pour l'obtenir. Je ne calculais pas autrefois tout ce que j'éprouve; et pensais qu'Alicie heureuse, je le serais aussi. Il faut du temps pour m'habituer à n'être plus pour rien dans sa félicité. Il était si doux de la voir ne dépendre que de moi : elle me paraissait alors si inaltérable !... Oh ! mon amie, plaignez-moi au milieu de ma joie.

Ce matin, M. de Bligny est venu me demander un entretien d'affaires, il m'a signifié qu'il ne voulait rien recevoir comme dot, et que je l'affligerais extrêmement si je lui refusais d'accepter pour moi de sa femme une pension qu'elle fixerait ; qu'il était certain que madame de Roseville voudrait réaliser tout ce que sa tendresse avait promis pour nous; mais que, possédant une fortune considérable, il pensait devoir seul se charger de la nôtre. Ainsi, ma bonne Amélie, vous pourrez disposer des bienfaits dont vous nous combliez en faveur de Sophia, privée de sa mère. M. de Bligny est en marché pour acquérir la jolie maison touchant la vôtre ; et, si vous le permettez, on fera, dans le cas où tout se terminera suivant ses désirs, une porte de communication qui permettra à vos enfans de venir prendre leurs leçons chez Alicie ; elle a déclaré mettre cette condition à son mariage. Elle pense qu'aucune femme ne peut aimer vos filles comme elle et moi ; et elle ne veut pas que nos chères petites aient d'autre gouvernante que nous. Cet arrangement, inspiré par l'amitié la plus vraie et la plus juste reconnaissance, aura votre approbation, comme il a celui de mademoiselle de Vieville. Quant à monsieur de Bligny, il a dit ne devoir jamais être consulté, parce que, dès qu'une chose convient à Alicie, il la trouve raisonnable. Ainsi, ma chère Amélie, le brillant établissement de votre petite protégée ne changera rien à vos idées d'éducation, et nous pourrons continuer à vous prouver notre dévouement absolu, en nous occupant de ce que vous aimez le plus.

Alicie a témoigné le désir d'aller peu dans le monde, et de ne recevoir que rarement d'autres personnes, qu'un petit nombre d'amis et de gens instruits ; mais ne voulant pas borner là les plaisirs d'un homme habitué à une excessive dissipation, elle louera une loge à l'Opéra et une à la Comédie Française. Tout a été approuvé par notre comité, et, jusqu'ici, ce plan de vie me paraît le plus fait pour préserver ma fille des dangers qui peuvent atteindre une jeune femme, et celui qui empêchera la rechute que je redoute toujours pour M. de Bligny. Si vous trouvez quelques observations à faire, si vous avez quelques conseils à nous donner, écrivez-nous sur-le-champ, et soyez persuadée de notre empressement à faire ce qui vous conviendra.

M. de Bligny, malgré le désir qu'il a de voir son sort fixé d'une manière irrévocable, est décidé cependant à ne se marier qu'en même temps que son ami ; ainsi, c'est de vous, ma chère Amélie, que dépend ce grand jour. Nous nous réjouissons tous de vous trouver bien portante, et vous attendons pour ordonner tout ce qui a rapport à ces deux noces. M. de Bligny insistait pour offrir une corbeille que la sensée Alicie refusait. Voyant qu'elle le contrariait, elle a cédé; et vous devez être consultée sur cette grave affaire.

Je vous avoue que je ne serai pas fâchée de voir ma fille porter des diamans, et faire de l'effet le jour de sa présentation : c'est une petite faiblesse maternelle que je n'ose avouer qu'à vous; vous la partagerez, j'en suis certaine. Vous serez très-fière d'être son chaperon, et la première à faire ressortir ses avantages. Pour cela, chère amie, il faudra dissimuler un peu les vôtres, et c'est une demande que l'on ne risquerait avec aucune autre femme. Voilà une fin de lettre bien folle pour son commencement. L'air de cette maison est contagieux ; il est impossible dans ce moment d'y être raisonnable : voilà ce qui doit me faire pardonner ce qui est inexcusable à mon âge. Je vous dois le bonheur d'Alicie ! Est-il bien utile aujourd'hui de vous dire combien je vous aime ?

Caroline Dorcy.

LETTRE LII.

MADEMOISELLE DE VIÉVILLE A LA COMTESSE DE ROSEVILLE.

Mesdames De Grabowski et De J..... — Caractère aimable de cette dernière. — Anecdote racontée par elle. — Le petit bossu. — Madame la baronne De R... — Son extrême laideur. — Son esprit. — Mademoiselle Sara de....., son amie. — Correspondance qui inspire une grande passion. — Dénoûment de cette aventure. — M. de R..... est cité pour son courage moral. — Madame G..... et sa fille. — Mot piquant de M. A..... — Tallien. — Loi injuste qu'il fait révoquer. — Mademoiselle de Béthisy reconnaissante. — Clémence de Louis XVIII. — Il donne une pension à Tallien.

Je suis d'autant plus aise de vous savoir en route pour revenir, ma chère nièce, que je suis chaque jour importunée des questions de vos amies, de retour de leurs terres. Elles désirent savoir l'époque du vôtre ; et, comme je ne pouvais la leur dire positivement, elles me faisaient presque la mine ; cependant, par amitié pour vous, elles me soignent beaucoup, et viennent assez régulièrement le soir m'égayer par leur présence. Je dois placer en tête de la liste des personnes qui vous aiment le mieux, mesdames de Grabowska, et de J... ; l'attachement de deux femmes aussi distinguées est pour vous un véritable éloge. Elles sont revenues cette semaine, et plaisent fort à madame Dorcy et à sa fille. Cette dernière a été très-touchée de la bonhomie avec laquelle madame de J... parle de la difformité singulière de sa taille. Elle se promet d'en faire un sujet de sermon pour son amie Zoé, qui se moque sans cesse des bossus dans un pays où ils sont nombreux ; et elle espère la guérir de cette cruauté de rire d'un défaut dont la nature est seule coupable. Alicie a raison de ne pas tolérer ce manque d'indulgence pour une chose semblable ; l'arme dangereuse du ridicule ne doit être employée que contre les travers de l'esprit, ou les torts que l'on croit pouvoir corriger. Elle devient coupable pour tout le reste.

Hier soir madame de J.... nous amusa tous par la manière dont elle conta ce que je vais vous répéter. Alicie en eut au contraire les larmes aux yeux, et me dit qu'elle ne concevait pas que l'on pût approcher madame de J... sans être touché d'une simplicité si aimable.

Madame de J... arriva chez moi et nous dit qu'elle avait été au moment de se voir obligée de se séparer d'un cocher, qui la sert depuis quinze ans, et auquel elle est très-attachée, parce qu'il est aussi fidèle qu'adroit. Cet homme, nous dit-elle, vint me trouver hier matin d'un air fort contrit, pour m'annoncer qu'il me demandait son compte. — Pourquoi donc voulez-vous me quitter?... est-ce que je suis une mauvaise maîtresse? — Au contraire; madame la marquise est humaine et généreuse; mais je ne puis rester avec elle. — Avez-vous à vous plaindre de mes gens? — Non, madame; je suis bien avec eux, mais il faut que je parte.

— Si vous ne trouvez pas vos gages suffisans, je les augmenterai; un vieux serviteur aussi honnête que vous ne peut trop se payer. — Tant de bontés me pénètrent, madame; mais je ne puis les accepter, et madame la marquise le comprendra lorsqu'elle saura que mon honneur m'oblige à chercher une autre condition. — Votre honneur? — Oui, madame; chacun le place dans les devoirs de son état; les miens sont de prouver que je suis loin de mériter *les mots* de mes collègues. — Je ne sais en vérité que penser de tout ce que vous me dites; j'en exige l'explication. J'ai constamment été juste et obligeante pour vous; ainsi vous me devez au moins de faire connaître les raisons qui vous décident à quitter une maison dans laquelle vous avez toujours été bien traité.— Je ne puis les dire à madame, ce serait l'offenser.—Je vous l'ordonne. — Cela m'est impossible. — Eh bien, je ne vous donnerai point de certificat, et je resterai convaincue que quelque motif d'intérêt nous sépare. — Oh! madame, s'écria ce pauvre homme les larmes aux yeux, un pareil soupçon me fait rompre le silence, mais je conjure madame de me pardonner si je lui détaille mes trop justes motifs. — Je vous le promets. — Puisque madame le veut, je lui dirai donc que l'autre jour arrivant avec elle et le landau neuf (que j'étais si fier de conduire) chez M. le duc de R..., je fus étourdi de mille quolibets que me lancèrent mes camarades ; l'un d'eux entre autres me dit tout haut qu'il ignorait que je fusse engagé chez *un charlatan* : « Comment, dis-je, « chez un charlatan ? je suis chez madame la « marquise de J..., sœur du ministre. Oh oui ! « répondit l'autre, croyez ça et buvez de l'eau. « Si t'étais chez une marquise tu ne conduirais « pas un petit singe ; tu vas sans doute le mener « à son maître qui le fera voir à la foire. » Les rires qui suivirent ces sottises me firent verser des larmes de rage ; et, pour en finir, je suis résolu à quitter madame qui est le petit singe. Je ne veux pas que l'on puisse supposer que je suis chez *un charlatan*.

« Il me fut impossible, continua madame de « J..., de ne pas rire de l'offense faite à l'honneur « de mon cocher ; elle m'atteignait cependant « plus que lui ; profitant de la leçon qui m'é- « tait donnée par des gens qui en général voient « juste, je me suis décidée à vendre *mon beau* « *landau*, et à cacher ma bosse dans une voiture « fermée. J'ai annoncé cette résolution à mon « cocher : il a consenti à rester avec moi à « condition que je ne me mettrais pas trop à la « portière. »

Le comte de R... arriva des Variétés comme madame de J... finissait cette histoire; il vanta beaucoup une pièce qui l'avait fort amusé. C'est le *Petit bossu*, dit-il; puis apercevant madame de J... il s'arrêta avec embarras. « Oh! « monsieur le comte, lui dit-elle, continuez « comme si je n'étais pas là. J'ai vu cette bluette « avec grand plaisir; j'y ai ri de bon cœur, et « j'aime beaucoup ce *Petit bossu*, ce qui est fort « naturel : qui se *ressemble s'assemble*. » Elle se mit à citer plusieurs choses de cet ouvrage avec un naturel qui nous prouva qu'elle était de bonne foi dans ses éloges.

Madame la baronne de R... m'a été présentée il y quelques jours. Elle se trouvait chez moi en même temps que madame de J..., et après avoir ri comme les autres de ce que nous venions d'entendre : « Je veux aussi, nous dit-elle, vous « conter une histoire qui m'est arrivée dans ma « jeunesse. » Avant de vous la dire, ma chère nièce, il faut vous tracer le portrait de l'héroïne.

Madame la baronne de R... s'appelait, avant son mariage, mademoiselle de F..., et elle est, sans aucune contestation, la femme la plus repoussante d'extérieur que l'on puisse rencontrer; outre la taille la plus horriblement tournée, elle a un teint noir, huileux et bourgeonné, le nez d'une longueur démesurées, de petits yeux enfoncés, une bouche énorme, et des dents affreuses. Une mignardise extrême de manières achève de faire ressortir tant de laideur. Spirituelle, instruite, bonne et serviable, madame de R... est fort aimée de ceux qui la voient souvent, ils deviennent dès-lors ses amis, mais les indifférens se moquent de la toilette recherchée d'une personne qu'ils supposent pleine de prétentions d'autant plus ridicules que rien ne les justifie.

Ils ont tort, madame de R.... n'en a point ; elle aime les couleurs voyantes, les plumes, les fleurs et les bijoux, voilà pourquoi elle en est couverte. Elle croit à tort que, lorsqu'on regarde toutes les jolies choses dont elle se pare, on oublie d'examiner sa bizarre figure. Elle se trompe ; si elle portait des douillettes bien amples, de grands chapeaux avancés, on ne chercherait point à découvrir tout ce qui choque en elle lorsqu'elle est décoltée, coiffée en cheveux et surchargée d'ornemens. Un cadre magnifique ne fixe-t-il pas l'attention sur un détestable tableau, qui resterait dans l'oubli sans son brillant entourage ?

Madame de R..... est depuis fort long-temps liée avec une personne charmante, mademoiselle Sara de L.... Elles étaient autrefois toujours mises de même; ce qui faisait paraître sous un jour encore plus favorable les traits délicats de la dernière. Elle eût dû par générosité éviter cette similitude de toilette, fatale à son amie.

Forcées chaque été de se séparer pour se rendre dans des provinces différentes, ces deux personnes se consolaient d'une absence pénible, en entretenant la correspondance la plus active. Mademoiselle de F..., par son goût pour l'élégance, écrivait toujours sur un petit papier à vignettes; une de ses lettres se glissa dans une plus grande adressée à M. de... Il fut frappé de cette enveloppe satinée et parfumée ; elle était fermée par un cachet de cire de couleur dont l'empreinte représentait une glace, la devise portait ces mots : *Aussi pure que fidèle.* Entraîné par un mouvement de curiosité irrésistible, M. de... ouvrit cette lettre. Les sentimens les plus délicats exprimés avec charme, des anecdotes contées avec malice, mais sans méchanceté, une jolie écriture, une orthographe parfaite, montèrent l'imagination de ce jeune homme, il résolut cependant d'avouer sa faute à mademoiselle de F... La signature et la date de la lettre donnaient les renseignemens nécessaires pour que ses excuses lui parvinssent; il s'accusa franchement, mais déclara qu'il bénissait ses torts, puisqu'ils lui avaient fait découvrir la seule femme qu'il pût aimer; qu'il la conjurait de lui permettre de lui consacrer sa vie, et de lui demander si elle était libre. Il lui donnait des détails sur sa fortune, sa famille, et lui jurait de n'épouser jamais que l'incomparable Henriette.

Celle-ci fut fort surprise de l'effet qu'avait produit une lettre écrite sans prétention; elle montra à ses parens celle qu'elle venait de recevoir; ils connaissaient la famille de M. de...., et furent très-disposés à s'allier à elle. Ils permirent donc à leur fille de répondre sans décourager M. de... Mademoiselle de F... écrivit, et cette fois elle tâcha de le faire de son mieux. Elle crut devoir l'avertir, sans tarder davantage, qu'elle n'était *point jolie*. (Sa franchise n'alla pas jusqu'à dire qu'elle était laide, ce qui eût été plus juste ; mais quelle femme à sa place eût été plus sincère?) Elle prétendait que l'enthousiasme de M. de... serait calmé dès qu'il la verrait ; qu'au reste elle était libre, et que, si l'hiver l'amenait à Paris, madame de F..... serait charmée de le recevoir ; que d'ici là, on ferait plus ample connaissance par écrit.

Ce jeune fou, enchanté du romanesque de cette aventure, fut persuadé qu'un excès de modestie portait Henriette à dénigrer une figure, qu'il se représentait comme ravissante ; il récrivit avec plus de passion que jamais ; on lui répondit avec coquetterie, et il devint amoureux au point de faire tous les arrangemens nécessaires pour conclure un mariage objet de tous ses vœux.

Le moment de quitter la campagne étant arrivé, mademoiselle de F... retourna à Paris où M. de... devait la suivre de près. Il se pressa de terminer ses affaires, et partit avec tout l'empressement de l'amour, pour se rendre près de cet objet adoré qu'il ne connaissait pas.

À peine installé dans un hôtel de la rue de

Richelieu, il fait à la hâte une toilette recherchée, et se précipite dans un cabriolet; trouvant que le conducteur le mène trop lentement, il saisit les rênes, fouette impitoyablement le maigre cheval, qui le traînait avec peine vers la rue de l'Université. Le chemin lui semblait d'une longueur insupportable; vingt fois il fut au moment de descendre, convaincu que ses jambes le serviraient mieux que celles de cette malheureuse bête. La crainte d'enfoncer jusqu'aux genoux dans cette boue noire de Paris, au milieu de laquelle il se trouvait pour la première fois, put seule le retenir.

Enfin après un quart d'heure, ou plutôt un siècle d'impatience, il arrive chez madame de F... Sans se donner le temps de la demander il franchit le premier étage avec une telle rapidité, que la respiration lui manque, et qu'au moment d'atteindre le but de tous ses désirs, il est obligé de s'arrêter pour reprendre haleine.

« Je vais donc la voir cette femme adorée! » pensait-il en essayant de comprimer les battemens tumultueux de son cœur. « Je vais lire, « dans ses yeux charmans, qu'elle partage tout

« l'amour qu'elle m'inspire; j'entendrai sa douce
« voix me jurer qu'elle m'aimera toujours. *Aussi*
« *pure que fidèle !* devise charmante qui prédit
« mon avenir, vous serez prononcée par elle !
« Allons, ne tardons pas davantage, connaissons
« toute l'étendue de mon bonheur ! »

M. de.... tire la sonnette avec violence; un domestique veut l'annoncer, il n'en donne pas le temps, s'élance dans le salon, et tombe aux pieds d'une femme qui lisait sur un canapé; il lui dit avec la plus vive émotion : « Madame, « où est mon Henriette? »

Cette dame effrayée d'une entrée si brusque, se lève avec effroi, et cherche à gagner la porte : « Je suis M. de..., s'écrie-t-il; au nom du ciel « faites descendre mademoiselle votre fille ! »

A ces mots un éclat de rire immodéré déconcerte un peu notre amoureux; il se relève et attend l'explication de cette gaieté déplacée dans ce moment qui lui paraît si solennel. « Je ne puis faire venir Henriette, lui dit *la dame*, car c'est moi, monsieur. — Vous!... oh ciel ! s'écrie douloureusement M. de..., je suis perdu! » et, sans attendre de nouveaux éclaircissemens, il sort plus promptement encore qu'il n'est arrivé, remonte en cabriolet avec plus d'empressement que jamais, fouette dix fois plus le cheval, descend à son hôtel, donne des ordres à son valet de chambre, qui fait immédiatement ses paquets; les chevaux de poste arrivent, et M. de... quitte Paris, en jurant qu'il ne le reverra jamais. Depuis ce temps mademoiselle de F... n'en entendit plus parler, et cette aventure si romanesque eut une fin qui ne l'est guère.

« Je crus, nous dit-elle, ne jamais me marier,
« car puisque ma figure avait produit un effet si
« fâcheux sur un homme prévenu en ma faveur,
« et averti par moi que je n'étais pas jolie, j'é-
« tais persuadée qu'elle effraierait tout le
« monde.

« Je me suis trompée. M. de R..., plus brave
« que M. de..., a consenti à m'épouser. Je ne
« suis pas très-sûre qu'il ait encore osé me re-
« garder; mais je suis certaine qu'il me rend heu-
« reuse, et je bénis le jour où mon héros de
« roman a amené un dénouement que je n'avais
« pas prévu, malgré la connaissance que j'avais
« de moi-même. Je me cite pour exemple à
« toutes les demoiselles à marier, il les préser-
« vera du découragement. »

Madame G... et sa fille étaient aussi dans le salon. Madame Dorcy s'étonna que cette jeune personne, belle, bonne, remplie de talens remarquables et possédant un esprit supérieur, ne se mariât pas. « Que voulez-vous ? lui répondit monsieur An... ce n'est pas de la faute des hommes. Mademoiselle G... est en effet charmante à beaucoup d'égards; elle a de grandes qualités qui lui appartiennent, mais sa mère *déteint sur elle*, et c'est grand dommage. »

Ce mot a frappé madame Dorcy, qui en a été attristée comme s'il eût pu être un reproche pour elle. Assurément sa conduite entière, l'excellence de son caractère, l'éducation qu'elle a su donner à Alicie, devraient l'empêcher de se comparer à madame G..... réellement coupable des imperfections de sa fille. Ce qui, relativement à cette dame, est une critique aussi sanglante que méritée, deviendrait une louange pour notre amie. Il sera toujours heureux pour Alicie que *sa mère déteigne* sur elle ; ce sera une nuance de plus à ajouter à tout ce qu'elle a de bon.

Quelques hommes étant survenus, la conversation devint sérieuse, et la politique en fut le principal sujet. La comtesse de Grabowska prit la parole pour défendre Tallien, que M. de St... attaquait avec un acharnement d'autant plus coupable, qu'il lui avait eu des obligations. Il niait qu'il eût rendu d'autre service que celui de délivrer la France de Robespierre, et assurait qu'il avait constamment refusé de rien accorder aux infortunés qui s'adressaient à lui.

C'était déjà un motif de faire oublier bien des torts que d'avoir arrêté les horreurs qui se commettaient; mais madame de Graboswka cita plusieurs traits honorables, qui devaient ajouter à l'indulgence en faveur de Tallien. Il n'hésita jamais, dit-elle, à défendre les malheureux. Sachant tout ce que faisait sa femme pour des personnes condamnées, non-seulement il fermait les yeux sur des imprudences qui les eussent perdus tous deux, si elles eussent été connues, mais il partageait les inquiétudes que causait l'avenir de ces victimes, et semblait oublier, pour les sauver, les dangers auxquels on s'exposait, en cherchant à les dérober au sort affreux que leur réservait le régime de terreur, auquel il était si difficile d'opposer autre chose qu'une douloureuse résignation. Une occasion entre autres présenta à Tallien le moyen de dérober un grand nombre de malheureux au trépas qui les attendait sur un échafaud; et ce fut avec une sorte de fierté que la comtesse de Grabowska nous le raconta.

Une loi avait déclaré émigrés tous les enfans sortis de France avec leurs parens. Ils ne pouvaient rentrer dans leur patrie sans encourir la peine capitale. Mademoiselle de Bethisy, n'envisageant que la possibilité d'être utile à sa famille, consentit à se dévouer, pour tâcher d'obtenir la main-levée du séquestre mis sur ses biens. Elle quitta sa mère. Sans appui, sans secours, elle revint dans ses foyers, sous un nom supposé. Espérant tout du sentiment qui l'animait, elle croyait impossible que quelque âme généreuse ne vînt pas la protéger; et, avec toute la confiance que donne la jeunesse, elle pensait déjà avec délice au moment où, se trouvant près de ses parens, elle jouirait du bien-être qu'elle leur aurait procuré.

Les précautions prises par mademoiselle de Bethisy pour cacher son séjour à Paris, ne furent pas suffisantes. Ce gouvernement ombrageux et sanguinaire, qui n'était clairvoyant que pour découvrir l'innocence, fut instruit de son arrivée, et mademoiselle de Bethisy fut conduite à la Bourbe, devenue une des nombreuses succursales où le crime retenait le malheur et la vertu. C'était le premier pas vers la mort.

Un inspecteur des prisons, touché de ce noble dévouement de la piété filiale, parla à Tallien de la position de cette jeune personne; il parvint à l'intéresser assez pour que ce dernier résolût de tout tenter en sa faveur.

Tallien, dès le jour même, se rendit au tribunal révolutionnaire, et monta à la tribune pour représenter comme absurde la loi frappant de mort un enfant emmené sans son consentement par des parens égarés. Il peignit avec tant d'éloquence l'odieux d'une mesure si injuste, qu'elle fut révoquée à l'unanimité. Il fut décrété qu'on ne serait porté sur la fatale liste qu'à 21 ans, et la mise en liberté de tous les prisonniers au-dessous de cet âge fut ordonnée.

Mademoiselle de Bethisy s'empressa, ainsi que beaucoup d'autres, d'aller témoigner sa vive reconnaissance à son libérateur ; s'attachant par le bien qu'il avait fait, il donna ses soins à la levée du séquestre de ses biens, et l'obtint après beaucoup de démarches et de peines.

Mademoiselle de Bethisy se souvint encore du bienfait après la chute du bienfaiteur ; elle ne cessa de lui prodiguer des témoignages de la plus sincère amitié, et fut assez heureuse pour lui rendre, quelques années plus tard, une partie du service qu'elle en avait reçu.

En 1814, Tallien fut porté sur la liste des personnes exilées à jamais de France. Il était dans un état de santé qui rendait très-dangereux tout déplacement, et dans la position de fortune la plus précaire. Mademoiselle de Bethisy, devenue comtesse de Grabowska, partagea le chagrin que causait aux amis de Tallien l'ordonnance royale qui pouvait hâter sa fin.

Connaissant la bonté de Louis XVIII, madame de Grabowska demanda une audience particulière qu'elle obtint. Elle exposa au roi les obligations qu'elle avait à Tallien, et, avec toute la chaleur que l'on puise dans un cœur comme le sien, elle sollicita pour son bienfaiteur la permission de rester à Paris, dans une maison de santé où il serait sous la surveillance de la police.

Sa Majesté n'hésita pas à accorder ce qui était demandé d'une manière si touchante. Madame de Grabowska eut le bonheur de prolonger les jours de l'homme qui avait sauvé les siens. Le roi, à sa sollicitation, donna même une pension alimentaire à Tallien. Il la conserva jusqu'à sa mort.

On prétend que la reconnaissance si louable de madame de Grabowska fut désapprouvée par plusieurs membres de sa famille, que leurs opinions éloignaient d'un révolutionnaire. J'ai peine à croire qu'un tel motif puisse être admis; il n'est pas d'*opinion* lorsqu'il s'agit d'un pareil service, et tous les gens *bien pensans* s'accorderont sur ce point. Le souverain approuvant la noble conduite de madame de Grabowska, les courtisans pouvaient, ce me semble, sans danger, suivre le mouvement de leur cœur.

Madame de Grabowska n'a point eu à se louer de l'affection de parens pour lesquels elle a tant fait. L'estime générale doit la consoler, si quelque chose peut diminuer le chagrin de n'être pas aimée de sa mère autant qu'on la chérit *.

Voilà, ma chère nièce, une longue lettre qui vous plaira, j'en suis sûre, puisqu'elle vous donnera de nouvelles raisons d'aimer vos amis. Faire l'éloge de ceux qui vous sont chers, est le meilleur moyen de vous intéresser; je l'ai saisi avec empressement. Adieu, ma chère enfant, je ne vous écrirai plus, j'espère, et vous serrerai bientôt dans mes bras. Ce sera, sans aucun doute, l'un des plus heureux momens de mon existence, quoique j'en aie eu de bien doux, grâce à vous.

Tout ce qui m'entoure vous chérit. Je crois

---

* Madame la marquise de Bethisy vient de mourir. Jusqu'au dernier moment de sa vie, elle reçut de sa fille et de ses petits-fils les soins les plus tendres, sans leur adresser un mot de simple bienveillance. Elle a mis le comble à son injustice, en ne laissant à sa fille que ce que la loi lui défendait de lui ôter. MM. de Grabowski estimables à tous égards, possédant toutes les qualités qui peuvent flatter l'amour-propre maternel, n'ont pas même été inscrits pour un souvenir sur ce testament généralement désapprouvé. Eux seuls cherchent à l'excuser.

que mon, redoublement d'attachement pour Alicie vient de ce que son mariage vous fait abréger un voyage qui m'attristait si vivement. Votre intention d'être absente long-temps a cédé au plaisir de hâter le bonheur de votre protégée; il assure le nôtre en même temps.

DE VIEVILLE.

FIN DU TOME SECOND.

TABLE DES SOMMAIRES

CONTENUS

DANS LE TOME II.

LETTRE XXVII.

Pierre Buffière.— Laideur de ses habitans. — Madame la duchesse de Duras.— Joli mot d'un officier sur la fortune de la famille de Noailles. — Château appartenant à M. le duc de Grammont. — Madame la duchesse de Guiche. — Auberge de Montauban. — Procession de la Fête-Dieu. — M. le comte de Preissac. — M. Dussumier.— M. le duc de La Force.— Lady Édouard Fitz-Gérald. 1

LETTRE XXVIII.

Amboise.— Son château.—Institution de l'ordre de Saint-Michel. —Anecdote du sanglier.— Bravoure de François 1er. — Balcon où furent pendus les membres de la conspiration.— Chapelle superbe.— Ineptie d'un conventionnel.— Adresse d'un prisonnier. — Générosité de Charles VIII. — Madame la duchesse douairière d'Orléans. — Respect pour la mémoire de la princesse de Lamballe.—Casemattes du château. 12

LETTRE XXIX.

Ton singulier des hommes avec les jeunes personnes.— Talens et manières de celles-ci.— Soirée chez la marquise de T...— Toilette des hommes. — L'écarté. — Ses inconvéniens. — M. de T....., page de Napoléon. — Tours de pages. — M. le marquis d'A..., chambellan, mystifié.— Bal de l'Opéra.— MM. de Forbin, de Clarac, Duperreux, Carafa, Onslow, de Marin, Ardisson, et marquis de Noailles. — Mesdames de Mongeroult, de La Rue Beaumarchais, Merlin et Duplessis. 22

LETTRE XXX.

Arrivée à Dieppe. — Effet que produit sur mademoiselle Dorcy la vue de la mer. — Tempête subite qui expose une barque de pêcheurs. — S. A. R. travaillant sur le port pour la sauver. — Enthousiasme qu'inspire son courage. — Mot charmant de la princesse. — Les bains. — Madame la Dauphine. — Manufacture de dentelles. — Ouvrages en ivoire. — Bal offert à Madame. — Son danseur n'arrive pas. — Il tombe malade de peur. — Bonté de S. A. R. — Henri IV. — Église d'Arques. — Société de Dieppe. — La comtesse de Nesselrode. — Mesdames Alphée de Vatry, Hainguerlot, Goupy et lady M***. — MM. de Vieil-Castel, comte de Narischkin et Demidoff. — M. Paul Demidoff. — Histoire singulière de lady Stanhope, chef de Bédouins. — Mesdames de Reggio, Rosanbo, et de B***. — MM. de Mesnard et de Cossé. — Hommes célèbres nés à Dieppe. — Antiquités romaines. 40

LETTRE XXXI.

Exercices du Conservatoire. — Juri singulièrement choisi. — Il accorde trop de prix. — MM. Sarrette, Chérubini, directeurs de cet établissement. — Réflexions à ce sujet. — MM. Méhul, Catel et Gossec, inspecteurs. — MM. Nourrit, Dérivis, Courbonne, Ponchard et Levasseur. — Mesdames Branchu, Duret, Dabadie, Rigaut, Rubini et Damoreau. — MM. Benderali et Pellegrini, professeurs de chant. — Inconvéniens d'un tel choix. — Injustice envers les artistes français. — MM. Pradher, Plantade, Zimmermann, Henri Herz, Rhein, Bertini, Litz, Schuncke, Duret, Vidal, Mazas, Tulou, Vogt, Brod, etc. — Classe de harpe, confiée à M. Nadermann. — Harpes à simples

et à doubles mouvemens.—Labarre, Casimir Baecker, Gatayes.
— Mesdames Pollet, Bertrand, Desargus, Beriguier, etc. —
Lithographes célèbres.— MM. Grenier, Henri Monnier. 64

LETTRE XXXII.

Facilité avec laquelle on calomnie les femmes.— Le marquis de
G***, célèbre par ses aventures avant la révolution.—Sa gaieté
soutenue.— Mots de lui. — La prison de Saumur. — Moyen employé pour la rendre agréable. —Réponse spirituelle à une indiscrétion.— Belle conduite du frère de M. de G...— Madame
la princesse de Chimay. —. Courses de New-Market. — Les
Dandys. 79

LETTRE XXXIII.

Montech, petite ville près de Montauban.—M. le marquis de Pérignon. — Son cabinet de curiosités. —M. Prosper Kesner. —
Son originalité. — Sa bonté. — Madame la maréchale de Pérignon. — Sa bienfaisance. — Ingratitude de ses compatriotes. —
Refus honorable du maréchal de Pérignon. — Fête donnée par
lui à Naples. — Bal masqué chez le roi Murat. — Anecdote à ce
sujet. — Bords de la Garonne. — Bateau formant boutique. —
Feu de la Saint-Jean. — Adresse des jeunes gens à la fronde. —
Comment Montauban devint chef-lieu d'un département. —
Farandole, danse nationale. — Tristesse des bals à Paris. 94

LETTRE XXXIV.

Pau.— Madame de Gontaut.— Usage qu'elle fait de sa fortune.—
Bagnères de Bigorre.— Frascati.— Place des Coustous.— Montagnards.— Le sous-préfet (M. Gauthier).— Améliorations faites
par lui. — Magnifique établissement thermal.— Le camp de
César. — M. Jalons, naturaliste. — Inscription antique trouvée
dans les fouilles. 112

LETTRE XXXV.

Château de Chenonceaux, bâti par Diane de Poitiers.— Bon goût de M. et madame de Villeneuve, propriétaires actuels. — Description du château.— Sa position.— Ameublement.— Galerie, boudoir et chapelle. — Habitations dans les rochers.— Honnête famille.— Rochecorbon, village près de Tours. 128

LETTRE XXXVI.

Bruxelles.—Hôtel de Bellevue.—Madame la princesse de Chimay. — Bal de M. de Marescalchi. — La république Cisalpine. — Ingratitude de madame la comtesse de Saint-Brice. — Madame de Brinvilliers.— Talma.— Son amour-propre.— Anecdote à ce sujet. — Société de Bruxelles. — Le comte de C..... — Son esprit. 140

LETTRE XXXVII.

Auch. — Sa cathédrale. — M. de Lascours, préfet. — Madame et mademoiselle de Lascours. — Beautés du Bigorre. — Tarbes.— Barrère.— Anecdote.— Bains de salut, à Bagnères. — Baignoires en marbre blanc.— M. Pinac, officier distingué.— Son duel avec un Anglais.— Insolence de ce dernier.— Le sous-préfet le fait évader déguisé en gendarme. — Mort de M. Pinac. — Regrets universels. — L'élysée Cottin. — Colonne élevée à la mémoire de l'auteur de Mathilde. — Coiffures des paysannes. — Étoffes de laine. — Marbres de Campan. — Marbrerie près de Bagnères. 152

LETTRE XXXVIII.

Barèges.— Laideur de la ville. — Gardiens des maisons pendant l'hiver. — Le Wauxhall s'emballant à la fin de la saison.— Volerie des aubergistes. — La mendicité défendue. — Le Tourmalet. — Champs d'iris et de gentianes.— Pic de Bergons. — Tristesse de Barèges. — Vallée d'Argelès. — Lourdes. — Histoire merveilleuse du comte de Benac, attestée par une vieille chronique.— Impossibilité de désabuser les paysans sur leur croyance aux sorciers, etc. 177

LETTRE XXXIX.

Indignation de M. de Bligny sur la considération accordée à des femmes méprisables. — Madame la comtesse C... — Histoire de son premier mariage. — Elle est vendue par son mari. — Fête donnée dans l'Inde à bord d'un vaisseau. — Madame S... y est prisonnière. — Son ingratitude envers M. C.... — Elle l'épouse. — Madame la comtesse d'..... — Sa fille. — Sa conduite. — Le duc d'A.... — Mistification que fait celui-ci le jour de l'an. — Madame la comtesse de Saint-D... devenue dame de charité. — Influence des bons cuisiniers en France. 204

LETTRE XL.

Inquiétudes d'une mère sur les sentimens de sa fille. 239

LETTRE XLI.

Madame la marquise de C.... et la comtesse de...... à Bagnères. — Leurs inconséquences. — Quelles en sont les suites. — Cascades de Grip. — Repas que l'on y fait.— Madame la comtesse de Saint-D... s'y grise.— Auberge de Grip.— Hospitalité des montagnards.— Grotte de Campan.— Inscriptions qui s'y trouvent. — Madame de Montagu. — Saint-Sauveur. — Route difficile.— Grotte de Gèdre. — Le chaos. — Gavernie. — Détestable auberge. — Soupe à l'ognon. — Famille désolée. — Le croup. — L'eau de tamarin seul remède des montagnards. — Madame de Roseville sauve la vie à un enfant. — Le curé. — Les paysans consultent les devins. — Fête champêtre. — Repas improvisé. — L'izard, espèce de chamois. — Église de Gavernie construite par les templiers.— Douze têtes de ces infortunés.— Brèche de Roland. — Passage du mont Saint-Bernard. 248

LETTRE XLII.

Le marquis de Bligny réellement amoureux. 279

LETTRE XLIII.

Bienfaisance de M. Bligny.— Lady Morgan. — Son ingratitude envers les Français. 284

LETTRE XLIV.

Reconnaissance des habitans de Gavernie pour madame de Roseville.— Le comte de***.— Le marquis de***.— Ses torts envers une femme qu'il aimait.— M. de M... fait un mariage d'argent. — Il se conduit mal pour sa femme.— Considération accordée à la fortune et aux dignités. 294

LETTRE XLV.

Lourdes. — Grottes des environs. — Chute grave. — Soins donnés dans une chaumière. — Bon ton du propriétaire.— Il a été militaire et a obtenu la croix à la bataille de la Moskowa. — Sa rencontre dans le fond des Pyrénées avec le marquis de***, fils du maréchal, son bienfaiteur. — Belle réponse d'un très-jeune officier le jour d'une bataille. 306

LETTRE XLVI.

Un mariage.— Un médecin de province.—Piété filiale.— MM. de Laigle. — Leur respect pour leur mère. —Leur tendresse mutuelle. 318

LETTRE XLVII.

Explication de la conduite de miss Sophia. — Zèle indiscret d'un vieux serviteur. — Ressemblance frappante. 333

LETTRE XLVIII.

Mademoiselle Dorcy à mademoiselle Dercourt.

LETTRE XLIX.

Départ de Bagnères. — Arrangemens relatifs au mariage d'Alicie. 351

LETTRE L.

Humeur de madame de Roseville. — M. le comte B.... de C.... — Ses infirmités. — Goût singulier des femmes. — Les Anglais à Toulouse. — Empressement des dames à les accueillir. — Pitié pour les Grecs.— Le comte de Fumel. —Réponse spirituelle de S. M. Louis XVIII. 361

LETTRE LI.

M. de Bligny demande mademoiselle Alicie en mariage. — Aveu qu'elle fait de ses sentimens. — Réflexions sur l'amour maternel. — Son égoïsme. 373

LETTRE LII.

Mesdames De Grabowski et De J.... — Caractère aimable de cette dernière.— Anecdote racontée par elle.— Le petit bossu. — Madame la baronne De R.... — Son extrême laideur. — Son esprit.— Mademoiselle Sara de..., son amie. — Correspondance qui inspire une grande passion. — Dénouement de cette aventure.— M. de R.... est cité pour son courage moral. — Madame G... et sa fille.— Mot piquant de M. A...—Tallien.—Loi injuste qu'il fait révoquer. — Mademoiselle de Béthisy reconnaissante. — Clémence de Louis XVIII. — Il donne une pension à Tallien. 385

FIN DE LA TABLE.